"基础工业工程"教师记注

温沛涵 高庆萱 主编
陈友玲 熊世权 周 佳 参编

科学出版社
北 京

内 容 简 介

本书以《基础工业工程》（第2版）一书为基础，聚焦探究式教学改革中互动式、自主式学习模式下教师和学生面临的问题，拓展知识体系，完整知识脉络，以期辅助师生提高新模式下的教、学水平和效率。全书分为14章，与《基础工业工程》（第2版）一书各章一一对应。

该书既可作为"基础工业工程"课程教师教学参考，也可作为管理科学与工程、工业工程、物流工程等专业本科生和研究生以及工程管理与技术人员学习"基础工业工程"的辅助用书。

图书在版编目(CIP)数据

"基础工业工程"教师记注 / 温沛涵, 高庆萱主编; 陈友玲, 熊世权, 周佳参编. —北京: 科学出版社, 2017.3
ISBN 978-7-03-051530-8

Ⅰ. ①基⋯　Ⅱ. ①温⋯　②高⋯　③陈⋯　④熊⋯　⑤周⋯　Ⅲ. ①工业工程-高等学校-教材　Ⅳ. ①F402

中国版本图书馆 CIP 数据核字 (2017) 第 016490 号

责任编辑：张　展　孟　锐 / 封面设计：墨创文化
责任校对：王　翔 / 责任印制：罗　科

科 学 出 版 社 出版
北京东黄城根北街16号
邮政编码：100717
http://www.sciencep.com

成都锦瑞印刷有限责任公司印刷
科学出版社发行　各地新华书店经销

*

2017年3月第 一 版　　开本：787×1092 1/16
2017年3月第一次印刷　　印张：15 1/4
字数：320 千字

定价：39.00 元
（如有印装质量问题，我社负责调换）

前　言

胡锦涛同志在庆祝清华大学建校 100 周年大会上的讲话中指出：不断提高质量，是高等教育的生命线。高等学校本科教学质量与教学改革工程就是要进一步深化教育教学改革，提高本科教育教学质量，大力提升人才培养水平。教育部《关于全面提高高等教育质量的若干意见》提到要创新教育教学方法，倡导启发式、探究式、讨论式、参与式教学改革考试方法，注重学习过程考察和学生能力评价。我们希望通过教育教学环节与能力培养的映射关系研究及教学实践来形成高水平、有特色的大学教育体系，从而培养更多全面发展的优秀人才。

近年来我国工业工程学科发展十分迅猛，开设工业工程专业的高校数量直线上升，现代工业工程兼收并蓄科技发展的成果，丰富自身的理论与学科体系，在生产管理、集成制造、生产计划调度与控制和人因工程等中都得到了极为广泛的应用。需求决定发展，现代工业工程不断吸收科技新成果，集成了计算机技术、数字化技术、知识管理、生物技术等，注重结合人的理念，在企业文化建设中也得到越来越高的重视。工业工程高水平人才的培养，对国内外经济发展和社会进步起到了重要的推动作用。

在新的形势下，为了适应教育教学改革的要求，形成有特色、可操作性强的教育教学模式，构建能力为重的教学体系，在总结多名教师数年的教学经验的基础上，我们吸取了广大学生对课程学习的意见和建议，基于易树平和郭伏主编，机械工业出版社出版的普通高等教育"十一五"国家级规划、"十二五"普通高等教育本科国家级规划教材《基础工业工程》（第 2 版），编著本书。希望本书的出版，能够对广大教师教育教学及学生课程学习提供帮助。面向能力培养，本书的主要内容包括教学内容的历史起源、教学内容的发展现状与趋势、教育教学环节的设置方案及教学和课外学习参考习题。内容上力求深入浅出，文字简洁明了，方法上着重于教学思路和教育教学环节设计，并尽量提供详细的新型典型实例分析。本书每章分为五个部分：主要内容、特点及学习要求，发展历史、现状和趋势，内容分析与补充，教育教学环节设计，典型案例分析及复习思考题。第一部分概览该章节教学要点，总体把握；第二部分梳理该章节内容发展脉络，形成知识线；第三部分拓展知识面，开阔视野；第四部分提供探究式教学方案，以供参考；第五部分精选相关案例及思考题，作为课程学习的补充。

本书得以完成并出版，归功于重庆大学机械工程学院的大力支持和科学出版社诸位编辑的辛勤努力，在此深表谢意！本书编写过程中，重庆大学机械工程学院工业工程系硕士研究生吴梦杰、周冬群、郭宗林、马盼盼、朵庆玉、柳林、邓凤饶、李歌会、曾锐、李耀昌、俞佳斌、李荣志、安冬梅、郑文炜、石玉涛、朱圣俊等亦参与了部分工作，一并致谢！

针对某门课程教学编著"教师记注"对我们来说，既是一个尝试，也是一个挑战。尽管我们为此付出了极大努力，但由于能力所限，纰漏和不妥之处在所难免，恳请读者不吝赐教，以便在今后的再版中加以改进。联系方式：wencqu@qq.com。

目　录

第1章　生产与生产率管理 ... 1
1.1　主要内容、特点及学习要求 ... 1
1.2　内容分析与补充 ... 1
1.2.1　企业生产运作概述 ... 1
1.2.2　企业生产运作与管理存在的问题 ... 2
1.2.3　生产率与生产率工程 ... 2
1.2.4　影响生产率的因素及提高途径 ... 3
1.3　教育教学环节设计 ... 4
1.3.1　自主学习与教学指导 ... 4
1.3.2　案例教学设计 ... 4
1.3.3　针对能力培养的综合教育环节 ... 4
1.3.4　讨论与展示 ... 4
1.4　典型实例分析及复习思考题 ... 5
1.4.1　典型实例分析 ... 5
1.4.2　复习思考题 ... 6

第2章　工业工程 ... 7
2.1　主要内容、特点及学习要求 ... 7
2.2　工业工程的发展历史、现状和趋势 ... 7
2.2.1　工业工程的发展历史 ... 7
2.2.2　工业工程的研究现状 ... 9
2.2.3　工业工程的发展趋势 ... 9
2.3　内容分析与补充 ... 10
2.3.1　工业工程概述 ... 10
2.3.2　工业工程的内容体系和人才素质 ... 10
2.3.3　工业工程的内容体系和人才素质 ... 11
2.4　教育教学环节设计 ... 11
2.4.1　自主学习与教学指导 ... 11

    2.4.2 案例教学设计 12
    2.4.3 针对能力培养的综合教育环节 12
    2.4.4 讨论与展示 12
  2.5 典型实例分析及复习思考题 12
    2.5.1 典型实例分析 12
    2.5.2 复习思考题 14

第3章 工作研究 15
  3.1 主要内容、特点及学习要求 15
  3.2 工作研究的发展历史、现状和趋势 16
    3.2.1 工作研究的发展历史 16
    3.2.2 工作研究的研究现状 17
    3.2.3 工作研究的发展趋势 17
  3.3 内容分析与补充 18
    3.3.1 工作研究的范畴和一般流程 18
    3.3.2 工作研究的主要技术 20
    3.3.3 方法研究 22
    3.3.4 作业测定 22
  3.4 教育教学环节设计 23
    3.4.1 案例教学设计 23
    3.4.2 针对能力培养的综合教育环节 24
    3.4.3 讨论与展示 24
    3.4.4 教学过程评价 24
  3.5 典型实例分析及复习思考题 25
    3.5.1 典型实例分析 25
    3.5.2 复习思考题 28

第4章 程序分析 29
  4.1 主要内容、特点及学习要求 29
  4.2 内容分析与补充 30
    4.2.1 程序分析概述 30
    4.2.2 工艺程序分析 34
    4.2.3 流程程序分析 36

  4.2.4 布置与经路分析 37
  4.2.5 管理事务分析 38
 4.3 教育教学环节设计 40
  4.3.1 自主学习与教学指导 40
  4.3.2 案例教学设计 41
  4.3.3 针对能力培养的综合教育环节 42
  4.3.4 讨论与展示 47
  4.3.5 教学过程评价 47
 4.4 典型实例分析及复习思考题 47
  4.4.1 典型实例分析 47
  4.4.2 复习思考题 59

第5章 作业分析 61
 5.1 主要内容、特点及学习要求 61
 5.2 内容分析与补充 61
  5.2.1 作业分析图 61
  5.2.2 闲余能力分析 62
  5.2.3 人-机作业分析 63
  5.2.4 联合作业分析 66
  5.2.5 双手作业分析 68
 5.3 教育教学环节设计 71
  5.3.1 自主学习与教学指导 71
  5.3.2 案例教学设计 71
  5.3.3 针对能力培养的综合教育环节 71
  5.3.4 讨论与展示 72
 5.4 典型实例分析及复习思考题 72
  5.4.1 典型实例分析 72
  5.4.2 复习思考题 76

第6章 动作分析 77
 6.1 主要内容、特点及学习要求 77
 6.2 动作分析的发展历史、现状和趋势 78
  6.2.1 动作分析的发展历史 78

  6.2.2 动作分析的研究现状 78
  6.2.3 动作分析的发展趋势 79
 6.3 内容分析与补充 80
  6.3.1 动作分析概述 80
  6.3.2 动素分析 81
  6.3.3 动作经济原则及应用 84
 6.4 教育教学环节设计 89
  6.4.1 自主学习与教学指导 89
  6.4.2 案例教学设计 90
  6.4.3 讨论与展示 96
  6.4.4 教学过程评价 96
 6.5 典型实例分析及复习思考题 97
  6.5.1 典型实例分析 97
  6.5.2 复习思考题 100

第7章 秒表时间研究 102
 7.1 主要内容、特点及学习要求 102
 7.2 秒表时间研究的发展历史、现状和趋势 103
  7.2.1 秒表时间研究的发展历史 103
  7.2.2 秒表时间研究的研究现状 104
  7.2.3 秒表时间研究的发展趋势 105
 7.3 内容分析与补充 105
  7.3.1 秒表时间研究的适用对象 105
  7.3.2 秒表时间的读取 105
  7.3.3 秒表测时资料的获取 106
  7.3.4 作业分解——划分操作单元 106
  7.3.5 确定秒表时间研究的观测次数 108
  7.3.6 秒表测试的方法 110
  7.3.7 异常观测值的剔除 111
  7.3.8 确定宽放时间 111
  7.3.9 常用的几种速度评测方法 114
 7.4 教育教学环节设计 115
  7.4.1 自主学习与教学指导 115

  7.4.2 案例教学设计 116
  7.4.3 针对能力培养的综合教育环节 117
  7.4.4 讨论与展示 118
  7.4.5 教学过程评价 118
 7.5 典型实例分析及复习思考题 119
  7.5.1 典型实例分析 119
  7.5.2 复习思考题 128

第 8 章 工作抽样 129
 8.1 主要内容、特点及学习要求 129
 8.2 工作抽样的发展历史、现状和趋势 129
  8.2.1 工作抽样的发展历史 129
  8.2.2 工作抽样的研究现状 129
  8.2.3 工作抽样的发展趋势 130
 8.3 内容分析与补充 130
  8.3.1 工作抽样的原理 130
  8.3.2 工作抽样的方法和步骤 131
  8.3.3 工作抽样的应用实例 138
 8.4 教育教学环节设计 142
  8.4.1 自主学习与教学指导 142
  8.4.2 案例教学设计 142
  8.4.3 针对能力培养的综合教育环节 142
  8.4.4 讨论与展示 143
  8.4.5 教学过程评价 143
 8.5 典型实例分析及复习思考题 143
  8.5.1 典型实例分析 143
  8.5.2 复习思考题 146

第 9 章 预定动作时间标准法概述 147
 9.1 主要内容、特点及学习要求 147
 9.2 预定动作时间标准法的发展历史、现状和趋势 148
  9.2.1 预定动作时间标准法的发展历史 148
  9.2.2 预定动作时间标准法的研究现状 149

9.2.3 预定动作时间标准法的发展趋势 149
9.3 内容分析与补充 150
  9.3.1 方法时间衡量（MTM） 150
  9.3.2 工作因素法（WF 简易法） 157
  9.3.3 模特排时法（MODAPTS 法） 160
9.4 教育教学环节设计 165
  9.4.1 自主学习与教学指导 166
  9.4.2 案例教学设计 167
  9.4.3 讨论与展示 168
  9.4.4 教学过程评价 168
9.5 典型实例分析及复习思考题 169
  9.5.1 典型实例分析 169
  9.5.2 复习思考题 172

第 10 章 标准资料法 173
10.1 主要内容、特点及学习要求 173
10.2 标准资料法的研究现状 174
10.3 内容分析与补充 174
  10.3.1 标准资料的应用范围 174
  10.3.2 标准资料的应用条件 175
  10.3.3 标准资料的应用方法 175
  10.3.4 标准资料的编制 175
  10.3.5 认识几种典型作业的标准资料 177
10.4 教育教学环节设计 178
  10.4.1 自主学习与教学指导 178
  10.4.2 案例教学设计 179
  10.4.3 针对能力培养的综合教育环节 179
  10.4.4 讨论与展示 179
  10.4.5 教学过程评价 180
10.5 典型实例分析及复习思考题 180
  10.5.1 典型实例分析 180
  10.5.2 复习思考题 184

第 11 章 学习曲线 185
11.1 主要内容、特点及学习要求 185
11.2 学习曲线的发展历史、现状和趋势 186
11.2.1 学习曲线的发展历史 186
11.2.2 学习曲线的研究现状 187
11.2.3 学习曲线的发展趋势 187
11.3 内容分析与补充 188
11.3.1 学习曲线概述 188
11.3.2 学习曲线的原理 190
11.3.3 学习曲线的应用 193
11.3.4 知识学习曲线简述 193
11.4 教育教学环节设计 194
11.4.1 自主学习与教学指导 194
11.4.2 案例教学设计 194
11.4.3 针对能力培养的综合教育环节 195
11.4.4 讨论与展示 195
11.4.5 教学过程评价 196
11.5 典型实例分析及复习思考题 196
11.5.1 典型实例分析 196
11.5.2 复习思考题 197

第 12 章 现场管理方法 198
12.1 主要内容、特点及学习要求 198
12.2 现场管理的发展历史、现状和趋势 199
12.2.1 现场管理的发展历史 199
12.2.2 现场管理的研究现状 200
12.2.3 现场管理的发展趋势 200
12.3 内容分析与补充 200
12.3.1 现场管理概述 200
12.3.2 目视管理 201
12.3.3 "5S" 管理 204
12.3.4 定置管理 205
12.4 教育教学环节设计 206

12.4.1 自主学习与教学指导 206
12.4.2 案例教学设计 207
12.4.3 讨论与展示 207
12.4.4 教学过程评价 207
12.5 典型实例分析及复习思考题 207
12.5.1 典型实例分析 207
12.5.2 复习思考题 208

第 13 章 工作分析与设计 210
13.1 主要内容、特点及学习要求 210
13.2 工作分析的发展历史、现状和趋势 210
13.2.1 工作分析的发展历史 210
13.2.2 工作分析的研究现状 211
13.2.3 工作分析的发展趋势 212
13.3 内容分析与补充 212
13.3.1 工作分析、工作设计和工作评价概述 212
13.3.2 工作分析的过程 213
13.3.3 工作分析、工作设计和工作评价的方法 214
13.3.4 编制职务说明书 215
13.4 教育教学环节设计 216
13.4.1 自主学习与教学指导 216
13.4.2 案例教学设计 217
13.4.3 针对能力培养的综合教育环节 217
13.4.4 讨论与展示 217
13.4.5 教学过程评价 217
13.5 典型实例分析及复习思考题 219
13.5.1 典型实例分析 219
13.5.2 复习思考题 220

第 14 章 工业工程的发展 222
14.1 主要内容、特点及学习要求 222
14.2 现代工业工程的发展历史、现状和趋势 222
14.2.1 现代工业工程的发展历史 222

14.2.2　现代工业工程的研究现状 223
　　　14.2.3　现代工业工程的发展趋势 223
　14.3　内容分析与补充 224
　　　14.3.1　现代工业工程面临的挑战 224
　　　14.3.2　工业工程在企业信息化中的应用 224
　　　14.3.3　现代工业工程的发展 225
　　　14.3.4　工作研究方法的信息化 225
　14.4　教育教学环节设计 225
　　　14.4.1　自主学习与教学指导 225
　　　14.4.2　针对能力培养的综合教育环节 226
　　　14.4.3　讨论与展示 226
　　　14.4.4　教学过程评价 226
　14.5　典型实例分析及复习思考题 226
　　　14.5.1　典型实例分析 226
　　　14.5.2　复习思考题 228

参考文献 229

第1章　生产与生产率管理

本章主要介绍企业生产运作的类型及其特点，并提出现代企业生产运作与管理存在的主要问题；介绍生产率的概念及生产率测评的意义、种类与方法，并给出提高生产率的方法。

1.1　主要内容、特点及学习要求

1.主要内容
1)企业生产运作；
2)生产率及提高生产率的意义；
3)生产率管理与测定；
4)影响生产率的因素及提高生产率的途径。
2.特点
本章主要介绍一些基础性的概念，条理清晰，重点突出。
3.学习要求
通过本章的学习，要求了解典型企业生产运作的主要模式、生产率的概念及提高生产率的意义、影响生产率的因素及提高生产率的途径，重点掌握生产率测定的基本方法。
4.能力培养要求
1)自主学习和总结归纳能力；
2)理论与实践相结合的能力；
3)理解并能灵活运用工业工程思想方法。

1.2　内容分析与补充

1.2.1　企业生产运作概述

企业生产运作模式如表 1-1 所示。

表 1-1　企业生产运作模式

企业运作模式		特点	举例
离散型制造企业	车间任务型生产	单件、小批量生产	仪表仪器
	流水线型生产	连续、不断重复的生产	汽车

企业运作模式		特点	举例
流程型制造企业	重复生产	大批量生产，产品通常可以一个个分开	钢铁制造
	连续生产	产品品种稳定、生产量大，一批产品不可分开	石油、化工
重入离散型制造企业		产品或零件被某些机器重复加工2次以上	半导体
服务型企业		为人们提供服务	银行、医院

1.2.2 企业生产运作与管理存在的问题

以汽车企业为例，拿到订单或产品预测需求后应该考虑如下3个问题。
1）如何在规定的时间内完成所需的产品品种和数量？（→生产计划与控制）
2）如何保证产品质量、降低产品的成本？（→现场管理）
3）如何高效率地完成产品？（→运作流程与作业方法）
基础工业工程涵盖上述三个问题所对应的技术和方法，其研究领域可分为如下5个方面。
1）最佳作业方法；
2）最佳作业方法的标准化及其劳动定额；
3）与最佳作业方法相关的生产场所布置、物流路线设计、工具设计等；
4）工作设计；
5）现场管理。

1.2.3 生产率与生产率工程

1. 生产率

生产率是产出与投入比，用来描述生产系统将生产要素转换成有形财富（产品）的功能的效率。

$$P = O / I$$

式中，P 为生产率(productivity)；O 为产出(output)；I 为投入(input)。

2. 生产率测评的种类

生产率测评的种类如图1-1所示。

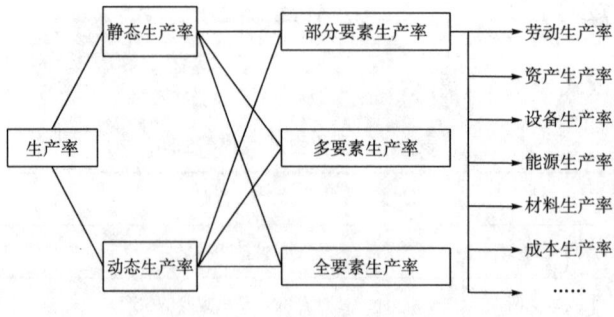

图1-1 生产率测评的种类

3. 生产率测定的基本方法

$$\text{静态生产率} = \frac{\text{测定期内产出量}}{\text{测定期内要素投入量}};$$

$$\text{部分要素生产率 PP} = \frac{\sum_{i=1}^{q} Q_i^O}{Q_i^I};$$

$$\text{多要素或全要素生产率 TP} = \frac{\sum_{i=1}^{q} Q_i^O}{\sum_{i=1}^{m} Q_i^I};$$

$$\text{动态生产率指数} = \frac{k\text{时期产出量}/k\text{时期投入量}}{j\text{时期产出量}/j\text{时期投入量}};$$

$$\text{全要素生产率指数 TPI} = \frac{\sum_{i=1}^{q} Q_{i,k}^O \bigg/ \sum_{i=1}^{m} Q_{i,k}^I}{\sum_{i=1}^{q} Q_{i,j}^O \bigg/ \sum_{i=1}^{m} Q_{i,j}^I}。$$

以上各式中，Q_i^O，Q_i^I 分别为测定期内第 i 种产出量与投入量；$Q_{i,k}^O$，$Q_{i,k}^I$ 分别为现测定期 k 内第 i 种产出量与投入量；$Q_{i,j}^O$，$Q_{i,j}^I$ 分别为基准期 j 内第 i 种产出量与投入量。

4. 生产率评价的基本方法

生产率评价的基本方法如图 1-2 所示。

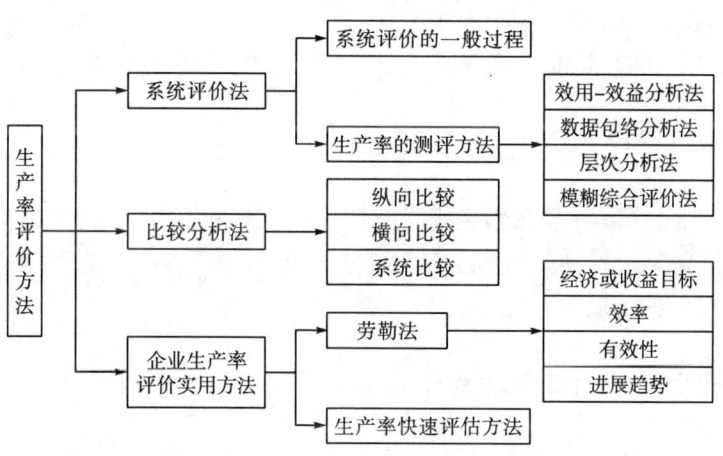

图 1-2　生产率评价方法

1.2.4　影响生产率的因素及提高途径

提高劳动生产率的途径很多，归纳起来，主要有两种：一是增加资源的投入，如增加投资、更新设备、吸收外资、引进技术、提高劳动强度等；二是从改进方法入手，提高劳动者的积极性、技术水平和操作熟练程度，充分挖掘企业的内部潜力，努力降低成本，促使企业走内涵发展的路子。

1.3 教育教学环节设计

1.3.1 自主学习与教学指导

1.重点、难点
1）重点：企业生产运作；生产率与生产率管理。
2）难点：生产率管理与测定。
2.自主学习内容及注意事项
（1）内容
1）企业生产运作概述；
2）企业生产运作与管理存在的问题；
3）生产率与生产率工程；
4）生产率管理与测定；
5）影响生产率的因素及提高生产率的途径。
（2）注意事项
　　本章内容主要是使大家对企业生产运作模式及生产率等形成概念，知识点较多，但不要死记硬背，重要的是善于思考，培养用工业工程的思维解决企业生产率等问题的能力。
3.教学指导注意事项
1）以案例教学及师生互动研讨为主；
2）鼓励学生发散性思维。

1.3.2 案例教学设计

　　带领学生到企业参观，要求学生按照产品的工艺流程完成规定的生产实习任务，使学生比较系统地了解从设计到产品实现的全过程，从而对生产各个关键环节和现场管理的基本内容有比较系统的认识和理解。

1.3.3 针对能力培养的综合教育环节

　　让学生适度参与生产辅助活动，主要是运用所学专业知识对企业生产运作管理的主要问题提出改进建议，有条件的话可以让学生在不同企业之间进行轮换，使学生对不同类型企业都有一定了解和参与，并通过提案的方式让学生与企业进行充分交流，使得理论和实践良好地结合。

1.3.4 讨论与展示

　　要求学生将在企业中学到的东西以报告的形式呈现，并组织学生一起讨论分享，最后评选优秀报告，以培养学生的书面写作能力和口头表达能力。

1.4 典型实例分析及复习思考题

1.4.1 典型实例分析

【实例1】一汽轿车股份有限公司为提高生产率，对换枪频次进行改善。

项目名称：换枪频次改善。

立项原因：中涂车身颜色有深灰与浅灰两种，由于每台车身喷涂颜色顺序不固定，操作者频繁更换喷枪来完成车身各颜色的内腔喷涂。

现状描述：

1）相邻的两台车车身颜色不同，手工喷涂时要更换漆管才能完成车身的颜色喷涂（图1-3和图1-4）；

2）每次换枪用时5s，并将枪内另一种色漆排放掉，最多时每100台车更换二十多次，每次排放约20ml色漆（图1-5）；

3）现有两个风管接头，一个连接防毒面具，一个连接喷枪（图1-6和图1-7）；

4）中涂四套管路只有2、3号管路装有深灰与浅灰两种色漆，操作时喷枪安装在一套漆管路上（图1-8）。

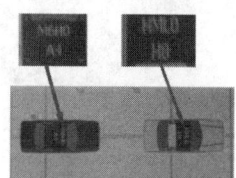
图1-3 中涂流水线
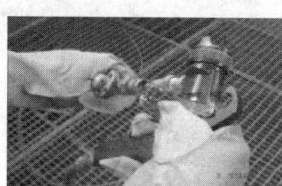
图1-4 更换漆管

图1-5 排放色漆

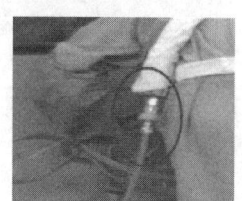
图1-6 接防毒面具的风管接头

图1-7 接喷枪的风管接头
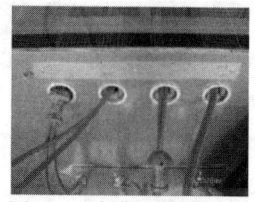
图1-8 中涂四套漆管路

改善目标：争取将每100台车平均更换20次喷枪降低到2次。

问题思考：如果让你来完成这个项目，你将怎样做？

解答： 1）要因分析。鱼骨图分析如图1-9所示。

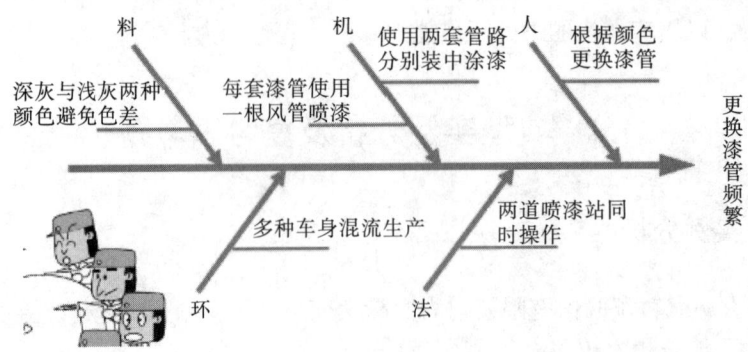

图 1-9　鱼骨图分析

2）制定对策。

根据一套喷漆管路需要连接一根气源才能喷涂的方法，解决方案如图 1-10 所示。

图 1-10　解决方案

3）实施对策。

操作时车身颜色只有两种，喷哪种颜色用哪种颜色的喷枪，不需要更换漆管。

方案评价：

① 每 100 台车车身减少换枪次数约 20 次，每次换枪浪费 20mL 漆，共 4 个操作工位，因而每百台车减少油漆浪费：20×4×20=1600（ml）

② 降低成本 1.6（减少油漆浪费量，L）×100000（年产量，台）/100（台）×42（色漆单价，元/L）=67200（元/年）；

③ 每人每年减少换枪操作：20（次）×100000/100=20000（次）。

1.4.2　复习思考题

1）企业的生产运作有哪几种类型？各有什么特点？

2）企业生产运作与管理存在的主要问题是什么？

3）生产率从本质上讲反映的是什么？

4）生产率测评的意义是什么？

5）生产率测评的种类与方法有哪些？

6）提高生产率的方法有哪些？

第2章 工业工程

本章是本书的重要部分,是整个基础工业工程教学中具有引领作用的环节。这一环节需要学生把握好工业工程的定义与内涵,了解工业工程的产生与发展历程,了解工业工程的内容体系与人才素质结构。对这些问题的理解程度,将极大地影响后续内容的学习以及工业工程知识在实际工作中的应用。

2.1 主要内容、特点及学习要求

1. 主要内容

本章共分工业工程主要内容、特点及学习要求,工业工程的发展历史、现状和趋势,教育教学环节设计,典型实例分析及复习思考题五节内容。本章介绍工业工程的定义、内涵以及工业工程与生产率工程的关系,详细描述工业工程的产生与发展过程,提出工业工程的学科性质、内容体系以及工业工程人才素质结构。

2. 特点

本章内容侧重于理论论述,重点介绍工业工程的相关概念、发展历程以及工业工程的内容体系,目的是让学生对工业工程这一学科有整体认识,培养学生的工业工程意识。

3. 学习要求

1)了解工业工程的产生和发展过程;
2)理解工业工程的定义,并掌握工业工程的内涵;
3)了解工业工程与生产率工程的关系;
4)了解工业工程的内容体系和学科特点;
5)了解工业工程的人才素质结构和知识体系。

4. 能力培养要求

本章内容以学生自学为主,辅助案例分析供课堂小组讨论,以培养学生的自主学习能力、口头表达能力、批判性思维(能力)。

2.2 工业工程的发展历史、现状和趋势

2.2.1 工业工程的发展历史

工业工程(industrial engineering)是工业化的产物,一般认为最早起源于美国。工业工程的形成和发展演变过程,实际上就是各种用于提高效率、降低成本的知识、原理和方

法产生与应用的历史。工业工程发展年表如图 2-1 所示,其发展历程可以概括为四个相互交叉的时期。

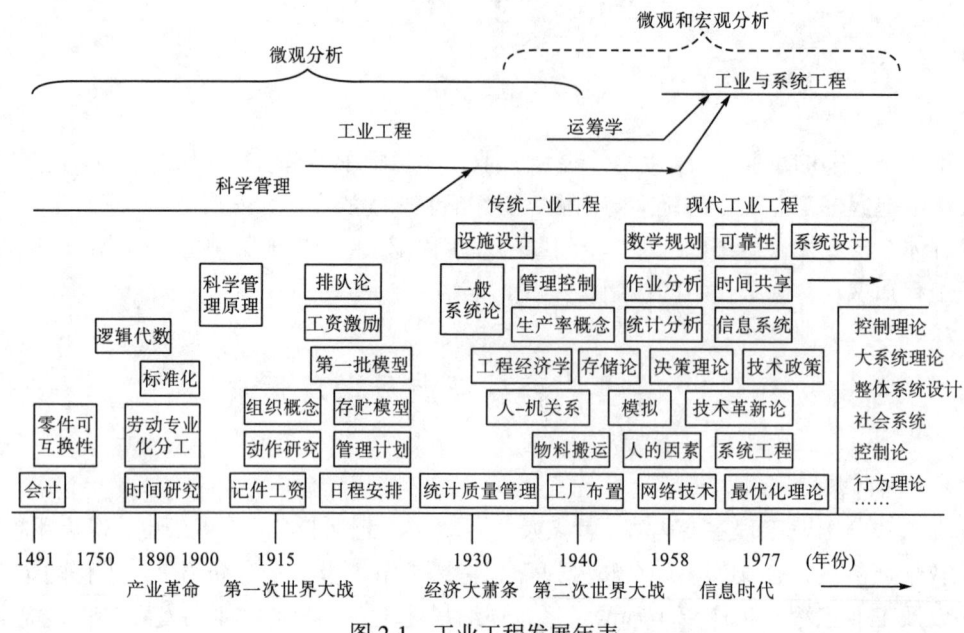

图 2-1　工业工程发展年表

1)科学管理时期(20世纪初—30年代中期)。这是工业工程的萌芽和奠基时期,以劳动专业化分工、时间研究、动作研究、标准化等方法的出现为主要内容。这时期的工业工程应用在制造业中,采用以动作研究和时间研究为主要内容的科学管理方法,提高工人作业效率。主要是针对操作者和作业现场等较小范围,建立在经验基础上的研究。

2)传统工业工程或者经典工业工程时期(20世纪20年代后期—40年代中期)。这是对泰勒的科学管理原理和吉尔布雷斯的动作研究的继承和发展。这一时期重视与工程技术相结合,使工业工程本身具有独立的专业性质,工业工程不同于管理的概念和职能也在这个时期得到确立。

3)工业工程与运筹学结合时期(20世纪40年代中期—70年代中期)。这一时期,运筹学运用到工业工程中来,同时,计算机为处理数据和对大系统进行数学模拟提供了有力的手段。

4)工业工程与系统工程结合并共同发展时期(70年代中后期—现在)。工业工程与系统工程结合后有以下特征:从系统整体优化的目标出发,研究各生产要素和子系统的协调配合,强调综合应用各种知识和方法的整体性,应用范围从微小系统扩大到宏观大系统的分析设计,从工业和制造业部门扩大到农业、服务业和政府部门等各种组织。

工业工程正是由于不断地吸收现代科技成就,尤其是计算机科学、运筹学、系统工程及相关学科知识,有了理论基础和科学手段,才得以由经验为主发展到由定量分析为主，由研究生产局部或小系统改善到研究大系统整体优化和生存率提高，成为一门独立的学科。

2.2.2 工业工程的研究现状

现代工业工程兼收并蓄科技发展的成果，丰富自身的理论与学科体系。工业工程在这一发展过程中体现出三大特征：本国、本地需求决定科研方向，兼收并蓄科技新成果和注重人的因素。西方国家的工业工程研究集中在物流供应链、先进制造系统、人因工程、环境与生态经济、知识工程等方向。

随着世界制造中心从欧美转移到亚洲及太平洋地区（简称亚太地区），制造业的效率、质量成本成了竞争的主要焦点，亚太地区的工业工程发展迅速，需求明显。工业工程的理论研究朝着全方位、多产业的方向发展。亚太地区国家和地区的工业工程发展侧重点也不相同，日本以丰田生产方式为代表的成功是工业工程的典范，韩国的工业工程集中在制造业，台湾地区的工业工程侧重于制造业和高技术产业，香港、新加坡以服务业、知识管理为主，大陆地区的工业工程以制造业为主，需求是全方位的。虽然企业的管理模式有 CIMS、ERP、TPS 等，不尽相同，但这些管理模式都以工业工程为支持理论和技术。

在我国大陆地区，工业工程学会成为工业工程发展的主要因素。高校学科建设对社会的影响与促进很大，其中，工业工程在本科专业发展很快，这说明社会对工业工程的需求很大；工程硕士对工业工程起到推进作用；教育部高等学校管理科学与工程类学科专业教学指导委员会（简称教指委）已制定出学科核心课和专业主干课目录。工业工程学科的科研工作快速发展，国家自然科学基金委员会（简称自然基金委）连续四年设立工业工程专项课题，主要研究领域为生产管理、集成制造、生产计划调度与控制、人因工程等。工业工程与企业的合作研究发展很快，国际合作活跃。

2.2.3 工业工程的发展趋势

工业工程的发展受需求决定，欧美注重非制造业和知识工程研究，亚太地区注重制造业研究。工业工程本土化改造与创新越来越突出，成果显著，如丰田公司结合工业工程形成的 TPS、LP 等。工业工程不断吸收科技新成果，集成了计算机技术、数字化技术、知识管理、生物技术等。工业工程注重结合人的理念，企业文化建设得到越来越高的重视，人因工程设计的作用将越发突出。

2.3 内容分析与补充

2.3.1 工业工程概述

1. 工业工程定义

美国工业工程师学会对工业工程的定义：工业工程是对人员、物料、设备、能源和信息组成的集成系统进行设计、改善和实施的工程技术，它综合应用数学、物理学和社会科学的专门知识和技术，结合工程分析和设计的原理和方法，对系统所取得的成果进行确定、预测和评价。

日本工业工程师协会对工业工程的定义：工业工程是这样一种活动，它以科学的方法，有效地利用人、财、物、信息、时间等经营资源，优质、廉价并及时地提供市场所需要的商品和服务，同时探求各种方法给从事这些工作的人们带来幸福和满足。

2. 工业工程的内涵

1）工业工程的核心是降低成本、提高质量和生产率；
2）工业工程是综合性的应用知识体系；
3）工业工程应用注重人的因素；
4）工业工程是系统优化技术。

3. 工业工程与生产率工程的关系

1）工业工程与生产率工程有共同的目标——提高企业生产率；
2）工业工程是生产率工程的基础；
3）工业工程的发展将推动生产率管理和控制方法的改善，而生产率改善方法的创新、发展将促进生产率工程的发展；
4）生产率工程的发展将丰富工业工程技术、方法，推动工业工程的发展。

2.3.2 工业工程的内容体系和人才素质

1. 工业工程的学科特点

工业工程的学科性质：IE 是一门交叉学科。IE 不同于一般的工程学科，它不是单纯的工程技术。IE 不仅包括自然科学和工程技术，而且还包括社会科学和经济管理知识的应用。IE 起源于科学管理，并为管理提供方法和依据。

2. IE 相关学科的关系

· IE 与管理

管理与被管理者之间总会产生这样或那样的对立，而 IE 人员是为双方服务的。IE 是沟通管理和生产技术的桥梁，为管理提供决策的科学依据，赋予管理以科学内涵。

· IE 与系统工程

系统工程是对系统进行分析、综合、模拟、最优化的原理和方法，适用于一切系统。

2.3.3 工业工程的内容体系和人才素质

1. 工业工程的学科特点

工业工程是一门交叉学科。工业工程不同于一般的工程学科，它不是单纯的工程技术。工业工程不仅包括自然科学和工程技术，而且还包括社会科学和经济管理知识的应用。工业工程起源于科学管理，并为管理提供方法和依据。

2. 工业工程与相关学科的关系

（1）工业工程与管理

管理与被管理者之间总会产生这样或那样的对立，而工业工程人员是为双方服务的。工业工程是沟通管理和生产技术的桥梁，为管理提供决策的科学依据，赋予管理以科学内涵。

（2）工业工程与系统工程

系统工程是对系统进行分析、综合、模拟、最优化的原理和方法，适用于一切系统。工业工程主要以各种生产系统为研究对象，将各种生产要素组成有效的集成系统而进行设计、改善和控制，是系统工程在生产系统上的具体应用。

3. 工业工程的人才素质要求

观察试验能力、调查研究能力、综合分析/集成能力、规划设计能力、协调/社交能力、适应能力、创新能力、语言和文字表达能力、计算机应用能力、外语阅读能力、出色卓越的专业技能、饱满的工作热情和吃苦耐劳的工作精神、良好的沟通能力、广泛的知识架构、对未来发展的敏锐洞察等。

2.4 教育教学环节设计

2.4.1 自主学习与教学指导

1. 重点、难点

1）重点：工业工程的定义、内涵，工业工程的内容体系和人才素质结构；

2）难点：理解工业工程的内涵、工业工程的学科特点。

2. 自主学习内容及注意事项

1）工业工程与生产率工程的关系；

2）工业工程的产生与发展过程。

3. 教学指导注意事项

1）引导学生学习工业工程的定义，理解工业工程的学科性质、研究对象，以及研究方法、任务、目标和功能；

2）引导学生掌握工业工程的内容体系和人才素质构成。

2.4.2 案例教学设计

带领学生去企业参观实习,邀请企业内部人员向学生展示企业如何通过工业工程的方法改善、提高企业运营水平。鼓励学生仔细观察,发现企业可以改进的地方,重点培养学生解决复杂问题能力、批判性思维(能力)。

2.4.3 针对能力培养的综合教育环节

为学生提供企业案例,让学生分析案例中企业现存问题,提出相应解决方法,重点培养学生书面表达能力、解决复杂问题能力、批判性思维(能力)。

2.4.4 讨论与展示

讨论学生去企业参观实习过程中发现的问题及解决方法,重点培养学生口头表达能力。

2.5 典型实例分析及复习思考题

2.5.1 典型实例分析

【实例1】天津奥的斯丰田生产方式。

天津奥的斯(OTIS)电梯有限公司杨柳青分厂是生产电梯的关键部件曳引机的专业厂家,其产品除了给天津奥的斯电梯总厂配套,还供应给广州奥的斯电梯有限公司和成都奥的斯电梯有限公司,另外还担负部分出口任务,并以高质量的产品和交货及时得到用户的喜爱。

但在前几年,种种原因造成产品质量低,交货常常不准时,工厂的信誉较差,特别是1995年下半年的一次出口质量事故,导致韩国索赔100万美元,为此,奥的斯亚洲总部于1995年年底给该厂黄牌警告,如果1996年7月1日前不能提高产品质量和按时交货,马上关闭,在中国广州重建一个曳引机制造厂。

置之死地而后生,由于事关企业生死存亡,全厂员工人人都有一种危机感,许多人白天照常上班,下班后自发地聚集在一起,常常每天工作12小时,大家在一起献计献策,出主意,想办法,半年内提出合理化建议4000多条。同时,一些以前无法解决的问题,如精简组织机构、采用丰田生产方式进行设备布局和管理等,也都得到了圆满解决。大家心往一处想,劲往一处使,经过两年多的试行,曳引机制造厂发生了翻天覆地的变化。1996年7月,当亚洲总部来检查时,简直不敢相信所看到的一切。以前那个脏、乱、差的制造厂踪迹全无,展现在眼前的是一个设备布局合理、工具存放有序、在制品和运输车辆摆放整齐、员工朝气蓬勃、崭新的曳引机制造厂。总部当即决定取消原来的重建计划,并大幅度增加出口量。

1. 指导思想

他们提出 "生产现场就是市场，管好生产现场就是占领市场"和"人人都要有人管，人人都要能管人"的口号，并处处围绕减少七种浪费——过量生产浪费、停工等待浪费、无效搬运浪费、动作的无效劳动浪费、制造次品浪费、库存浪费和加工本身的浪费——展开工作。

1) 首先推行"5S"——整理，整顿，清洁，清扫，素养。在脏、乱、差的环境中生产，很多问题都不容易暴露出来，并且还容易使人的精神面貌萎靡不振，为此，他们首先从实行"5S"管理入手，强调重点是坚持，为此制定了相应的规章制度，以车间、科室为单位每周评比一次，将全年的评比结果写在黑板上，放在大门口，每次评比合格贴绿圈，警告贴黄圈，不合格贴红圈，连续三次不合格，车间主任或职能科长免职。

2) 重视工业工程人员。①产品工艺设计由工业工程工程师带头，从设备的选用、加工的方法到刀具的选择处处考虑降低成本。②由工业工程工程师制订设备的维修保养计划，规定每天的自检项目，并不定期地检查执行情况和设备运行情况，结果全部登记存档。此外要求操作者能自行处理一些小毛病。③每年都安排10%的降低工时指标，由工业工程工程师负责。

3) 废除专职检验，凡是能自检的都实行自检。以往专职检验容易引起两个缺点：①验过的活再出问题与我无关；②如同时几个人送检，则容易造成等候时间过长，物流加大。

4) 根据产品生产工艺，将机床采用"匚"形或"L"形布局，以保证"一个流"生产，同时也减少了物流。此外，在保留大天车的基础上，凡是需要的设备旁边都安装了悬臂吊，从而缩短了吊装的时间。

5) 实行拉动式零库存生产方式，改变了以前产值和利润同时重视的思维方式，只重视利润。按定尺寸购进原材料，改变了以往的采购整棵原料入库，自己锯料的习惯，从而将材料库和成品库同时取消，按销售订单实行拉动式生产，每天只按需要的数量生产。

6) 关键外协件采取招标的方法，既降低了成本，又保证了产品质量。此外还同外协厂家签订质量保证协议书，规定外协件废品率不得超过3%。同时规定外协厂家保持三周的库存量。

2. 实施效果

1) 产品交货周期由原来的24周降低到4周；

2) 年资金周转从原来的不足1次提高到1997年的18次；

3) 产品出厂合格率100%；

4) 全部库存占压流动资金从1995年的3100万降低到1998年的600万，其中非标的、高精度的、复杂的和进口的刀具占了很大比例；

5) 设备可动率达到100%，从而保证了丰田生产方式的顺利进行；

6) 最终实现了四个零的目标——零缺陷、零库存、零事故、零迟交货。

讨论题：通过本案例，让学生谈谈感想。

2.5.2 复习思考题

1）什么是工业工程？试用简练的语言表述工业工程的定义。
2）如何理解工业工程的内涵？
3）试述经典工业工程与现代工业工程的关系。如何理解经典工业工程是现代工业工程的基础和主要部分？
4）如何理解工业工程与生产率工程的关系？
5）工业工程学科性质如何，怎样理解这一性质？
6）工业工程学科与相关学科的关系是什么？
7）工业工程的学科范畴包括哪些主要知识领域？企业应用的主要领域有哪些？
8）企业工业工程师要求具备什么样的知识结构？
9）什么是工业工程意识？为什么说"掌握工业工程方法和技术是必要的，而树立工业工程意识更重要"？

第3章 工作研究

工作研究是指运用系统分析的方法把工作中不合理、不经济、混乱的因素排除，寻求更好、更经济、更容易的工作方法，以提高系统的生产率。其基本目标是避免浪费，包括时间、人力、物料、资金等多种形式的浪费。工作研究的目标在西方企业中曾经用一句非常简洁的话来描述过：Work smart, not hard（智慧工作而非努力工作）。

提高生产率或效率的途径有多种，如通过购买先进设备、提高劳动强度来实现。工作研究则遵循以内涵方式提高效率的原则，在既定的工作条件下，不依靠增加投资和工人的劳动强度，只通过重新组合生产要素、优化作业过程、改进操作方法、整顿现场秩序等方法，消除各种浪费，节约时间和资源，从而提高产出效率、增加效益、提高生产率。同时，由于作业规范化、工作标准化，还可使产品质量稳定和提高，人员士气上升。因此，工作研究是企业提高生产率与经济效益的一种有效方法。

一方面，从某种意义上来说，人类在发展过程中一直都在进行工作研究，并对工作研究的更高级形式——工具的改进和发明以及工作过程管理进行研究，因而人类的生产能力和生产率不断提高。另一方面，每一个人在其一生中也都在尽力从各方面进行工作研究，例如，怎样更快、更好地割草和擦自行车，怎样更省力地学习等。

3.1 主要内容、特点及学习要求

1.主要内容

1）工作研究概述：工作研究的起源、工作研究的对象、工作研究的特点、工作研究的内容、工作研究的分析技术、工作研究的步骤。

2）方法研究概述：方法研究的概念、特点与目的，方法研究的内容、层次与程序，方法研究的步骤。

3）作业测定概述：作业测定的起源、作业测定的定义、作业测定的目的和用途。

2.特点

本章内容具有纲领性质，主要要求学生建立起工作研究发展历程的框架，对工业工程经典案例进行回顾（泰勒、吉尔布雷斯最初的试验）、理清工作研究各个阶段的任务的逻辑关系。

3.学习要求

对于工作研究概念性质的理解和框架的搭建；对5W1H提问方式的应用；对ECRS方法的理解和原则的运用；掌握工作研究的步骤以及方法研究、作业测定的目的和步骤。

4.能力培养要求

熟练运用 5W1H 提问技术和 ECRS 方法；概念性质的理解方法研究和时间研究的实施步骤。

3.2 工作研究的发展历史、现状和趋势

3.2.1 工作研究的发展历史

工作研究始于美国。当时制造业工作生产方式和今天大不相同，很少有生产计划和组织，生产一线的管理人员对工人作业只是口头上的指导，工人通常所受的训练也很有限，工作方法缺乏科学性和系统性，主要凭经验办事。作业方法的改进一般都来源于工人自己为找到更容易和更简便的方法完成所承担的任务而自发的努力，完全是一种分散的个人行为，几乎没有人注意一个工厂或一个工艺过程的改进和总体协调，因而效率低、浪费大。

1881 年，"科学管理之父"泰勒就开始对作业时间进行详细的研究，泰勒汇集经验及思考，于 1911 年出版了《科学管理原理》一书，说明科学管理的四原则：①将每一个人的工作、每一单元均以科学方法加以分析，取代以往尝试错误所得的经验法则；②选择最适当的作业员，而且要训练作业员以经过研究的方法来改善；③使管理员与作业员之间，发展出合作的精神；④在管理者和作业员之间，将工作责任公平地划分出来，使各方均能尽其所长。泰勒提出了确定基本动作标准时间的原则，并首先提出了秒表时间测量法等时间研究的方法，他关于标准时间的基本概念就是现在工作测量中的所谓标准数据。泰勒在伯利恒钢铁公司进行铲掘作业的作业研究，使每个人的作业效率从 16 吨/天提高到 59 吨/天，作业人员从 400～600 人减少到 140 人。

1912 年，工作研究的另一位奠基人吉尔布雷斯在美国机械工程师学会上发表了"细微动作研究"一文。所谓细微动作研究，就是利用电影摄影机和计时器将某一操作单元拍摄下来，使计时器在影片上准确显示动作与动作的时间间隔，因而可从影片上分析其基本动作，确定每项动作所耗用的时间。吉尔布雷斯提出工作研究的原则如下：构成作业的要素要少，每个工作要素的时间要短，带给人的疲劳要少；决定作业方法时，必须主要考虑工艺装备、设备及工作地布置、操作者身体各部位的使用方法、动作方法和环境条件。这些原则奠定了方法研究的基础。吉尔布雷斯对砌砖进行动作研究，把砌砖动作从 18 个减少到 5 个，每人每天砌砖速度从 120 块提高到 350 块。泰勒、吉尔布雷斯创立的"时间研究"和"动作研究"的基本方法，发展成为工业工程中的一个重要领域——工作研究。

1930 年，美国康奈尔大学工业工程师莫金逊给传统工作研究以一种新的概念，他称为"工作简化"，把工作研究的范围由工厂作业扩大到行政事务管理、商业、医院等各个领域，特别注重于"简化"意识的培养。另一个美国工业工程师梅那特认为，研究某一特定工作时，应将该工作所涉及的各个方面都予以考虑，并首先提出"力法工程"的概念。此后，不断有学者利用现代统计学、概率原理以及计算机科学等相关学科的最新成果，提

出工作研究新的理论和方法,如工作抽样理论、预定动作时间标准法、标准资料法等。

3.2.2 工作研究的研究现状

工作研究自19世纪末创立以来,在西方工业化国家就有着快速的发展和广泛的应用。1976年,美国工业工程杂志与博通公司联合对1500家企业工业工程应用情况的调查表明,89%的企业应用工作研究;英国应用工作研究的情况大体与美国相似,据1979年哈里斯对英国401家企业的调查,其中有84%的企业应用工作研究,居应用工业工程各项技术的首位;1981年,路特对企业工业工程应用情况的调查表明,美国90%以上的企业应用工作研究,其中94.1%的企业应用方法研究,96.3%的企业应用作业测定,企业的生产率提高51%;日本、德国、法国、澳大利亚等发达国家以及我国的台湾和香港地区也将工作研究作为工业工程首选技术,其为企业提高生产率达50%以上。

工作研究在我国的应用可以追溯到20世纪80年代中期。从1985年开始,机电行业部分企业推行了工作研究。根据10个企业、12条生产线试点统计,企业一次投入76万元,每年净增收入2815万元,劳动生产率提高16%~18%,投入效益比为1:33。例如,北京机床电器公司运用工作研究,改造三条生产线,产量翻番,年新增产值1165万元,新增利税349万元;成都红光电子管厂推行模特排时法,改进20个工序,仅投入9930元就使年增产值840万元,净增利税和节约材料费达363.56万元,投入效益比为1:366;大连无线电十三厂应用工作研究,改进收录机装配线,效率从42.7%提高到83.78%,日产量翻一番,由102台提高到204台;上海金陵无线电厂应用工作研究,改造生产线,投入0.36万元,获经济效益81万元;广东科龙电器股份有限公司推行工作研究,一台容声电冰箱的生产节拍从48秒减少到36秒,全员劳动生产率达到43万元/年。

冶金行业推行工作研究也取得了类似效果。例如,鞍山钢铁公司在炼钢厂、机械厂、选矿厂等20个单位进行试点,通过推行方法研究,改进生产工艺,已取得5392.1万元的经济效益。目前,工作研究在机械、电子、冶金、航天航空、轻工、化工、建筑等部门的应用已经起步,有的正在深入与普及。然而,工作研究在我国的应用尚不能和西方工业化国家同日而语。目前我国大部分工作研究的实施基本上还处于手工的和凭经验估计的状态,由人工进行测绘、记录、分析、评价和改进。这样形成的基础数据,其准确性、及时性、规范性和可靠性一般都比较差,很难为各种管理决策提供可靠的支持。

我国一直沿用前苏联的工业体系,人们对效率、标准化的意识比较薄弱。相当数量的企业存在作业方法缺乏科学性、系统性、标准化,主要凭经验和个人意愿行事;作业方法的改进一般来源于工人自发进行的个人行为;仍然采用粗略的经验估算方法制定时间定额,时间定额标准很不统一等。这些状况导致企业基础数据的实用性和准确性差,无法起到为企业上层提供可靠的决策支持作用。

3.2.3 工作研究的发展趋势

20世纪60年代以后,西方发达国家开始将计算机技术应用到工作研究领域,出现了一些进行流程分析、动作研究和时间标准制定与管理的计算机软件系统。软件技术、网络技术和多媒体技术的进一步发展，使得工作研究技术已从最初的现场手工记录工作过程发展到可以借助数码相机或摄像机等设备辅助记录，一些研究机构还利用 3D 人体模型或机器人来进行动作轨迹的研究。工作研究软件更是层出不穷，而且功能越来越强大，操作界面也日益人性化。大多数现代工作研究软件都支持 Windows 平台，系统界面友好，操作简单，研究人员无须额外的培训，这是新一代工作研究软件的特点；网络化和分布式工作研究系统也成为重要趋势；有的系统还配有便携手持终端采样系统，为亲临现场的研究人员提供了很大的方便，同时也提高了采样数据的准确性和高效性。

国外的工作研究软件公司和机构非常多，其产品的功能和应用范围也各有特色。例如，Interval Systems 公司的 AccuStudy 是一款运行在手持平板电脑，用来替代手写板和秒表的动作时间研究软件系统，曾一度称为 "The biggest advancement in time study since the stopwatch"；Applied Computer Services 公司的 Business Pro 是基于 Windows 平台的一系列工作研究模块的集合，包含流程记录和控制，作业测定，标准开发、评价和引用，MRP/ERP 支持等，覆盖了作业数据开发和维护的各个方面；MTM 协会开发的 MTM-LINK 系统是应用 MTM 方法辅助工业工程师完成工作研究的系统，主要用于作业标准时间的开发和作业标准数据库的维护。

目前，国内外众多软件商在中国投入的软件系统大多集中在 CAD、CAPP、CAM、PDM、ERP 等热门软件上，而工作研究软件的投入与开发却寥寥无几。究其原因，固然有软件商对这一领域的忽视，但其主要原因却是国内企业对基础数据的漠视态度，对工作研究软件缺乏系统的认识。工作研究的计算机化跟不上，导致了企业基础数据发展的滞后，而高层生产系统，如 MRP、ERP 等不能够得到准确及时的基础数据支持，致使整个生产系统效率低下。

随着现代企业的发展壮大，企业的规模日益扩大，其基础数据也越来越庞大，而且基础数据更新速度明显加快，传统手工的工作研究已经不能满足现代企业的需要。企业对基础数据准确性、及时性和标准化的要求与基础数据传统经验获取手段之间的矛盾已经日益突出。

在当代，信息技术已经全面介入工作研究各个应用领域。计算机辅助工作研究已经成为工作研究发展和应用的趋势。

3.3 内容分析与补充

3.3.1 工作研究的范畴和一般流程

工作研究是以工作系统为研究对象的工程活动，它应用人类工程学的行为科学原理，运用方法研究技术，进行工作程序、操作程序的分析、研究，改进工作流程或作业方法，消除、减少多余的动作（如寻找、选择及逗留），制定合理的工序结构，以作业测定技术确定其相应的标准时间。工作研究包括方法研究和作业测定两大技术。这两种技术是相辅相成的。方法研究是应用程序分析、操作分析与动作分析等一些特定技术进行分析、设计、改善工作方法的工程式活动,其实施效果要运用作业测定来衡量。作业测定则是在方法研究的基础上,通过预定动作时间标准法、工作抽样、标准资料法等特定的程序与方法,侧重调查、研究、减少以及最后消除无效时间,最终设定生产作业的标准时间。工作研究的范围如图3-1所示。

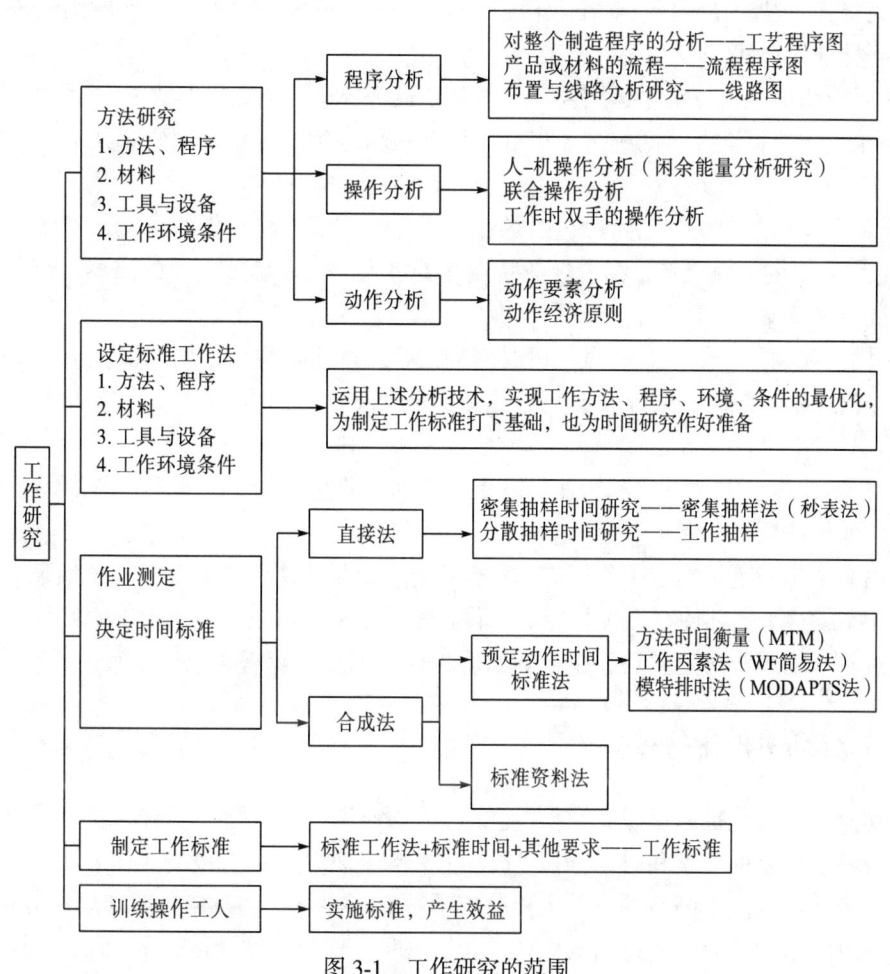

图 3-1 工作研究的范围

实施工作研究一般包括以下 8 个基本步骤。

1）选择研究对象,确定工作研究项目。研究的对象应根据企业管理中存在的问题及具体情况来确定,一般依据的原则有管理部门的意愿和要求、解决问题的各种制约因素、改进的可能性、节约的潜力等。在选择某项工作进行工作研究时,应该对经济因素、技术因素和人的因素综合进行考虑。

2）观察现行方法和记录全部事实。根据选择的对象,进行实地观察,准确记录现行工作方法有关的全部事实。运用方法研究的流程图表或其他工具记录现状,用流程图记录全过程,用双手操作图记录操作动作,用线图记录人、设备、工作等的流动轨迹和现场布置,用"人-机关系图"记录"人-机"结合的状态。

3）仔细研究分析记录的事实并加以改进。运用方法研究的分析工具,对所记录的现

状进行系统的分析、改进,确定标准作业法。一般可分三个分析层次:

第一层,通过工序分析,优化整个系统的流程,确立科学合理的程序。

第二层,通过作业分析,优化影响该项作业的各种因素,如目的、方法、设备、工具、材料、工装、环境条件。

第三层,通过动作分析,对作业程序、作业动作、作业方法和各种影响因素进一步优化,产生标准作业法。

4)评价和拟定新方案。运用经济性、安全性等原则对方案进行评选。

5)制定作业标准及时间标准。以标准作业法为基础,运用时间研究技术,制定标准时间。

6)新方案的组织实施。将改进后的作业程序,作业方法,作业环境,工作的范围、质量、数量、时间的要求等,结合企业特点和管理上的需要增加必要的内容,产生工作标准,形成标准草案。

7)检查和评价。新方案经过一段时间的试行,由企业主管部门对实施情况进行全面检查并作出评价。再根据试行的情况作必要的修改或补充,形成正式标准,并按规定发布并实施。

8)标准改进:随着科技和企业的发展,要对工作标准中一些不适应发展的条款及时修订或增加新的内容。

上述 8 个步骤既是制定工作标准的科学程序,也是工作研究循环的一个周期过程。在企业里,完成这个循环使之产生相应的工作标准。以后,每循环一次标准便修订一次,就这样通过不断的工作研究循环,企业的素质、标准的水平都将相应地不断提高。

3.3.2 工作研究的主要技术

工作研究主要包括方法研究和作业测定。方法研究主要是指对现有的或拟采用的工作方法进行系统严格的考察和科学分析,以便开发出更简便、更有效的工作方法,从而达到提高生产率和降低成本的目的。其主要分析手段有程序分析、操作分析和动作分析。

作业测定是把作业分成适当的作业单位,以时间作为尺度进行测定、评价、设计及改善。进行工作测量的直接目的是制定和贯彻先进合理的劳动定额,即用科学方法制定先进合理的时间定额,从而加强企业经营管理,提高劳动生产率,提高经济效益。

工作研究常用的分析技术是"5W1H""ECRS 四大原则"加"一表"。

"5W1H"提问技术是指对研究工作以及每项活动从对象、原因、时间、地点、人员、方法上进行提问,根据提问的答案,弄清问题所在,并进一步探讨改进的可能性。"5W1H"提问方法如表 3-1 所示。

表 3-1 "5W1H"提问方式

考察点	第一次提问	第二次提问	第三次提问
对象	做什么(WHAT)	是否必做	有无其他更合适的方法
原因	为何做(WHY)	为什么要这样做	是否不需要做

考察点	第一次提问	第二次提问	第三次提问
时间	何时做（WHEN）	为何需要此时做	有无其他更合适的时间
地点	何处做（WHERE）	为何需要此处做	有无其他更合适的地点
人员	何人做（WHO）	为何需要此人做	有无其他更合适的人
方法	如何做（HOW）	为何需要这样做	有无其他更合适的方法与工具

以车间生产为例：

What（什么）：要做什么工作（工作的具体内容）？

Why（为什么）：为什么要开展这项工作（其意义、目的）？

When（什么时候）：到什么时候完成（工作的截止日期）？

Where（在哪里）：在哪里工作（工作地点）？

Who（谁）：是自己来做这项工作，还是和其他的成员共同完成（工作的具体执行者）？

How（怎样）：怎样进行工作（工作的进行方式、方法）？

1）对象：公司生产什么产品？车间生产什么零配件？为什么要生产这个产品？能不能生产别的？到底应该生产什么？如果现在这个产品不挣钱，换个产品利润会不会增加？

2）原因：为什么必须生产？能否外购、外协？

3）时间和程序：现在这个工序或者零部件是在什么时候干的？为什么要在这个时候干？能不能在其他时候干？把后工序提到前面行不行？到底应该在什么时间干？

4）地点：生产是在哪里干的？为什么偏偏要在这个地方干？换个地方行不行？到底应该在什么地方干？这是选择工作场所应该考虑的。

5）人员：现在这个事情是谁在干？为什么要让他干？如果他既不负责任，脾气又很大，是不是可以换个人？有时候换一个人，整个生产就有起色了。

6）方法：现在我们是怎样干的？为什么用这种方法来干？有没有别的方法可以干？到底应该怎么干？有时候方法改变，全局就会改变。

改进时常遵循 ECRS 四大原则：

1）E（eliminate），即消除，取消不必要的。

2）C（combine），即合并，对于无法取消又必要的，看是否进行合并，以达到简化的目的。

3）R（rearrange），即重排。不能取消或合并的工序，可再根据"何人、何事、何时"三提问进行重排，使其作业顺序达到最佳状况。

4）S（simple），即简化。经过取消、合并、重排后工作，可考虑采用最简单、最快捷的方法来完成。

有时，也会引入第五种方式：

5）I（increase），即新增。如果遇到特殊情况，新增工作也会带来整体工作的简化，原则应用需要灵活。

此时，称为 ECRS(I) 原则。

"一表"称为检查分析表,如动作改善检查表、物流改善检查表等。

3.3.3 方法研究

方法研究是对现有的或拟议的工作(加工、制造、装配、操作)方法进行系统的记录和严格的考察,系统的分析和改进,以开发和应用更容易、更有效的工作方法,是降低成本的一种手段。按照从粗到精、从宏观到微观、由概括到具体的体系,方法研究包括程序分析、操作分析和动作分析三部分。

程序分析是研究生产某一产品(零件)或服务的生产(业务)流程的技术,它是采用流程程序图的形式对制造某一产品(零件)或完成工作的系统中所有事态进行观察、记录和分析,其目的是制定费用最低、效率最高、可以产出符合质量要求的产品的最佳生产流程,包括物料型流程程序分析、人员型流程程序分析、设备型流程程序分析三种类型。程序分析的工具是程序图。程序图把任何一项工作或产品制造过程划分为操作、搬运、检验、延迟和储存,并用固定的符号表示(图3-2)。

图 3-2 程序图符号

作业分析又称操作分析,它主要通过对单个操作者、一组操作者以及操作者与机器的作业过程进行分析,全面研究生产过程中操作者个人动作的协调性、多人共同操作的协调性、人-机的协调性,找到可能减少操作者、材料和工具的移动量的措施,并建立秩序井然和更有效率的操作程序。

动作分析是用于调查分析操作者身体各部位(主要是双手)的动作及其配合的技术,包括动素分析、影像分析等。该技术需要利用动作经济原则,通过影像和动素分析技术,对人完成某项作业或某项活动的动作进行细微的记录、描述和分析,删去所有不必要的动作,并对保留的必要动作进行适当简化和重新编排,制订最有效的动作序列,动作分析对于改进与优化操作过程有着不可替代的重要作用。

3.3.4 作业测定

作业测定又称"时间研究",它是运用各种技术来确定合格工人按规定的作业标准,以正常的速度完成某项工作所需的时间。其中合格工人的定义是"一个合格的工人必须具备必要的身体素质、智力水平和教育程度,并具备必要的技能和知识,使他所从事的工作在安全、质量和数量方面都能达到令人满意的水平",规定的作业标准是指经过方法研究后制定的标准工作方法,及其有关设备、材料、负荷、动作等一切规定的标准的状况。正常速度是指平均动作速度,按这个速度操作,每天没有过度的肉体和精神疲劳,容易持续下去,但是也需努力才能达到。

时间研究侧重于调查、研究、减少以及最后消除无效时间,并在此基础上制定标准的工时定额，其目的包括：①制定作业系统的标准时间；②改善作业系统；③制定最佳的作业系统。时间研究可应用于以下 7 个方面：①比较各种工作方法的效果，在相同的条件下，工时最短的方法应是最理想的方法；②平衡作业组成员之间的工作量；③决定每个作业人员能操纵的机器台数；④提供编制生产计划和生产工程的基础资料，包括执行工作方案和利用现有生产能力所需要的设备和劳动力数量；⑤提供估算产品价格、销售价格等基础资料；⑥确定机器利用率指标和劳动定额，并可作为制定奖励方法的基础；⑦提供成本管理的资料。

目前时间研究的基本方法有很多，分为直接观测法和合成法（即利用已有资料进行推断的方法）两大类。对作业直接进行测定的方法有秒表法（包括连续时间测定法和反复时间测定法）、录像分析法（包括控制慢速动作分析法和分解动作分析法）、运转分析法（包括工作抽查法和连续观测法）。合成法是指利用已有资料（包括各种报表和以往积累的数据资料、过去求过的时间值）进行时间值推算的方法，有预定动作时间标准法（简称 PTS 法，如 MTM 法、模特排时法等）、机械时间计算法、标准资料法和实际测量资料法等。下面简述本书涉及的两种时间研究方法：秒表法和预定动作时间标准法中的 MTM 法。

3.4 教育教学环节设计

3.4.1 案例教学设计

【案例 1】《罗宾汉》。

在罗宾汉反抗诺丁汉郡的名誉郡长的次年春天，他去舍沃德森林散步。他一边走，一边考虑起义的进程、军队的安排、郡长最近的行动和面临的选择。

反抗郡长已经成为个人为理想而进行的战斗。它因为罗宾汉同郡长及其统治的冲突而爆发。然而，罗宾汉一个人做不了什么。因此他想找帮手，找那些心怀不满并且具有强烈的正义感的人。后来，他欢迎所有参加的人，问几个问题并仅仅要求他们诚心诚意地加入。他认为人多力量大。

第一年，他把这群人训练成有纪律的队伍，团结起来与郡长作对，不受法律的约束，自由自在地生活。队伍的组织很简单。罗宾汉是头领，决定所有重要的事情。他把特殊的任务委派给副手。威尔·斯卡莱特负责情报和侦察，他还搜集富有的商人和税务官行踪的消息。小约翰维持队伍的纪律，并且训练成员的箭术以达到职业需要的较高水平。斯卡罗克负责财务，把战利品兑换成现金，给大伙分钱，并且找到合适的隐藏处把剩下的钱藏起来。米勒的儿子有一个艰难的任务，就是为这帮人数逐渐增加的快乐的男人提供食物。

队伍规模的增大既让罗宾汉感到满意，又让他担心。他的军队的名声正在传播开来，新的加入者从英格兰的各个角落涌来。随着队伍的增大，他们原来狭小的宿营地变成了一个大的营寨。在突袭的空闲时间，这些人漫无目的地走动、谈话和做游戏，警觉性下降，纪律更难加强。罗宾汉想："为什么这些天我见到的人几乎有一半我不认识？"

增大了的队伍食物需求也开始超过森林食物的容量。猎物开始变得稀少，供应品不得不从外面的村庄获得。当收入下降时，就开始需要以队伍的财物诸备补贴购买食物的成本。

旅行者，特别是那些家财雄厚的，现在总是避开森林。这对他们来说虽然成本高并且不方便，但总比所有货物被充公好。

罗宾汉认为，已经到了把他们的政策由对货物的完全没收变为收取固定的过路费的时候了。他的副手强烈反对这个主意。他们为他们著名的格言而感动骄傲："劫富济贫"。他们认为："农民和小镇里的居民是我们最重要的帮手。我们怎么能向他们收税，而又在我们与郡长的战斗中希望得到他们的帮助呢？"

罗宾汉不知道要过多久这支队伍才能恢复到初期那样的方式和状态。郡长越来越强大，组织也变得更好。他既有钱又有人，开始袭击罗宾汉的人马，刺探这支军队的缺点。事情变得对罗宾汉不利。罗宾汉感觉到，在郡长抓住机会进行致命的一击之前，必须果断地进行起义。但是该怎么做呢？罗宾汉曾考虑杀掉郡长的可能性，但是这种机会好像越来越小，再者，杀了郡长也许能满足他个人的报复心理，却无法改善状况。罗宾汉曾经希望长时间的闹事，使郡长无法收税，因而被撤职。结果相反，郡长运用他的政治联系使他的地位得到了加强。他在法院有很有势力的朋友，并且也深受摄政王约翰王子的尊敬。

约翰王子残暴并且反复无常。他不受人民的拥戴，人们都希望被监禁的理查德国王能够回来。约翰王子还生活在对男爵的恐惧之中，这些男爵最初给了他摄政王的地位，但现在不同意他登上王位。几个男爵已经筹集赎金，以便把理查德国王从 Austria 的监狱中解救出来。罗宾汉被邀请参加这次谋划，报答是未来的特赦，这是一个危险的计划。省内盗匪是一回事儿，宫廷谋反是另一回事儿。约翰王子到处都有间谍，并且他以报复心极重而著称。如果合谋的计划失败，捕杀将是残酷的，报复很快就会到来。响亮的号角声把罗宾汉从思绪中惊醒。空气中有一丝烤肉的气息。什么事情也没有解决或者安排好。罗宾汉一边向营地走去一边发誓，在明天的突袭之后，他将全心贯注地解决这些问题。

罗宾汉下一步该怎么办？

3.4.2 针对能力培养的综合教育环节

工业工程的方法不仅仅能用于工业生产，其他的企业管理、投资理财、军事管理甚至日常生活中都可以合理利用。以【案例1】为代表的自由思考性质的案例应该在教学中多多体现。

3.4.3 讨论与展示

对于【案例1】进行5W1H思考，发散性地考虑各种情况，建议以分组头脑风暴的形式，最后每组分别总结，分享各组讨论结果。

3.4.4 教学过程评价

1.评价目的

为了提高教学质量，考察学生学习状况，制订此教学评价方案。

2.评价方法

1）教师讲课时由本专业其他教师旁听，并对本次教课老师的教课方式和教课内容加以记录，课后教师集体讨论分析，改善教学模式；

2）学生每周对教师的教学内容和方式加以分析总结，向教师提交其建议；

3）教师考察学生的学习兴趣，定期抽查学生作业完成状况，对未完成作业的学生给予上讲台讲解作业的机会，这样更能督促学生学习。定期了解学生的知识掌握状况，利用提问、讨论、互问互答等形式对所学知识加以巩固。

3.教师自我评价指标

1）所选用的方法和策略是否符合学生的特点；

2）能不能维持学生的注意和兴趣，能不能促进学生的理解和记忆；

3）对排除影响教学顺利进行的智力障碍和情绪障碍有没有好处，能给学生带来多大的满足感；

4）是否有助于培养学生的逻辑思维能力，能否有效地培养学生的创新精神和实践能力；

5）教学内容是否吸收了本领域的最新成果，反映了学科发展的最新动态；

6）从授课过程中判断是否精选了教材，选材是否根据学生的兴趣和学科的特点，是否对日常生活有实用价值；

7）从讲授的内容上判断知识体系是否完整，条理是否清楚，层次是否分明，是否注意到了前后呼应和触类旁通；

8）从教材难易程度上判断重点是否明确，难点是否可以解决。

4.学生评价指标

1）在通过新的教学设计方案的教学后，学生在认知、情感及动作技能方面的达标程度。

2）通过学生在课堂上的表现来分析学生对新方案实施的反应。例如，可以从表情上分析学生对讲课内容和速度的适应性；可以从课堂提问中分析学生对课程的理解程度。

3）从课堂秩序上分析学生对学习的注意或投入程度、学生是否有学习的需要和要求、学生是否乐意在教师的指导下学习等。

5.调查结果分析

对以上指标进行调查分析，找到教学上的问题，针对问题对教学过程加以改善。

3.5 典型实例分析及复习思考题

3.5.1 典型实例分析

【实例1】 IE 在日本的应用和新发展。

日本最初将工业工程翻译为"生产技术""生产工学"、"经营生产"。随着日本产业经济国际化，现直接称为"IE"。了解 IE 在日本的应用与发展历程，将有助于 IE 在我国的推行应用。

在日本，IE 的导入应用可分为四个阶段。1911 年星野行则氏翻译出版了泰勒的《科学管理原理》，这是日本导入IE的开端，这以后一直到第一次世界大战结束期间，科学管理方法在日本各大工厂、大学及专科学校得到了一定的宣传，但未取得实质性的效果，所以称为启蒙阶段；第一次世界大战结束后到第二次世界大战结束期间为导入阶段，这一期间的作用是为日本战后经济发展造就IE推进的气氛、经验和人才；第三阶段是推广应用阶段，此阶段一直延续到第一次中东石油冲击的1973年，这期间根据美国占领军本部的指示，在日本官方和民间的共同努力下，使IE思想、技术和方法系统性地浸透到产业界的各个角落，取得了预期效果，它的推广使许多企业（如丰田汽车公司、三菱重工等）得到成长和发展，国家经济也得以平均10%的速度发展；从第一次石油冲击至今天的40多年期间是发展创新阶段，通过这段时间的实践探索，以及计算机的出现和发展，日本终于走出了一条具有特色的IE推进之路，IE的应用到了出神入化的地步。

综观IE在日本的应用，是由传统IE发展到现代IE，由大量生产发展为精益生产，创造了许多体现IE技术的新要领和新方法。主要表现如下：

1. 推进方式、思维观念由改善向改革转变

以前推进方式的思维观念是现状分析改善型，一般是对已有系统进行调查分析、发现问题、制定对策，使其合理化、效率化，其特点是原系统的延续。现在则是向理想实施改革型转变，即从企业发展理想的目标出发，抛弃一切旧的价值观念，开发创新价值体系，建立一个全新的系统。追求系统优化，而不是局部优化。生产方式由大量生产向精益生产方式转变。

2. 从大量生产转变到精益生产

大量生产、大量销售是以生产者为中心的生产，它追求对生产者而言的效益化、合理化、经济化。随着卖方市场向买方市场转变，生产方式必须转向以消费者为中心的精益生产方式上来，从而许多新的概念在转化过程中产生。

（1）经济批量不经济，一个流生产是基本

经济批量是指为了平衡库存维持费和生产转换所需费用总和最少所生产的数量。随着市场需求多样化，产品寿命周期短期化，批量生产过长的生产周期会使企业丧失许多新销售机会。同时随着生产转换作业改善SMED，"零转换（3分钟以内）"时间缩短，一个流生产、多品种小批量生产，取代经济批量概念成为日本生产的主旋律。

（2）生产率水平由顾客决定

生产率一般定义为投入与产出之比，提高生产率水平的途径是用最少的投入取得最大产出。在大量需求时代，从10人生产200件提高到生产250件，生产率大大提高。但如果顾客只需要200件，50件就成为无用的浪费。当市场需求一定时，提高生产率必须减少投入，由8人生产200件。因此生产率应定义为投入与顾客需求之比。

（3）抽样检查是不合理的，不生产不合格品是真谛

抽样检查对生产者来讲是合理的，但对消费者来讲是不合理的，即使生产者的不合格品率仅为0.1%，但对一个顾客来讲买到的即是100%的不合格品，因此必须对消费者负责，即构建不生产不合格品的生产体制，推进质量是制造出来的而不是检查出来的思想。采取"傻子作业"即对人规定标准作业程序动作，对机器推进不良判断智能自动化，树立制造

全数合格品就是成本最低的思想。

3. "干不完的生产"向"不过剩制造的生产"转变，推行准时化生产

大量需求时代，企业生产的越多，销售就越多，就能扩大企业产品市场，因此称为"干不完的生产时代"。而过多过早的制造往往造成库存的浪费、搬运的浪费、管理的浪费。在市场相对固定的情况下，提高市场占有率，根据用户需要拉动组织生产，由"推"变"拉"。使物品刚好正时、保质保量送到用户手中，消除过剩生产的浪费，称为"不过剩制造的时代"。

4. 推进"七零"生产，生产目标由满足顾客的 QCD 向 PICQMDS 转变

以前生产以满足顾客需求的质量、成本、交货期为目标，随着市场多样化、个性化，企业间竞争更激烈。生产目标扩展为"七零"目标。

（1）生产转换（换模调整）时间为零，追求多品种生产——Products

市场多样化要求企业生产多品种化。因此追求加工、装配部门换模调整、品种变换时间为零成为主要课题。1995 年日本广岛技术公司王码电脑公司软件中心一条生产马自达车门的生产线换模时间仅为 47 秒。

（2）库存为零，发现问题——Inventory

库存是万恶之源，导致资金周转减少，掩盖多种问题。库存为零是提高企业管理水平，提高企业竞争力的重要参数。

（3）浪费为零，降低成本——Cost

广义的浪费包括库存和不合格品的浪费。推进以消除人的作业浪费为中心的活动为零活动，是降低成本的关键。

（4）不合格品为零，强化质量保证——Quantity

从质量保证、产品责任（PL）角度控制捕捉不合格品，把单纯分开合格品与不合格品检查作业转变成过程质量控制、工序质量保证，建立不生产不合格品的体制，开展 TQC 活动。

（5）故障损失为零，加强生产保全——Maintenance

一个流生产是"清流"生产，设备发生故障就会造成全厂停产。开展 TPM 活动，把从确保开动率的保全思想向确保可动率的生产保全转变，使设备处于想动就能开动的状态。

（6）拖欠为零，缩短交货期——Delivery

短交货期化是近年来企业间竞争的一个目标。物流流畅，不合格品、机械设备故障为零，压缩企业的综合生产周期是企业的经营活动的大课题。日本汽车行业一般生产周期为 18～20 小时。

（7）伤害为零，追求安全第一——Safety

企业的安全活动分三类：一是企业职工不受伤害的人身安全；二是企业环境不遭到破坏的环境安全；三是企业生产产品能安全使用的产品安全。三类安全中必须以企业职工人身安全为中心开展安全管理活动。

5. 推行三即三现主义，由桌子上的 IE 到现场的 IE

三即三现主义——三即：即时、即座、即应；三现：现场、现物、现策。即时到现场，即座看现物，即应制定改善对策（现策）进行改善。使以往现场调查，回到办公室分析制订改善方案，再到现场实施转向推进三现主义，即由桌子上的 IE 向现场的 IE 转变。

6. 5W2H——由问题意识向疑问意识转变

何为问题，即问题意识是传统 IE 思维方式，5W2H 即 What、Why、Who、Where、When、How、How much 是定型的工作方法。竞争的激烈将已无时间分析问题，而应抛弃问题意识，采用新 5W2H 工作方法，疑问意识即 5W（Why）——五个为什么得到革新的原点，2H（How、How much）——最终得到革新智慧，找到改革问题的真谛，而不仅是改善的方法。

7. 金无智出，从资金集约型向科研成果集约型转变

资金不足是 IE 推进的最大障碍。穷则思变道出日本 IE 推进人员的心声。IE 应用的成果要用在社会进步、企业发展、个人发展上。

8. 追求整体效率最大，效率管理由体力作业者向智力作业者延伸

管理部门自身效率化是日本 IE 近几年深化推进的成果。通过对智力劳动者的纯作业时间、工作成功率管理，追求管理部门工作效率化、程序合理化，使企业整体效率大大提高。

9. 推进作业管理，尊重人格、人的价值，实施自主管理

作业管理是日本现场 IE 应用创造出来的一种先进的管理方法。通过作业工长、操作工一起制定作业标准，执行标准化作业，让现场作业人员承担相应的管理工作，是工厂的管理水平、技术要素转化为现实的生产力的技术与管理的结合体。多能工培训、目视管理、作业编成（人机组合）、小集团活动、自主管理，使人的价值得以充分发挥。

10. 由以手法、技术为中心的"IE 术"，发展为心、技、体为中心的"IE 道"

IE 从美国传到日本时以方法、技术为中心，即以"术"为中心，在日本推广应用过程中，融入日本人对物品制造的信念和良心，创造了许多新的方法、技术、构成了日本人精神和文化的内涵载体，发展为心、技、体三位一体的"IE 道"。

讨论题：通过日本 IE 发展历程，你有什么启发？

3.5.2 复习思考题

1）简述工作研究的对象、特点。
2）简述工作研究的内容和分析工具。
3）简述工作研究两种技术的关系。
4）简述方法研究的概念、特点、目的与基本步骤。
5）简述作业测定的定义、目的和用途。

第4章 程序分析

程序分析是工作研究的基础。如果未作程序分析，没有预先发现某工序在整个流程中根本不必要，就先作微观的作业分析或动作分析，可能会造成较大的浪费。

4.1 主要内容、特点及学习要求

1. 主要内容
1）程序分析概述；
2）工艺程序分析；
3）流程程序分析；
4）布置和路径程序分析；
5）管理事务分析。

2. 特点

程序分析通过调查分析工作流程，改进流程中不经济、不均衡、不合理的现象，是一种提高工作效率的研究方法。因此本章在学习程序分析的基本方法的同时，强调对生产过程的宏观分析，需要对生产过程进行全面、系统而概略的分析。在学习中特别强调的是程序分析的目的性，任何工作开始之前最为重要的是要抱有鲜明的目的，才能在工作中明确方向达到目标。因此要明确程序分析的目的是消除产品生产过程中的全部浪费与不合理，从而提高效率。所以加工、检查、停滞、搬运任何工序并不因为其存在而合理，衡量的标准是创造价值的合理，否则就是浪费。由此看来除加工以外的任何过程都有浪费的嫌疑。掌握全部生产过程包括工艺过程、检验过程、运输过程的实际状态，发现并去除过程浪费与不合理，是程序分析的主要目的和作用。

3. 学习要求
1）明确程序分析中常用的五种代表活动的标准化符号和含义；
2）理解工艺程序、流程程序、布置和经路程序、管理事务分析的定义和主要用途；
3）掌握工艺程序图、流程程序图、线图和线路图、管理事务流程图的基本结构及其分析改进的重点。

4. 能力培养要求
1）熟练掌握程序分析的步骤、工艺程序图的使用、流程程序图的使用、线路图与线图的使用；
2）在改善过程中灵活运用"5W1H"和"ECRS"；
3）培养学生对生产过程的宏观分析能力。

4.2 内容分析与补充

4.2.1 程序分析概述

1.程序分析的概念、特点和目的

（1）定义

通过调查分析现行工作流程，改进流程中不经济、不均衡、不合理的现象，提高工作效率的一种研究方法。

（2）特点

1）对生产过程的宏观分析；

2）对生产过程全面、系统而概略的分析。

（3）目的

1）准确掌握工艺过程的整体状态。

①工艺流程的顺序；

②明确工序的总体关系；

③各工序的作业时间确认；

④发现总体工序不平衡的状态。

2）发现工序问题点。

①发现并改进产生浪费的工序；

②发现工时消耗较多的工序，重排简化此工序；

③减少停滞及闲余工序；

④合并一些过于细分或重复的工作。

2.程序分析的记录符号

基本程序实施的一个十分重要的步骤是记录现行方法的全部事实。整个改进能否成功，主要取决于所记录事实的准确性，因为这是严格考察、分析和开发改进方法的基础。

为了能方便、迅速、正确地表示任何工作的程序，美国机械工程师学会将吉尔布雷斯设计出的 40 种符号加以综合，制定出 5 种符号，1979 年由美国制定为国家标准(ANSLY15—1979)，以便以标准格式精确地记录详细信息。我国参考美国、日本等国标准，制定了自己的标准（表 4-1）。

表 4-1 程序分析记录符号

活动要素	分类	记号	意义	实例
加工	加工	○	表示使原材料、半成品、零件发生物理、化学变化，或处于分解、装配的状态	车削、磨削、炼钢、搅拌、打字等都属于加工
搬运	搬运	⇒	表示将原材料、半成品、零件或产品从一处移至另一处的状态	物料的运输、操作工人的移动

活动要素	分类	记号	意义	实例
停滞	储存	▽	表示原材料、半成品、零件、产品的保管状态	物料在某种授权下存入仓库或从仓库中取出
	等待暂存	D	表示原材料、半成品、零件、产品的停顿状态	等待被加工、被运输、被检验
检查	数量检查	□	表示对原材料、半成品、零件、产品的数量进行检验	对照图纸检验产品的加工尺寸、查看仪器盘、检查设备的正常运转情况
	质量检查	◇	表示对原材料、半成品、零件、产品的质量进行检验	

这些程序分析记录符号在实际使用时还可根据具体情况灵活变换，设计出其他的派生符号，如表4-2所示。

表4-2 程序分析记录派生符号

符号	表示的意义
◇ (in □)	表示同一时间或同一工作场所由同一人同时执行加工与检查工作
◇ (in ◇)	以质量检查为主，同时也进行数量检查
◇ (in □ filled)	以数量检查为主，同时也检查质量
○ (in □)	以加工为主，同时也进行数量检查
○ (in hexagon)	以加工为主，同时也进行搬运

3.程序分析的种类

程序分析按照研究对象不同，分为如图4-1所示的四种。

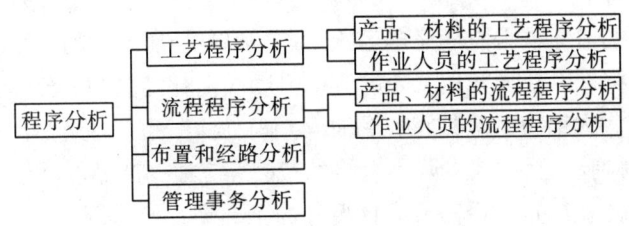

图4-1 程序分析的分类

4.程序分析的工具

程序分析的种类与工具如表4-3所示。

表4-3 程序分析的种类与工具

程序分析种类	程序分析工具
工艺程序分析	工艺程序图
流程程序分析	流程程序图
布置和经路分析	线路图和线图
管理事务分析	管理事务流程图

5.程序分析的技巧

程序分析的技巧具体包括的内容是"一个不忘、四大原则、五个方面和六大提问技术",分别介绍如下。

1)一个不忘——不忘动作经济原则;

2)四大原则——取消、合并、重排、简化;

3)五个方面——操作、搬运、检验、储存、等待;

4)六大提问技术——对对象、方法、人物、时间、地点和原因进行提问。

(1)分析时的动作经济原则

动作经济原则在程序分析时有极大的作用,应根据动作经济原则建立新方法并不断加以改进。应用动作经济原则,可在同样或更少的花费下获得更多的产值。

(2)分析时的"ECRS"四大原则

程序分析时通过"ECRS"四大原则,首先,考虑取消不必要的工序、动作、操作;其次,将某些工序或动作合并,以减少处理的手续;再次,将工作台、机器以及储运处的布置重新调整,以减少搬运的距离。有时也需要变更操作或检验的顺序,以避免重复。最后,用最简单的设备、工具替代复杂的设备、工具,或用较简便、省力、省时的动作代替繁重的动作。

(3)分析时的五个方面

由于记录是从操作、搬运、检验、储存和等待五个方面进行的,所以分析也可以从这五个方面着手。

1)操作分析。这是最重要的分析。它涉及产品的设计。如果产品设计有微小变动,就很有可能改变整个制造过程;或通过操作分析省去某些工序,减少某些搬运;或合并某一工序;或将两处工序合二为一等。

2)搬运分析。搬运问题需要考虑搬运的重量、距离及消耗时间。而运输问题应考虑运输方法和工具,这样可以减轻搬运工人的劳动强度和消耗的时间;合理安排厂区、车间或设备的位置,可以大大缩短运输的距离和时间。

3)检验分析。检验的目的是剔除不合格的产品,应根据产品的功能和精度要求,选择合理适宜的检验方法及决定是否需要设计更好的工、夹、量具等。

4)储存分析。应着重对仓库管理、物资供应计划和作业速度等进行检查分析,以保证材料及零件的及时供应,避免不必要的物料积压。

5)等待分析。等待应减至最低限度,要分析引起等待的原因,如果等待是由设备造成的,则应从改进设备入手。

实际分析时,应对以上五个方面按照提问技术逐一进行分析。然后采用"ECRS"四大原则进行处理,以寻求最佳、最经济合理的方法。

(4)分析时的六大提问

为了使分析能得到最多的意见,而没有任何遗漏,需要采用提问技术(即"5W1H"提问技术)依次进行提问,参见表3-1及相关说明。

这种提问技术在国外又称6W技术,或5W1H技术。当进行程序分析时,对以上问题必须有系统地一一询问,这种有系统的提问技巧仍是程序分析成功的基础,切不可有任何疏漏。上述的第一、第二次提问的目的在于弄清问题的现状,第三次提问在于研究和探讨改进的可能性。

上述分析技巧,特别是"5W1H"技术、"ECRS"四大原则和动作经济原则,可在任何发现问题的场所使用。

6. 程序分析的实施及步骤

(1) 程序分析的实施

1) 程序分析的基本原则。尽可能取消不必要的工序;合并工序,减少搬运;安排最佳的顺序;使各工序尽可能经济化;找出最经济的移动方法;尽可能地减少在制品的储存。

2) "ECRS"四大原则在工序操作时应考虑的因素。必要的工序或操作;工作顺序的变更;设备的变更和更新;工厂、车间的布置或设备重新组合;操作、储存位置的改变;材料规格的重新订购,发挥操作者的个人技术特长。

3) "ECRS"四大原则在搬运时应考虑的因素。取消不必要的操作;改变物品存放的场所或位置;改变工厂、车间布置;采用另一种搬运方法;重新制定工艺路线和工作顺序;重新进行产品设计;改变原材料或零部件的规格。

4) "ECRS"四大原则在等待时取消或缩短时间应考虑的因素。改变工作顺序、工厂、车间布置;改造设备或采用新设备。

5) "ECRS"四大原则在检验时应考虑的因素。它们是否真的有必要?有何效果?有无重复性?别人做是否更适合?能否采用数理统计原理?

(2) 程序分析的步骤

根据工作研究,程序分析大致可分为以下六个步骤。

1) 选择。选择所需研究的工作。

2) 记录。利用程序分析的图表对现行的方法全面记录。

3) 分析。采用"5W1H"提问技术,对所记录的事实进行逐项提问;并根据"ECRS"四大原则,对有关程序进行处理。

4) 建立。在上述基础上,建立最实用、最经济、最合理的新方法。

5) 实施。使所建立的新方法得以实现。

6) 维持。坚持规范及经常性的检查,维持标准方法不变。

(3) 程序分析的注意事项

程序分析时有些需要注意的地方,多加留意会更好地达到目的,实现目标。

1) 注意明确区分分析对象是产品还是作业者。

2) 为达到改善目的,开始前首先明确分析的目的。

3) 最开始就要明确范围,不要遗漏问题。

4) 在现场与作业者和管理者共事分析。

5) 临时的工序流程变更是以最基本的主流程为基准进行分析的。

6) 分析过程是思考改善方案。

7) 研讨改善方案时,以流程整体的改善为最优先考虑目标。

（4）程序分析的优缺点

1）程序分析的优点。

①产品在流动的情况下进行加工，什么样的工序都可以分析；

②与工序管理图对照易于分析；

③易于发现作业者的多余动作；

④作业者自己对作业方法的改善比较有效；

⑤彼此之间的时间关系及空闲时间清楚明了；

⑥人与机械的运转状态清楚明了。

2）程序分析的缺点。

①作业者的动作不明了，因为作业者不同而结果有所差异；

②必须紧随作业者行动方可观察记录；

③彼此之间没有时间关系的情况下分析无效；

④需要一定程度的时间精度要求。

4.2.2 工艺程序分析

1. 工艺程序分析概述

工艺程序分析是对现场的宏观分析，把整个生产系统作为分析对象。工艺程序分析的目的是改善整个生产过程中不合理的工艺内容、工艺方法、工艺程序和作业现场的空间配置，通过严格的考察与分析，设计出最经济合理、最优化的工艺方法、工艺程序、空间配置。

进行工艺程序分析时采用工艺程序图。工艺程序图仅做出程序中的"操作"，以及保证操作效果的"检验"两种主要动作，避免了图形的冗长和复杂，可以很方便地研究整个程序的先后次序。

2. 工艺程序图

（1）工艺程序图的概念

工艺程序图是对生产过程的概略描述，主要反映生产系统全面的概况以及各构成部分之间的相互关系。它将所描述对象的各组成部分，按照加工顺序或装配顺序从右至左依次画出，并注明各项材料和零件的进入点、规格、型号、加工时间和加工要求。

（2）工艺程序图的作用

1）便于研究人员从总体上发现存在的问题以及关键环节；

2）作为编制作业计划、供应计划、核算零件工艺成本以及控制外购件进货日期等的重要依据。

（3）工艺程序图的组成

工艺程序图由表头、图形和统计三大部分组成。

1）工艺程序图的表头如图 4-2 所示。

制品名称：*** 　方法：*****	内容	次数	时间
工作部门：**** 　终止：*****	操作		
研究者： **** 　审核：*****	检验		
日期： ****	合计		

图 4-2　工艺程序图的表头

2）工艺程序图的图形如图 4-3 所示。

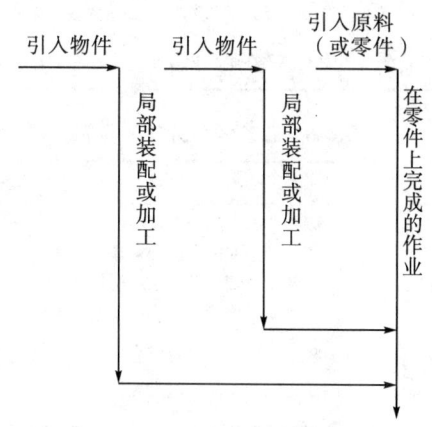

图 4-3　工艺程序图的图形

3）工艺程序图的统计如表 4-4 所示。

表 4-4　工艺程序图的统计

	内容	次数	时间/min	距离/m
统计	加工			
	检查			
	合计			

（4）工艺程序图的作图规则

1）工艺程序图由若干纵线和横线所组成，垂直线表示工序流程，水平线表示材料、零件的引入，并于线上填写零件名称、规格、型号等。

2）主要零件画在最右边，其余零件按其在主要零件上的装配顺序，自右向左依次排列。

3）"加工""检查"符号之间用长约 6mm 的竖线连接，符号的右边填写加工或检查的内容，左边记录所需的时间，按实际加工装配的先后顺序，将加工与检查符号从上到下、从右至左分别从 1 开始依次编号于符号内。

（5）工艺程序图的结构形式分类见表 4-5。

3.工艺程序分析的步骤

工艺程序分析的步骤如表 4-6 所示。

表 4-5　工艺程序图的结构形式

名　称	含　义
合成型	合成型是指由多种材料、零件、部件合成一个产品，或者由多种原料生成一个或多个产品，或者汇集多个分工序合成一个工序的工艺程序
直列型	直列型是指由一种材料经过若干道工序制成一种产品的工艺流程，它由单一系列的工序组成，有时也称为"单一型"工艺程序图
分解型	由一个主要程序分成几个分程序分别处理的工艺程序图称为分解型工艺程序图。在绘制分解型工艺程序图时，通常将主要程序置于最右边，其余的依其重要性，从右至左依次排列
复合型	复合型工艺程序图是指产品的加工工艺在某处出现了分支，然后再合流的情况

表 4-6　工艺程序分析的步骤

步骤	项目	内容
1	预备调查	调查了解产品的工艺流程 了解产品的内容、计划量、实际产出量等 了解设备配备情况、原材料消耗情况等 了解质量检验方法、手段
2	绘制工艺程序图	将工艺程序图绘制成直列型、合成型、分解型或复合型
3	测定并记录各工序中的项目	测定各工序的必要项目，并填入表中
4	整理分析结果	详细分析"加工""检查"所花的时间、配备的人员等情况，发现影响效率的原因和存在的问题
5	制订改善方案	提出改善方案、措施
6	改善方案的实施和评价	实施改善方案，必要时对不妥之处进行修正
7	使改善方案标准化	一旦确认改善方案达到了预期目的，就应该使改善方案标准化，杜绝再回到原来的作业方式

4.2.3　流程程序分析

1.流程程序分析概述

流程程序分析是程序分析中最基本、最重要的分析技术。它是以产品或零件的制造全过程为研究对象，把加工工艺划分为加工、检验、搬运、等待和储存五种状态加以记录并逐项分析的方法。

流程程序分析与工艺程序分析相似，都属于对工作现场的宏观分析，但它比工艺程序分析更具体、内容更详细。

2.流程程序分析的特征

1）由于它比工艺程序分析更具体、更详细，所以它常常是对每一个主要零件的加工制造全过程做单独研究。

2）特别用于分析搬运、等待、储存等隐蔽成本的浪费。

3）借助于各式流程程序图进行记录和分析。

3.流程程序分析的构成

流程程序分析由两部分构成：流程程序图和流程程序图表。

（1）流程程序图

流程程序图与工艺程序图的结构极为相似，其差别仅为加入了"搬运""储存""等待"三种符号，除记录时间之外，再加上搬运距离。了解工作的概貌需用工艺程序图，而流程程序图则是进一步对生产现场的整个制造程序的详细记录，以便于对整个制造程序中的"加工""检验""搬运""储存""等待"作详细的研究与分析，特别是用于分析其搬运距离和等待等"隐藏成本"的浪费。

流程程序图由操作、检验、搬运、等待、储存五种符号构成。此图比工艺程序图详尽而复杂，因而常对每一主要零件（或产品）单独作图，均可对其搬运、储存、检验、等待、操作进行独立研究。流程程序图依其研究的对象可分为以下两种。

1）材料或产品流程程序图（物料型）说明生产或搬运过程中材料或零件处理的步骤；
2）人员流程程序图（人型）即操作人员在生产过程中一连串的活动。

（2）流程程序图表

在实际工作中，一般都使用事先设计好的流程图表。此种图表是将五种符号印在表格中，分析记录时，只需将各项工作按照发生的顺序用直线将符号连接起来。而表头部分则应有工作部别、工作名称、现行方法与建议方法及最后统计。

绘制流程程序图必须注意以下原则：图表上记述的内容必须是直接观察所得。图表应提供尽可能全面的信息，所有的图表都应具有有关信息的表头，其内容包括六个方面。

1）产品、物料或设备的名称，附上图号或编号；
2）所记录的流动程序，应明确说明起点和终点，以及该方法是现行方法还是建议方法；
3）进行操作的地点（部门、工厂、工地等）；
4）图表查阅号、总页、页号；
5）记录者、审定人的姓名和记录日期；
6）记录距离和时间的总计、人工成本、材料成本，以便对新旧方法进行比较。

4.流程程序分析的步骤

1）现场调查；
2）绘制流程程序图；
3）测定并记录各工序的必要项目；
4）整理分析结果；
5）制订改善方案；
6）改善方案的实施和评价；
7）使改善方案标准化。

4.2.4 布置与经路分析

1.布置和经路分析概述

布置和经路分析是指以作业现场为分析对象，对产品、零件的现场布置或作业者的移动路线进行分析。

该分析方法重点对"搬运"与"移动"路线进行分析，常与流程程序图配合使用，以达到缩短搬运距离和改变不合理流向的目的，并可详尽了解产品工人在现场的实际流通线路或移动线路。

2.布置和经路分析的种类

布置和经路分析的种类包括路线图和线图，如表4-7所示。

表 4-7 布置和经路分析的种类

名称	含义	绘制方法
路线图	依比例缩小绘制的工厂简图或车间平面布置图	首先按比例绘出工作地的平面布置图，然后将流程程序图中表示加工、检验、搬运、储存等的工序用规定的符号标示在线路图中，并用线条将这些符号连接起来。线与线交叉处，用半圆形线避开
线图	按比例绘制的平面布置图模型	用线条表示并度量工人或物料在一系列活动中所移动的路线，是一种特殊形式的线路图，是完全按比例绘制的线路图

3.布置和经路分析的工具

布置和经路分析的工具仍然是"5W1H"提问技术及"ECRS"四大原则。在进行具体分析时，可参考如表4-8所示的内容来辅助思考。

表 4-8 布置和经路分析时参考的问答

	内容
平面移动	移动距离能否缩小 移动路线是否采用了"—""L""U"字形等简单形式或呈封闭系统 有没有相向流动 通道和路面状况是否良好
立体移动	高度能否降低 上下移动次数能否减少 是否使用起重设备 厂房设备配置是否合理 物流路线配置是否合理 运输方法是否恰当 运输通道、起重设备、行车路线、作业面积、标识是否符合要求 设备配置是否与工艺路线相适应 占地面积、摆放方向（与通道及采光的关系）是否恰当

4.2.5 管理事务分析

1.管理事务分析概述

管理事务分析是以业务处理、信息管理、办公自动化等管理过程为研究对象，通过对现行管理业务流程的调查分析，改善不合理的流程，设计科学、合理流程的一种分析方法。

其目的包括以下四个方面。

1）使管理流程科学化；

2）使管理作业标准化；

3）使管理作业自动化；
4）达到信息共享，实现无纸化办公。

2.管理事务分析的工具

研究对象：以信息的流动为对象，账票、单据、报告文件等都是信息的载体。

分析工具：管理事务流程图。在管理事务流程图中，用如表 4-10 所示的符号将管理事务所涉及的内容形象化地记录下来，进行分析研究，以寻找改善点。

管理事务分析符号见表 4-9。

表 4-9 管理事务分析的符号

工序名称		记号	含义	备注
	作业	○	签字、审批、处理等	
	搬运	→	票据和实物从一地移向另一地	
停滞	储存	▽	保管或存档	
	停滞	D	等待处理、等待签字、等待审批	
检查	数量检查	□	对照标准或技术要求检查数量	
	质量检查	◇	对照标准或技术要求检查质量	
	数量、质量检查	◨	以数量检查为主，同时也检查质量	
特殊符号	单据	▱	填写或生成各种单据	
	外购实物	⬡	从外单位购回物品	

管理事务分析检查、改进重点如表 4-10 所示。

表 4-10 管理事务分析检查、改进重点

活动事项	检查改进重点
作业	此项管理业务手续的目的是什么？能否取消？ 是否存在不必要的账票和信息？能否减少账票的数目？ 账票处理是否很费时、费力？
搬运	账票、报告传递环节及路线能否减少和缩短？ 是否存在往返重复的传递路线？ 传递路线是否顺畅？
审核	审核环节是否过多？前后审核能否合并？ 审核环节设置是否适当？是否需要作前后调整？ 审核工作是否简便？能否缩短审核时间？
停放	账票、文件报告传递过程中是否存在积压？ 账票制作和文件报告起草是否拖延？ 账票文件报告审阅是否存在积压、停滞现象？

4.3 教育教学环节设计

4.3.1 自主学习与教学指导

1.重点、难点
（1）重点
1）程序分析的特点是以整个生产系统为分析对象、对生产过程进行全面系统而概略的分析；
2）程序分析的目的；
3）程序分析入手的几个方面；
4）程序分析的常用表达符号及其含义；
5）程序分析的方法包括 1 个不忘、4 大原则、5 个方面、5W1H 技术；
6）程序分析的步骤；
7）工艺程序分析的概念与特点；
8）工艺程序图的使用；
9）流程程序分析的概念、特点与种类；
10）流程程序分析的步骤；
11）流程程序图的使用；
12）布置和路径分析的概念、特点；
13）线路图与线图的使用；
14）管理事务分析的概念、特点；
15）管理事务流程图的使用。
（2）难点
1）运用"5W1H""ECRS"对工艺程序分析优化；
2）运用"5W1H""ECRS"进行流程程序分析优化；
3）运用"5W1H""ECRS"和改进分析表进行布置与径路分析优化；
4）运用"5W1H""ECRS"和改善分析表进行管理事务分析优化。
2.自主学习内容及注意事项
1）程序分析的步骤；
2）工艺程序图的使用；
3）流程程序图的使用；
4）线路图与线图的使用；
5）管理事务流程图的使用；
6）在改善过程中如何灵活运用"5W1H""ECRS"；
7）注意事项：①流程程序图与双手作业图等分析图的使用背景、解决的问题是不一样的；②懂得画图是基础，运用5W1H是寻找事物本质的一种方法，ECRS是解决问题的引导方向，真正的优化在于把握原则和方法的基础上的灵活转换，包括分析对象的转换和分析角度的转换。

3.教学指导注意事项

1）各种图表的绘制是基础，教学应结合实际案例或学生生活实际进行，重在使用、实践，使学生体会工具的便利性和思维引导性。

2）本章的难点在5W1H、ECRS重要思想的运用，这既是自我思考的有力引导工具，也是与人沟通过程中讨论问题的方法。引导学生在相互讨论交流时使用5W1H、ECRS。

4.3.2 案例教学设计

【案例1】12306订票系统程序改善。

使用工业工程知识对12306订票工作流程进行分析和改造，使其服务质量和工作效率得到提高。

【案例2】CJ-10型交流接触器组装的工艺程序分析图。

（1）实验设备、仪器及工具

1）螺丝旋具（一字形、十字形）、镊子钳；

2）实验信息采集播放终端；

3）CJ-10型交流接触器组成零件。

（2）实验内容及步骤

1）熟悉CJ-10型交流接触器的构成及各组成零件的名称（图4-4）。

(a)

(b)

(c)

(d)

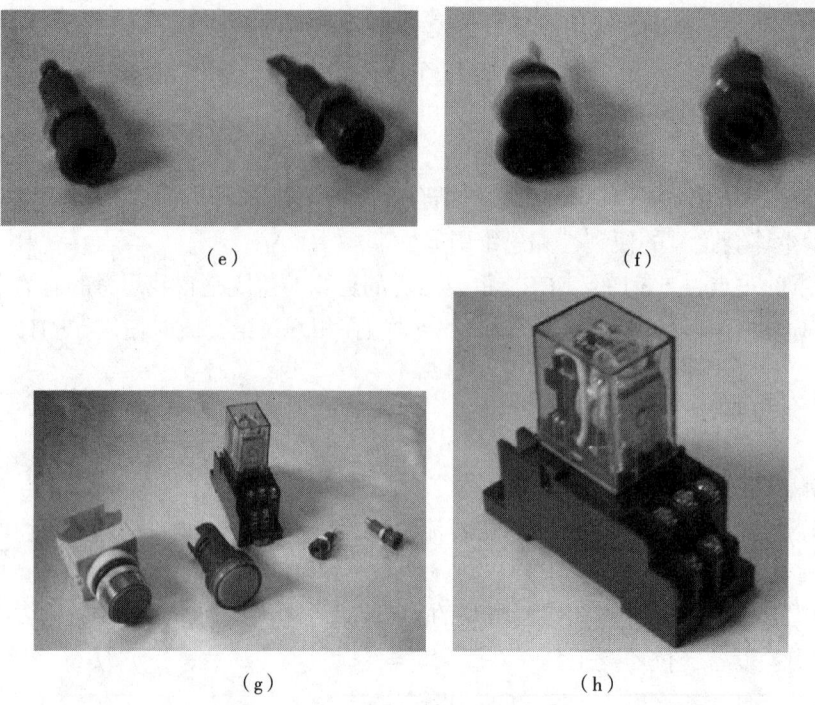

图 4-4　CJ-10 型交流接触器的组成零件

2）了解 CJ-10 型交流接触器的结构原理。

CJ-10 型交流接触器的结构与一般电磁式电器相同，也由电磁机构、触点系统、尖弧系统、复位弹簧机构或缓冲装置、支架与底座等几部分构成。

接触器的工作原理如下：当吸引线圈通电后，线圈中的电流在铁心中产生磁通，对衔铁产生克服复位弹簧反力的电磁吸力，使衔铁带动触点动作。当线圈中的电压值降低到某一数值时，铁心中的磁通下降，电磁吸力减小，当减小到不足以克服复位弹簧的反力时，衔铁在复位弹簧的反力作用下复位。

3）设计 CJ-10 型交流接触器的装配工艺程序。

4）绘制出所设计的 CJ-10 型交流接触器的工艺程序图。

5）按所操作设计的工艺程序图对 CJ-10 型交流接触器进行实际组装。

6）在实施实际组装操作的基础上，对所设计的工艺程序图进行分析。

4.3.3　针对能力培养的综合教育环节

【综合教育案例】 工厂现场改善实际应用。

针对机车厂现有的工艺，本案例利用程序分析的方法对整个车轮工艺程序、流程以及布置与径路进行分析，并提出相应的改进措施，为将来机车厂建设新的厂区提供设计参考。

1）运用程序分析的方法，对大连机车厂车轮加工进行工艺程序分析，绘出改进前后工艺程序，对比说明改进后加工效率的提升。

2）运用流程程序分析以及布置和经路分析理论，从工艺流程以及布置和经路等方面

第4章 程序分析

对机车厂机车间进行改进，缩短搬运时间，提高效率。

3）形成最后方案，并对方案进行阐释。

解答：（1）车轮加工的工艺程序分析

1）改进前工艺程序。

根据调研记录得到大连机车厂的车轮加工工艺（○代表加工，□代表检查），总加工56步，检查10步。具体加工名称以及检查名称如表4-11所示。

表4-11 加工工艺列举

①车外圆	②车轮辋内侧面
③粗车内孔	④车数控车床夹紧工艺台
⑤车辐板内侧面	⑥粗车 $R90$，$45°$ 梢面
☐1 自检	⑦车外圆
⑧车轮辋外侧面	⑨车轮毂外侧面
⑩粗车 $R90$	⑪半精车 $R90$
⑫车 $10°$ 斜梢面	⑬车辐板外侧面
⑭粗车 $R20$	⑮半精车 $R20$
☐2 自检	⑯精车轮辋外侧面
⑰精车轮毂外侧面	⑱精车 $12°$ 斜梢面，$R16$ 圆弧
⑲精车辐板外侧面	⑳精车 $10°$ 斜梢面
㉑精车 $R90$ 圆弧，$20°$ 斜梢面	㉒精车 $R10$
㉓车踏面	㉔精车 $7mm$ 台阶
㉕台阶倒角 0.5×0.5	㉖使用 10 号钢印在轮辋外侧面距轮辋内径 5～10mm 处补打车轮标记
☐3 自检	☐4 磁粉探伤
㉗精车轮辋内侧面	㉘用样板检查踏面
㉙精车轮毂内侧面	㉚精车 $12°$ 斜梢面，$R16$ 圆弧
㉛精车辐板内侧面	㉜精车 $R90$ 圆弧，$20°$ 斜梢面
㉝精车 $R10$	㉞精车 $7mm$ 台阶
㉟台阶倒角 0.5×0.5	㊱半精车内孔，油沟，倒角
㊲精车内孔	☐5 自检
☐6 磁粉探伤	☐7 超声波探伤
㊳钻 6 个 $\phi23$	㊴钻 18 个 $\phi20$ 孔
㊵钻 3 个 $\phi53$ 孔	㊶扩 6 个 $\phi24.5$ 孔
㊷镗 6 个 $\phi25$ 孔	㊸扩 3 个 $\phi64$ 孔
☐8 自检	㊹辐板内侧面 6 个 $\phi25$ 孔倒角

㊾辐板内侧面18个φ20孔倒角	㊻辐板内侧面3个φ64孔倒角
㊼辐板内侧面6个φ264孔倒角	㊽辐板内侧面18个φ20孔倒角
⑨自检	㊾划线定位打冲眼
㊾钻底孔φ18.5	㊿锪φ38
㊾换钻，锪φ52	㊾换丝锥，铰M20×1.5螺纹
㊾钻φ8孔	㊾换钻头，钻φ3孔
㊾用风筒吹净孔内铁屑	⑩检查各个尺寸

2）改进前工艺程序图。

根据表4-11给定的加工工艺，经过分析以及反复斟酌绘出火车车轮的改进前的工艺程序图，如图4-5所示。图中圆圈内的数字表示加工或检验的序号。

3）改进方案及改进后工艺程序图。

根据图4-5的统计结果，发现火车车轮的加工共有56次加工、10次检查。运用"ECRS"四大原则进行分析。首先，看是否有可取消的工序；其次，看能否将工序进行合并或重排；再次，看能否将工序简化；最后，看能否使工艺过程更好。具体分析过程如表4-12（火车车轮工艺程序分析）所示。

表4-12 提问分析表

问	答
划线定位打冲眼能否省略？	能，需要改进定位夹紧装置
其他工序能否省略？	不能
磁粉探伤和超声波探伤能否合并？	能，需要改进设备
其他工序能否合并？	不能
工序能否重排？	不能
工序能否简化？	不能

通过表4-13的提问分析，发现划线定位打冲眼能取消，从而达到优化的目的。其他都是加工车轮必要的加工和检查步骤，不可以取消。

根据改进方案，经过分析以及反复斟酌绘出火车车轮的改进后的工艺程序图如图4-6所示。

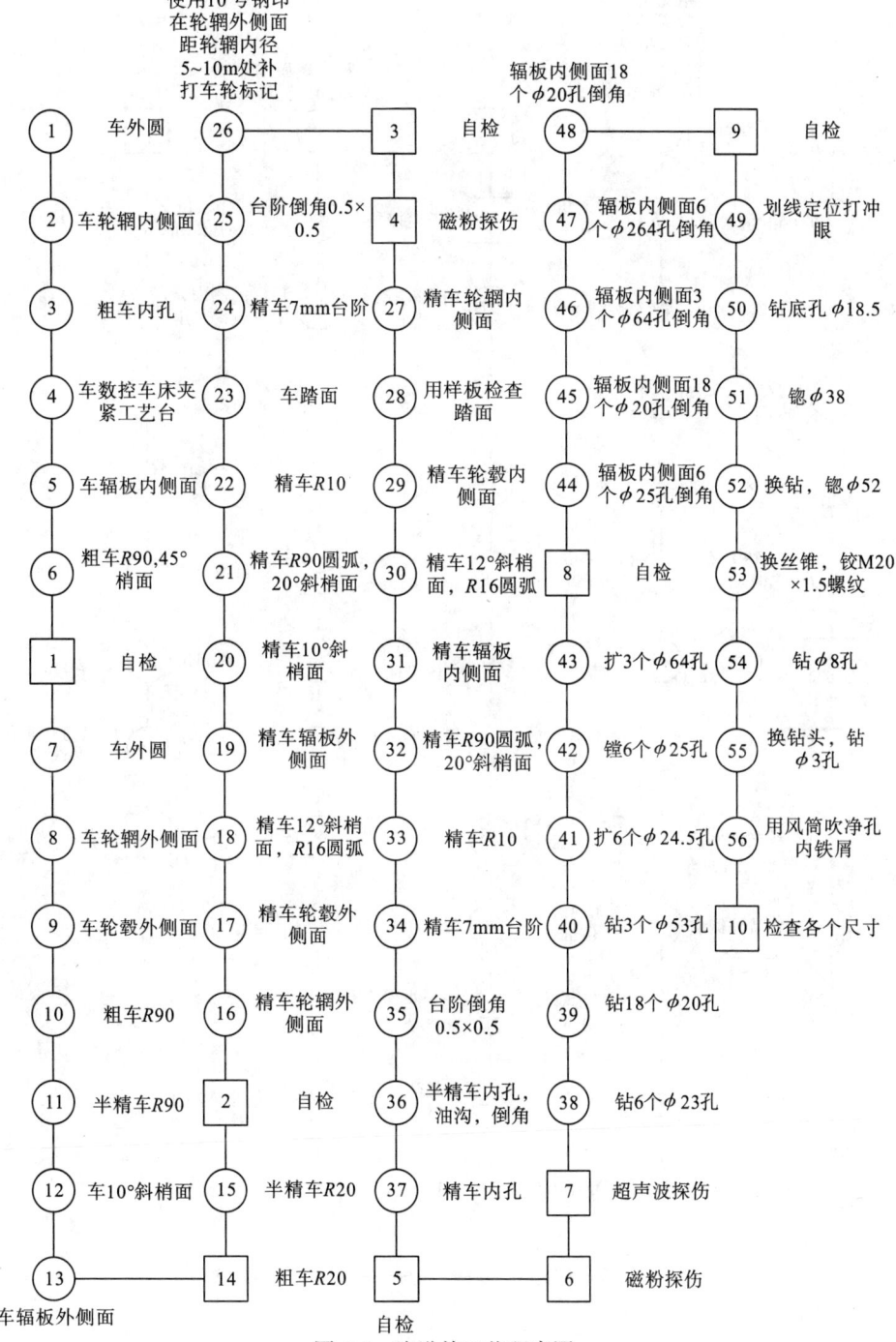

图 4-5 改进前工艺程序图

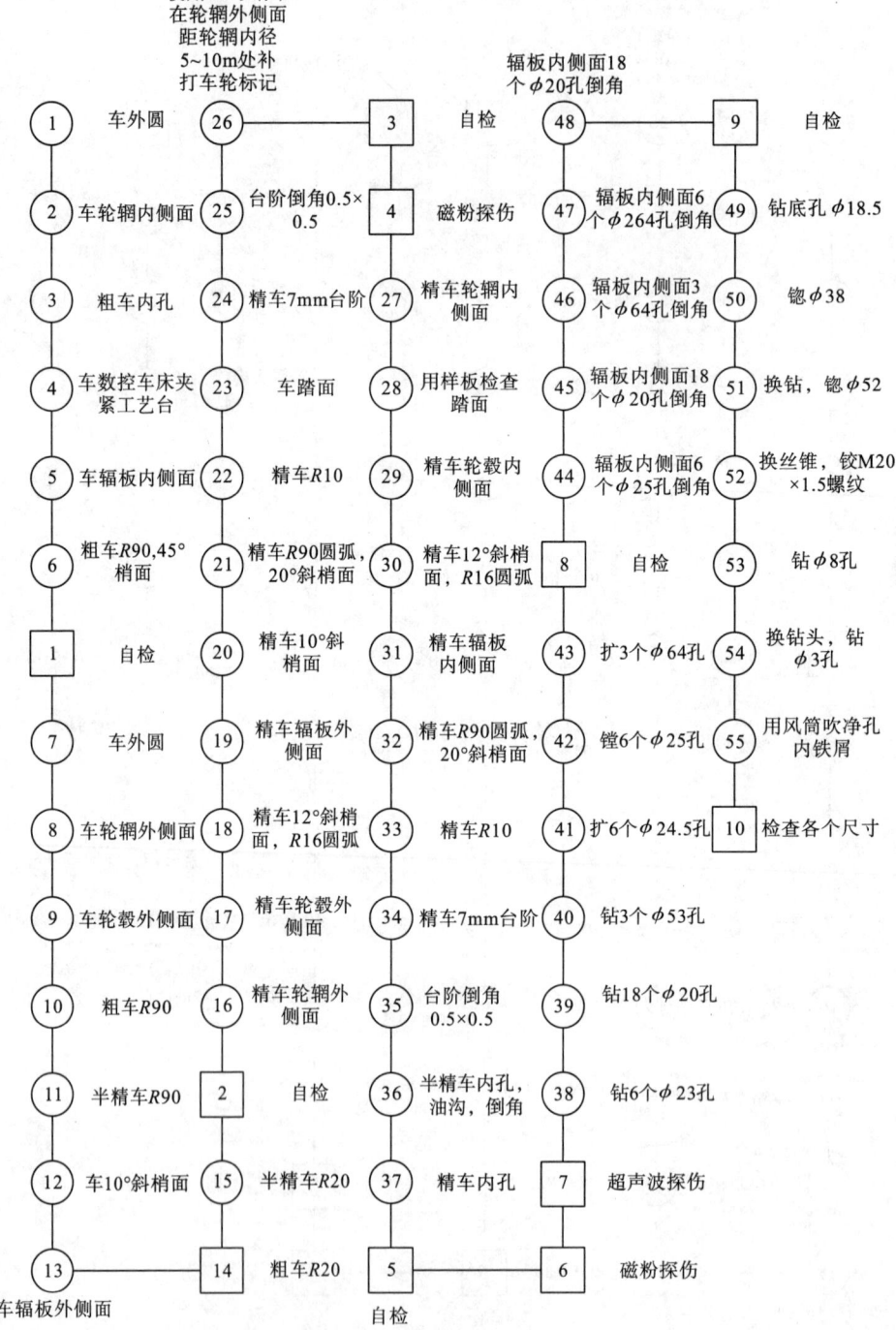

图 4-6 改进后工艺程序图

4.3.4 讨论与展示

1）讨论工厂现有工艺流程之间的因果关系；
2）讨论工厂现有流程中能否并行作业，多余的流程有哪些；
3）讨论可以采用哪些手段简化现有流程的操作难度；
4）讨论生产流程中设施布局对流程的影响；
5）如何运用 5W1H 技术与相关人员进行交流，如何通过 5W1H 技术来引导自身逐步发现事物运行的本质；
6）在小组讨论过程中，运用 5W1H 技术使组员的观点越来越清晰；
7）在了解事物的基础上，如何通过 ECRS 原则对事物提出突破性建议；
8）ECRS 原则的分类下如何再分类；
9）形成的方案是什么，方案的优缺点是什么；
10）为何做如此的取舍，新方案与现有方案的区别在哪些地方，用以解决什么问题；
11）如何在表达的过程中，让其他人快速了解你的想法，并认同。

4.3.5 教学过程评价

1）程序分析的步骤：评价学生在实践过程中是否参考了基本步骤。
2）工艺程序分析：重点评价工艺程序图的使用熟练度。
3）流程程序分析：重点评价流程程序分析的步骤、流程程序图的使用熟练度。
4）布置和路径分析：重点评价线路图与线图的使用熟练度。
5）管理事务分析：重点评价管理事务流程图的使用熟练度。
6）改善能力：评价学生在实践过程中是否充分使用 5W1H 技术、ECRS 原则。

4.4 典型实例分析及复习思考题

4.4.1 典型实例分析

【实例 1】车轮加工的流程程序分析。

（1）改进前流程程序图

对火车车轮的加工生产线进行调研，然后如实记录现行生产流程。在对生产现场进行仔细观察，经过思考与反复斟酌，画出流程程序图如图 4-7 所示。

流程程序图记录了大连机车厂机五车间车轮加工的全部流程程序。其中加工步骤 83 步，加工时间 303.4min。搬运 19 次，搬运时间 71.3min，搬运距离 488m。等待 8 次等待时间 1200min。检查 9 次，检查时间 26min。

流程程序图			人员/物料/设备型				
图号: 页号: 总页数			统计				
			活动	次数	时间/min		距离/m
地点：大连机车厂 编号： 对象： 操作人： 日期： 方法 制表人： 日期：			加工 ○	83	303.4		
			搬动 ⇨	19	71.3		488
			等待 D	8	1200		
			检查 □	9	26		
			储存 ▽				

说明	距离/m	时间/min	符号 ○ ⇨ D □ ▽	备注
1. 检查加工正确的车轮，填写名称		0.5	○ ⇨ D ■ ▽	
2. 把工件吊到车床上	48	7	○ ➤ D □ ▽	
3. 找正夹紧		3	● ⇨ D □ ▽	
4. 车外圆		2.5	● ⇨ D □ ▽	
5. 车轮辋内侧面		9	● ⇨ D □ ▽	
6. 车轮毂内侧面		3.7	● ⇨ D □ ▽	
7. 粗车内孔		9	● ⇨ D □ ▽	
8. 车数控车床夹紧工艺台		1.7	● ⇨ D □ ▽	
9. 车辐板内侧面		10.5	● ⇨ D □ ▽	
10. 粗车 $R90$，$45°$ 梢面		8.2	● ⇨ D □ ▽	
11. 自检		3	○ ⇨ D ■ ▽	
12. 卸车轮		2	● ⇨ D □ ▽	
13. 搬运到橡胶垫上	5	1	○ ➤ D □ ▽	
14. 等待搬运		150	○ ⇨ ■ □ ▽	
15. 翻个，并运到下一个车床	27	5	○ ➤ D □ ▽	
16. 在车轮踏面上记录车钢号和车轮序号，并填写名称		1.5	● ⇨ D □ ▽	
17. 车外圆		2.2	● ⇨ D □ ▽	
18. 车轮辋外侧面		7.4	● ⇨ D □ ▽	
19. 车轮毂外侧面		3.7	● ⇨ D □ ▽	
20. 粗车 $R90$		8.2	● ⇨ D □ ▽	
21. 半精车 $R90$		2.1	● ⇨ D □ ▽	
22. 车 $10°$ 斜梢面		5	● ⇨ D □ ▽	
23. 车辐板外侧面		7.4	● ⇨ D □ ▽	
24. 粗车 $R20$		1.2	● ⇨ D □ ▽	
25. 半精车 $R20$		5	● ⇨ D □ ▽	
26. 自检		2	○ ⇨ D ■ ▽	
27. 卸车轮		3	● ⇨ D □ ▽	

续图

说明	距离/m	时间/min	符号 ○	⇨	D	□	▽	备注
28. 搬运到橡胶垫上	10	2						
29. 等待		150						
30. 搬运到车床上	53	7						
31. 找正夹紧		3						
32. 精车轮辋外侧面		5.7						
33. 精车轮辋外侧面		1.2						
34. 精车12°斜梢面，R16圆弧		12.5						
35. 精车辐板外侧面		8.8						
36. 精车10°斜梢面		6.1						
37. 精车R90圆弧，20°斜梢面		7						
38. 精车R10		0.1						
39. 车踏面		20						
40. 精车7mm台阶		1						
41. 台阶倒角0.5×0.5		0.2						
42. 使用10号钢印在轮辋外侧面距辋内径5~10mm外补打车轮标记		2.5						
43. 自检		3						
44. 吊卸工件		2						
45. 搬运到橡胶垫上	3	2						
46. 等待		150						
47. 搬运到磁粉探伤仪上	48	7.7						
48. 找正夹紧		3						
49. 进行磁粉探伤		10						
50. 吊卸工件		2						
51. 搬运到橡胶垫上	15	3						
52. 等待		150						
53. 翻个，并搬运到车床上	5	1						
54. 找正夹紧		3						
55. 填写名称		2						
56. 精车轮辋内侧面		4.5						
57. 用样板检查踏面		0.2						
58. 精车轮毂内侧面		1.6						
59. 精车12°斜梢面，R16圆弧		3.7						
60. 精车辐板内侧面		10						
61. 精车R90圆弧，20°斜梢面		2.8						

续图

说明	距离/m	时间/min	○	⇨	D	□	▽	备注
62. 精车 R10		0.1	●	⇨	D	□	▽	
63. 精车 7mm 台阶		0.6	●	⇨	D	□	▽	
64. 台阶倒角 0.5×0.5		0.2	●	⇨	D	□	▽	
65. 半精车内孔，油沟，倒角		3.6	●	⇨	D	□	▽	
66. 精车内孔		4.1	●	⇨	D	□	▽	
67. 自检		3	○	⇨	D	■	▽	
68. 卸车轮		2	●	⇨	D	□	▽	
69. 填自检记录		1	●	⇨	D	□	▽	
70. 搬运到橡胶垫上	55	6	○	▶	D	□	▽	
71. 等待		150	○	⇨	D	□	▽	
72. 搬运到磁粉探伤仪上	4	1	○	▶	D	□	▽	
73. 找正夹紧		3	●	⇨	D	□	▽	
74. 进行磁粉探伤		10	●	⇨	D	□	▽	
75. 吊卸工件		2	●	⇨	D	□	▽	
76. 搬运到橡胶垫上	30	3	○	▶	D	□	▽	
77. 进行超声波探伤		3	●	⇨	D	□	▽	
78. 等待		150	○	⇨	D	□	▽	
79. 把工件搬运到加工中心	5	2	○	▶	D	□	▽	
80. 装夹		2	●	⇨	D	□	▽	
81. 填写名称		1	●	⇨	D	□	▽	
82. 钻 6 个 ϕ23 孔		2.5	●	⇨	D	□	▽	
83. 钻 18 个 ϕ20 孔		7	●	⇨	D	□	▽	
84. 钻 3 个 ϕ53 孔		4	●	⇨	D	□	▽	
85. 扩 6 个 ϕ24.5 孔		4	●	⇨	D	□	▽	
86. 镗 6 个 ϕ25 孔		6	●	⇨	D	□	▽	
87. 扩 3 个 ϕ64 孔		1	●	⇨	D	□	▽	
88. 自检		2	○	⇨	D	■	▽	
89. 卸车轮		1.5	●	⇨	D	□	▽	
90. 搬运到橡胶垫上	57	6.3	○	▶	D	□	▽	
91. 等待		150	○	⇨	■	□	▽	
92. 搬运到钻床上	60	8	○	▶	D	□	▽	
93. 固定		1	●	⇨	D	□	▽	
94. 辐板内侧面 6 个 ϕ25 孔倒角		1.5	●	⇨	D	□	▽	
95. 辐板内侧面 18 个 ϕ20 孔倒角		4.5	●	⇨	D	□	▽	
96. 辐板内侧面 3 个 ϕ64 孔倒角		1.5	●	⇨	D	□	▽	

说明	距离/m	时间/min	符号 ○ ⇨ D □ ▽	备注
97. 把工作吊到橡胶垫上	3	1	○ ⇨ D □ ▽	
98. 在橡胶垫上翻个		1	● ⇨ D □ ▽	
99. 把工作吊回钻床	3	1	○ ⇨ D □ ▽	
100. 固定		0.5	● ⇨ D □ ▽	
101. 辐板内侧面 6 个 φ25 孔		1.5	● ⇨ D □ ▽	
102. 倒角			● ⇨ D □ ▽	
103. 辐板内侧面 18 个 φ20 孔		4.5	● ⇨ D □ ▽	
104. 辐板内侧面 3 个 φ64 孔		3	● ⇨ D □ ▽	
105. 自检		2	○ ⇨ D ■ ▽	
106. 卸车轮		3	● ⇨ D □ ▽	
107. 搬运到橡胶垫上	53	6.3	○ ⇨ D □ ▽	
108. 等待		150	○ ⇨ ● □ ▽	
109. 搬运到工装上	4	1	○ ⇨ D □ ▽	
110. 划线定位打冲眼		1	● ⇨ D □ ▽	
111. 钻底孔 φ18.5		0.6	● ⇨ D □ ▽	
112. 锪 φ38		3	● ⇨ D □ ▽	
113. 换钻，锪 φ52		3	● ⇨ D □ ▽	
114. 换丝锥，铰 M20×1.5 螺纹		3	● ⇨ D □ ▽	
115. 钻 φ8 孔		1.5	● ⇨ D □ ▽	
116. 换钻头，钻 φ3 孔		2.4	● ⇨ D □ ▽	
117. 用风筒吹净孔内铁屑		1.6	● ⇨ D □ ▽	
118. 吊卸工件		2	● ⇨ D □ ▽	
119. 检查各部分尺寸		6	○ ⇨ D ■ ▽	

图 4-7 改进前流程程序图

（2）改善方案设计

根据流程程序图记录的事实，运用 5W1H 提问技术（对对象、方法、人员、时间、地点及原因进行提问），分别从操作、检验、等待、储存及搬运 5 个方面逐项进行分析，发现生产流程存在以下问题。

1）搬运距离长，浪费时间。

2）划线定位打冲眼浪费时间，而且并不必要。

3）等待时间过长。

在问题分析基础上，利用 ECRS（取消、合并、重排、简化）四大原则，对生产线进行改善，制定新的工艺程序和工艺方法。

1）对工厂重新布局以缩短搬运距离。

2）改进设备，取消划线定位打冲眼环节。
3）加快节奏，减少等待。
（3）改进后流程程序图
改善后的效果体现在以下4个方面。
1）经过流程改进，改善后加工次数从原来的83次减少为82次，减少1次。
2）加工时间由原来的303.4min减少为302.4min，减少1min。
3）搬运次数没有改变，但是搬运时间由原来的71.3min减少为31.4min，减少39.9min。
4）改进后等待次数没有改变，等待时间从原来的1200min减少到现在的800min，减少400min。

经过改善得到新的流程程序图如图4-8所示。

【实例2】车轮加工的布置和经路分析。
（1）改善前的布置和经路图
合理的生产设施布局不仅能有效减小生产所占作业面积，利于车间生产规模的扩大，还能缩短物料搬运距离，提高物料运输效率，降低生产成本，也便于车间生产管理。车间主要进行车轮生产。改进前车间布置和经路图如图4-9所示。

（2）布置和经路图改善方案
通过对图4-9的分析，发现现行布置存在以下问题。
1）运输路线十分凌乱，路线交叉现象十分严重，对物料的正常运输造成极大的困难。
2）布局不合理，运输距离长，尤其是12步和13步运输距离特别长，大约走了半个车间的距离。本该放在一起的机床中间却隔了其他机床，造成往返运输，大大增加了运输距离。进入车间的半成品首先一步加工是精车一，而精车一却不在门口附近，使路线迂回曲折。

制订改善方案如下。
1）将辐板孔倒角加工设备移动到钻辐板孔设备和钻注油孔之间来减少搬运距离。
2）将精车一设备移动到大门附近，精车二设备移动到磁粉探伤仪对面，这样既减少了搬运距离又解决了路线交叉问题。
3）改变半成品暂存位置，进一步减少搬运距离。

经过以上各种改进得到新的布置和路径图如图4-10所示。

流程程序图			人员/物料/设备型		
图号：	页号：	总页数	统计		
			活动	次数	时间/min	距离/m
地点：大连机车厂 编号：　　对象： 操作人：　日期：　方法 　　　　　制表人：　日期：			加工 ○	82	302.4	
			搬动 ⇨	19	31.4	156
			等待 ▽	8	800	
			检查 □	9	26	
			储存 ▽			

续图

说明	距离/m	时间/min	符号					备注
			○	⇨	▱	□	▽	
1. 检查加工正确的车轮，填写名称		0.5	○	⇨	▱	■	▽	
2. 把工件吊到车床上	6	1.1	○	➡	▱	□	▽	
3. 找正夹紧		3	●	⇨	▱	□	▽	
4. 车外圆		2.5	●	⇨	▱	□	▽	
5. 车轮辋内侧面		9	●	⇨	▱	□	▽	
6. 车轮毂内侧面		3.7	●	⇨	▱	□	▽	
7. 粗车内孔		9	●	⇨	▱	□	▽	
8. 车数控车床夹紧工艺台		1.7	●	⇨	▱	□	▽	
9. 车辐板内侧面		10.5	●	⇨	▱	□	▽	
10. 粗车 $R90$，$45°$梢面		8.2	●	⇨	▱	□	▽	
11. 自检		3	○	⇨	▱	■	▽	
12. 卸车轮		2	●	⇨	▱	□	▽	
13. 搬运到橡胶垫上	5	1	○	➡	▱	□	▽	
14. 等待搬运		100	○	⇨	◼	□	▽	
15. 翻个，并运到下一个车床	5	1	○	➡	▱	□	▽	
16. 在车轮踏面上记录车轮号和车轮序号，并填写名称		1.5	●	⇨	▱	□	▽	
17. 车外圆		2.2	●	⇨	▱	□	▽	
18. 车轮辋外侧面		7.4	●	⇨	▱	□	▽	
19. 车轮毂外侧面		3.7	●	⇨	▱	□	▽	
20. 粗车 $R90$		8.2	●	⇨	▱	□	▽	
21. 半精车 $R90$		2.1	●	⇨	▱	□	▽	
22. 车 $10°$斜梢面		5	●	⇨	▱	□	▽	
23. 车辐板外侧面		7.4	●	⇨	▱	□	▽	
24. 粗车 $R20$		1.2	●	⇨	▱	□	▽	
25. 半精车 $R20$		5	●	⇨	▱	□	▽	
26. 自检		2	○	⇨	▱	■	▽	
27. 卸车轮		3	●	⇨	▱	□	▽	
28. 搬运到橡胶垫上	5	1	○	➡	▱	□	▽	
29. 等待		100	○	⇨	◼	□	▽	
30. 搬运到车床上	7	1.3	○	➡	▱	□	▽	
31. 找正夹紧		3	●	⇨	▱	□	▽	
32. 精车轮辋外侧面		5.7	●	⇨	▱	□	▽	
33. 精车轮辋外侧面		1.2	●	⇨	▱	□	▽	
34. 精车 $12°$斜梢面，$R16$圆弧		12.5	●	⇨	▱	□	▽	

续图

说明	距离/m	时间/min	符号 ○	⇨	D	□	▽	备注
35. 精车辐板外侧面		8.8	●	⇨	D	□	▽	
36. 精车10°斜梢面		6.1	●	⇨	D	□	▽	
37. 精车R90圆弧，20°斜梢面		7	●	⇨	D	□	▽	
38. 精车R10		0.1	●	⇨	D	□	▽	
39. 车踏面		20	●	⇨	D	□	▽	
40. 精车7mm台阶		1	●	⇨	D	□	▽	
41. 台阶倒角0.5×0.5		0.2	●	⇨	D	□	▽	
42. 使用10号钢印在轮辋外侧面距辋内径5~10mm外补打车轮标记		2.5	●	⇨	D	□	▽	
43. 自检		3	○	⇨	D	■	▽	
44. 吊卸工件		2	●	⇨	D	□	▽	
45. 搬运到橡胶垫上	3	2	○	➡	D	□	▽	
46. 等待		100	○	⇨	●	□	▽	
47. 搬运到磁粉探伤仪上	7	1.5	○	➡	D	□	▽	
48. 找正夹紧		3	●	⇨	D	□	▽	
49. 进行磁粉探伤		10	●	⇨	D	□	▽	
50. 吊卸工件		2	●	⇨	D	□	▽	
51. 搬运到橡胶垫上	15	3	○	➡	D	□	▽	
52. 等待		100	○	⇨	●	□	▽	
53. 翻个，并搬运到车床上	5	1	○	➡	D	□	▽	
54. 找正夹紧		3	●	⇨	D	□	▽	
55. 填写名称		2	●	⇨	D	□	▽	
56. 精车轮辋内侧面		4.5	○	⇨	D	■	▽	
57. 用样板检查踏面		0.2	●	⇨	D	□	▽	
58. 精车轮毂内侧面		1.6	●	⇨	D	□	▽	
59. 精车12°斜梢面，R16圆弧		3.7	●	⇨	D	□	▽	
60. 精车辐板内侧面		10	●	⇨	D	□	▽	
61. 精车R90圆弧，20°斜梢面		2.8	●	⇨	D	□	▽	
62. 精车R10		0.1	●	⇨	D	□	▽	
63. 精车7mm台阶		0.6	●	⇨	D	□	▽	
64. 台阶倒角0.5×0.5		0.2	●	⇨	D	□	▽	
65. 半精车内孔，油沟，倒角		3.6	●	⇨	D	□	▽	
66. 精车内孔		4.1	●	⇨	D	□	▽	
67. 自检		3	○	⇨	D	■	▽	
68. 卸车轮		2	●	⇨	D	□	▽	

续图

说明	距离/m	时间/min	符号 ○	符号 ⇨	符号 D	符号 □	符号 ▽	备注
69. 填自检记录		1	●	⇨	D	□	▽	
70. 搬运到橡胶垫上	7	1.2	○	▶	D	□	▽	
71. 等待		100	○	⇨	●	□	▽	
72. 搬运到磁粉探伤仪上	4	1	○	▶	D	□	▽	
73. 找正夹紧		3	●	⇨	D	□	▽	
74. 进行磁粉探伤		10	●	⇨	D	□	▽	
75. 吊卸工件		2	●	⇨	D	□	▽	
76. 搬运到橡胶垫上	6	1	○	▶	D	□	▽	
77. 进行超声波探伤		3	●	⇨	D	□	▽	
78. 等待		100	○	⇨	●	□	▽	
79. 把工件搬运到加工中心	5	2	○	▶	D	□	▽	
80. 装夹		2	●	⇨	D	□	▽	
81. 填写名称		1	●	⇨	D	□	▽	
82. 钻6个φ23孔		2.5	●	⇨	D	□	▽	
83. 钻18个φ20孔		7	●	⇨	D	□	▽	
84. 钻3个φ53孔		4	●	⇨	D	□	▽	
85. 扩6个φ24.5孔		4	●	⇨	D	□	▽	
86. 镗6个φ25孔		6	●	⇨	D	□	▽	
87. 扩3个φ64孔		1	●	⇨	D	□	▽	
88. 自检		2	○	⇨	D	■	▽	
89. 卸车轮		1.5	●	⇨	D	□	▽	
90. 搬运到橡胶垫上	57	6.3	○	▶	D	□	▽	
91. 等待		100	○	⇨	●	□	▽	
92. 搬运到钻床上	5	1	○	▶	D	□	▽	
93. 固定		1	●	⇨	D	□	▽	
94. 辐板内侧面6个φ25孔倒角		1.5	●	⇨	D	□	▽	
95. 辐板内侧面18个φ20孔倒角		4.5	●	⇨	D	□	▽	
96. 辐板内侧面3个φ64孔倒角		1.5	●	⇨	D	□	▽	
97. 把工作吊到橡胶垫上	3	1	○	▶	D	□	▽	
98. 在橡胶垫上翻个		1	●	⇨	D	□	▽	
99. 把工作吊回钻床	3	1	○	▶	D	□	▽	
100. 固定		0.5	●	⇨	D	□	▽	
101. 辐板内侧面6个φ25孔		1.5	●	⇨	D	□	▽	
102. 倒角			●	⇨	D	□	▽	

说明	距离/m	时间/min	符号 ○	⇨	D	□	▽	备注
103. 辐板内侧面18个φ20孔		4.5	●	⇨	D	□	▽	
104. 辐板内侧面3个φ64孔		3	●	⇨	D	□	▽	
105. 自检		2	○	⇨	D	■	▽	
106. 卸车轮		3	●	⇨	D	□	▽	
107. 搬运到橡胶垫上	4	1	○	⇨	D	□	▽	
108. 等待		100	○	⇨	D	□	▽	
109. 搬运到工装上	4	1	○	⇨	D	□	▽	
110. 钻底孔φ18.5		0.6	●	⇨	D	□	▽	
111. 锪φ38		3	●	⇨	D	□	▽	
112. 换钻,锪φ52		3	●	⇨	D	□	▽	
113. 换丝锥,铰M20×1.5螺纹		3	●	⇨	D	□	▽	
114. 钻φ8孔		1.5	●	⇨	D	□	▽	
115. 换钻头,钻φ3孔		2.4	●	⇨	D	□	▽	
116. 用风筒吹净孔内铁屑		1.6	●	⇨	D	□	▽	
117. 吊卸工件		2	●	⇨	D	□	▽	
118. 检查各部分尺寸		6	○	⇨	D	■	▽	

图 4-8 改进后流程程序图

第 4 章 程序分析

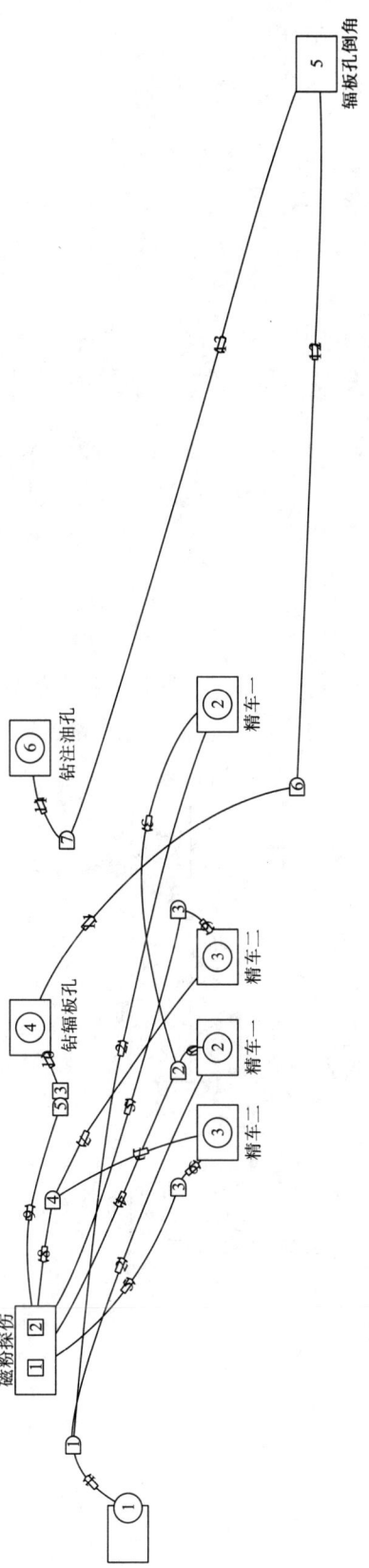

图4-9 改善前布置和经路路图

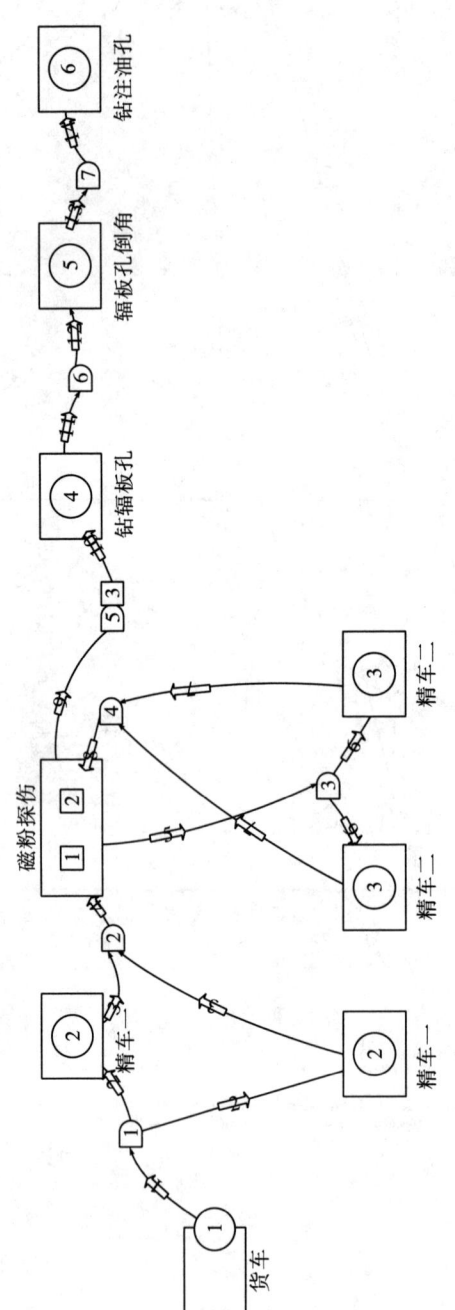

图4-10 改善后布置和经路图

4.4.2 复习思考题

一、单项选择题

1.对制品制造过程进行分析的技术是（　　）。
A.操作分析　　B.工艺程序分析　　C.作业流程分析　　D.动作分析

2.凡改变物品的物理或化学性质的活动称为（　　）。
A.工艺流程　　B.作业　　C.生产　　D.检验

3.流程程序分析中进行以操作者的作业流程为对象的分析所采用的图表为（　　）。
A.物料型流程图　　B.人型流程图　　C.操作分析图　　D.程序分析图

4.选择生产过程中以材料或零部件的工艺过程为对象的程序分析称为（　　）。
A.工艺分析　　B.程序分析　　C.流程分析　　D.工艺程序分析

二、多项选择题

1.搬运分析包括的两项分析技术是（　　）。
A.搬运路线分析　　B.搬运流程分析　　C.搬运活动分析
D.搬运作业分析　　E.搬运工具分析

2.通过方法研究使现有的工作方法更加（　　）。
A.简便　　B.有效　　C.安全　　D.舒服　　E.经济

3.以下活动应该包括在程序分析中的是（　　）。
A.作业　　B.搬运　　C.检验　　D.延迟　　E.储存

4.方法研究的分析技术和作业层次的划分相适应，共分为（　　）。
A.操作分析　　B.程序分析　　C.流程分析　　D.搬运分析　　E.动作分析

5.工艺程序分析只对完成工艺过程的两项活动进行分析，它们是（　　）。
A.作业　　B.检验　　C.搬运　　D.延迟　　E.储存

6.管理事务分析是主要针对以下（　　）活动进行的。
A.作业　　B.运输　　C.传递　　D.审核　　E.停放

三、判断题

1.流程程序分析是以生产过程中部分作业流程为对象，通过对整个流程中的加工、检验、搬运、储存、等待等活动事项做详细的观察与记录，并研究改进作业流程的方法。

2.对完成生产作业所经过的工作程序进行系统的调查、分析和改进的基础称为程序分析技术。

3.搬运活动在制造过程中只增加空间效用，物品本身并不能增加其价值。

4.搬运流程分析是针对物料在搬运前后对其处置难易程度的分析。

5.管理事务流程性质不同于制造作业流程，不能直接生产出产品，但是管理事务流程的效率对制造过程的影响无论如何不能低估。

四、简答题

1.简要说明方法研究在企业中的主要应用。

2.何谓工艺程序分析？其分析改进的重点是什么？

3.何谓搬运分析？搬运分析的主要作用是什么？
4.计算活动性指数的意义何在？
5.何谓管理事务分析？管理事务分析的主要目的是什么？
6.应用程序分析时有哪几种图？每一种图的应用对象是什么？
7.什么是程序分析时的"5W1H"技术？什么是程序分析时的"ECRS"四大原则？

五、填空题
1.搬运活动分析是指_____在搬运前后对其处置难易程度的分析。
2.对现有的工作方法的改进应该遵循的四项原则是_____、_____、_____、_____。
3.对于方法研究的三类分析技术，在通常情况下，程序分析适用于_____的层次，操作分析适用于_____的层次，动作分析适用于_____的层次。
4.程序分析中的五项活动所采用的符号都已标准化，表示检验的符号是_____，表示延迟的符号是_____，表示储存的符号是_____。
5.凡改变物品的_____或_____性质的活动称为_____。
6.流程程序分析由于分析的对象不同可采取物料型流程图或人型流程图两种，前者是以_____为对象，后者是以_____为对象。
7.搬运分析的主要目的是_____；_____；_____。

六、应用题
绘制泵及其接收器装箱的工艺程序图。泵及其接收器装箱的程序为：检查箱子内部有无破损—装上保护衬里—检查泵的全部情况—打印号码—放泵入纸箱—装纸箱的衬片（准备放接收器）—检查接受器的加工—结束—附标签—放接受器入箱—封闭盖—过秤。

第 5 章 作 业 分 析

本章对作业分析进行介绍。首先阐述了作业分析的相关概念及类型，然后分别依次详细介绍了人-机作业分析、联合作业分析、双手作业分析的相关概念以及多个实例分析。

5.1 主要内容、特点及学习要求

1.主要内容
1)作业分析的含义、基本要求、特点和类型；
2)人-机作业分析的含义、特征、用途、主要过程，余闲力公式；
3)联合作业分析的含义、特征、用途、主要过程；
4)双手作业分析的含义、特征、用途、主要过程。

2.特点
需要通过实例分析来准确掌握人-机作业分析、联合作业分析、双手作业分析的相关内容，包括相关概念和图的绘制。

3.学习要求
通过本章的学习，要求了解作业分析的基本概念，掌握作业分析与程序分析的区别；了解闲余能力分析的方法和目的；掌握人-机作业分析图、联合作业分析图、双手作业分析图的基本结构及分析改进的重点。

4.能力培养要求
1）自学能力；
2）准备掌握和灵活运用知识的能力；
3）理论运用于实践的能力；
4）批判性思维。

5.2 内容分析与补充

5.2.1 作业分析图

作业分析图是记录在同一时间坐标上，表明作业者与机器协调配合关系的一种图标。它可以清楚地显示人的工作周期与机器的工作周期在时间上的配合关系，通过作业分析图的分析，可以获得减少人、机等待或空闲时间，是提高人、机效率的新方法。通常只绘出一个操作周程（加工完一个零件的整个过程称为操作周程或周期），包含以下三部分。

1. 头部分

包含作业名称、工作部门、产品名称、图号、作业者、编号、图示、日期、开始动作、结束动作等（表头内容依具体情况而制定）。

2. 表部分

用垂直竖线把人与机器分开，分别在人与机器栏内依作业程序和时间由上而下用规定的符号记录人与机器的活动情况，通常左边注写人作业单元内容，右边注写机器设备的作业单元内容，取适当比例尺，其中人与机器的活动情况用如表 5-1 所示的符号表示。

表 5-1　人或机器活动情况记录符号

块状标记	线状标记	说明
▨▨▨	———	人或机器处于工作状态
▭	------	人或机器处于空闲状态
▦▦▦	———	人与机器处于同时工作状态

3. 统计部分

包括统计操作周程（期），人、机在一周程内工作时间和空闲时间，以及人、机利用率。

以上为人-机作业分析图与联合作业分析图画法的三部分组成，双手作业分析图略有不同，包括如下四部分。

1) 图的左上部：填写常规项目，包括编号、作业名称、地点、作业人员、作业的起点、作业终点（结束）、日期等。

2) 图的右上部：填写工作地布置平面简图，并标明各种零件、工具、设备的位置。

3) 图的中间部分：分别在左右两边填写左、右手动作的代表符号及动作说明。

4) 图的右下方：对左、右手的动作进行统计。

5.2.2　闲余能力分析

闲余能力分析是对人员及设备能力进行准确调查分析后将作业内容合理地再分配的工作，目的是使各工序的人员及设备负荷合理，最大程度地减少人及设备的闲余时间，从而提高工效。闲余能力分析可以从以下三个方面进行：①机器的闲余能力；②操作者的闲余能力；③操作者可同时操作机器数量的确定。

闲余能力的调查手段与方法有作业测定、联合作业分析、人-机作业分析。特别说明的是，在用人-机作业分析闲余能力时，确定一个作业者可同时操作几台机器的计算公式如下：

$$N = \frac{t + M}{t}$$

式中，N 代表一个作业者操作的机器台数；t 代表一个作业者操作一台机器所需的时间（包括从一台机器走到另一台机器的时间）；M 代表机器完成该项作业的有效时间。

在闲余能力分析的利用上，人不等待机器，机不待人，人、机的利用率均达到100%，显然这是一种理想安排，因为作业过程的各种宽放时间是客观存在的，但这是追求的目标。

5.2.3 人-机作业分析

人-机作业分析是应用于机械作业的一种分析技术，一般用于分析1人操作1台机器或1人操作多台机器的情况。通过对某一项作业的现场观察，记录操作者和机器设备在同一时间内的工作情况，并加以分析，寻求合理的操作方法，使人和机器的配合更加协调，以充分发挥人和机器的效率。

【例 5.1】某工人操作车床车削工件，作业程序及时间值如下：装夹工件0.5min，车削2.0min，卸下零件0.3min，去毛刺并检查尺寸0.5min，该车床自动加工。试绘制出此作业的人-机作业图，并对其作业进行改进。

解答 （1）绘出原方法的人机作业图（图5-1）

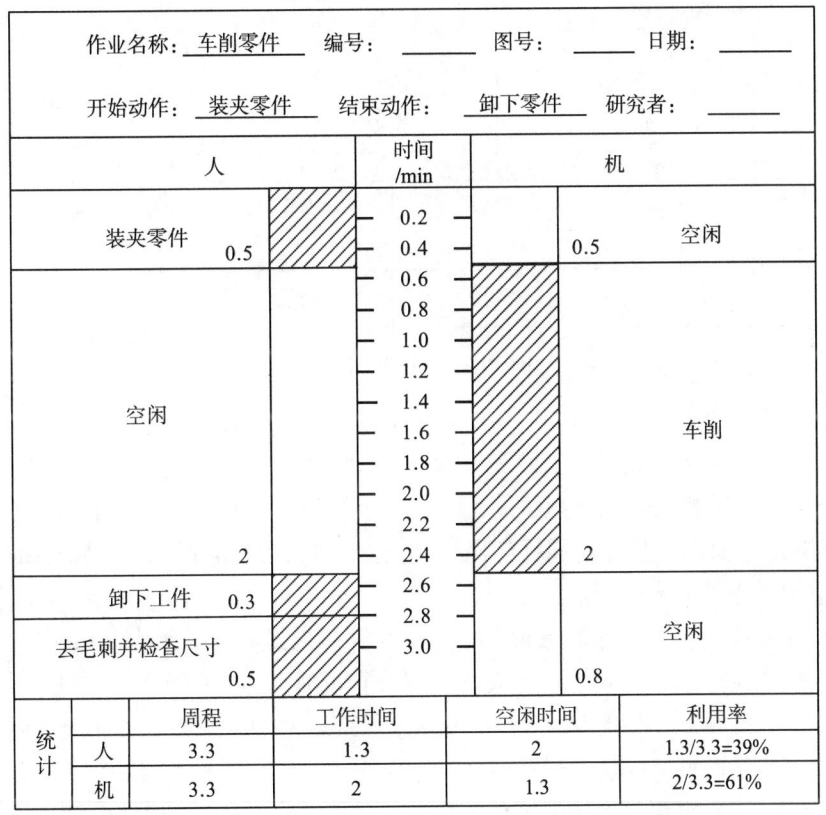

图 5-1 车削时的人-机作业图（原方法）

（2）分析和改进

从图5-1中可以看到，人的空闲时间太多，人的利用率仅为39%。

采用"5W1H"提问技术和"ECRS"原则进行分析。

问：为什么去毛刺并检查尺寸要在机器停止时进行？

答：过去一直是这样的。
问：有无改进的可能性？
答：有。
问：怎么改？
答：在机床车削下一个工件时，可以去毛刺并检查已车削好的上一个工件。

（3）实施新方法

改进后的人机作业图如图 5-2 所示。

（时间单位：min）

作业名称：车削零件 编号：＿＿ 图号：＿＿ 日期：＿＿				
开始动作：装夹零件 结束动作：卸下零件 研究者：＿＿				
人				机
装夹工件	0.5		0.5	空闲
去毛刺并检查尺寸	0.5			
空闲		1.5	2	车削
卸下工件	0.3		0.3	空闲
统计		周程	工作时间	空闲时间	利用率
	人	2.8	1.3	1.5	1.3/2.8=46%
	机	2.8	2	0.8	2/2.8=71%

图 5-2 车削时的人-机作业图（改进方法）

由此可看出，通过重排，不需增加设备和工具，而是尽量利用机器工作时间进行手工操作，从而缩短了周程，提高了工效和人-机利用率。可对其再作进一步改进以提高工效。

由图 5-2 可以看出，虽然缩短了周程，提高了利用率，但是在每一个周程内，仍有很多的空闲时间，但要进一步缩短周程却比较难，这时改善方法有两种：一是增加其他工作，二是利用空闲操作另一台机床。

因为在一周程内，工人有 1.5min 的空闲，足够操纵另一台机床（1.3min）。这样既充分利用工人的空闲时间，提高了工作效率，也节省了劳动力，图 5-3 为改进方法。

由图 5-3 与图 5-2 相比可知，工作周程虽未改变，两种方法均为 2.8min，但第二次改进方法中因完成了两件，也就是每件加工时间仅为 1.4min，即总产量增加了 50%。此例正说明永无止境的求新意识是方法研究的一个显著特点，通过改善可以充分利用工人的空闲时间，即闲余能力。

第 5 章 作业分析

	作业名称：车削零件		编号：_____		
	研究者：_____		日期：_____		
	人		车床1#		车床2#
装车床1#	0.5	空闲	0.5	车削	0.5
卸车床2#	0.3				
装车床2#	0.5			空闲	0.8
去毛刺并检查尺寸（2#）	0.5	车削	2		
去毛刺并检查尺寸（1#）	0.5			车削	1.5
空闲	0.2				
卸车床1#	0.3	空闲	0.3		

统计		周程	工作时间	空闲时间	利用率
	人	2.8	2.6	0.2	2.6/2.8=93%
	车床1#	2.8	2	0.8	2/2.8=71%
	车床2#	2.8	2	0.8	2/2.8=71%

图 5-3 车削时的人-机作业图（第二次改进方法）

【例 5.2】在台钻场的金工车间，某工人操作磨床进行粗磨外圆作业，作业时间如下：工人上料时间 5s，机器工作时间 38s，工人下料时间 3s，准备下一件工件时间 5s。

（1）人-机作业图（图 5-4）

工人	磨床
上料 5s	空闲 5s
准备下一件工件 5s	加工 38s
空闲 33s	
下料 3s	空闲 3s

统计		周程/s	工作时间/s	空闲时间/s	利用率
	工人	46	13	33	28%
	磨床	46	38	8	82.6%

图 5-4 粗磨外圆的人-机作业图（原方法）

（2）分析和改进

由图 5-4 可以看出，人的利用率仅有 28%，空闲时间太多，采用"5W1H"提问技术和"ECRS"原则进行分析。

问：为什么在一个周期 46s 内工人只工作了 13s？

答：过去一直这样，他只负责一个机器。

问：有无改进的可能性？

答：有。

问：怎么改进？

答：工人的空闲时间太多，完全可以一个人操作多台磨床，根据闲余能力分析计算公式可以得出，$N=(t+M)/t=(13+38)/13=3.923$，所以一个工人可以操作 3 台磨床，这样可以充分利用工人的空闲时间。

（3）实施新方法（图 5-5）

工人		1#磨床	2#磨床	3#磨床
上料 1# 5s		空闲 5s	粗磨外圆 5s	粗磨外圆 13s
下料 2# 3s		粗磨外圆 38s	空闲 8s	
上料 2# 5s				
下料 3# 3s			粗磨外圆 33s	空闲 8s
上料 3# 5s				
准备 1# 5s				粗磨外圆 25s
准备 2# 5s				
准备 3# 5s				
空闲 7s				
下料 1# 3s		空闲 3s		

统计		周程/s	工作时间/s	空闲时间/s	利用率
	工人	46	39	7	85%
	1#磨床	46	38	8	82.6%
	2#磨床	46	38	8	82.6%
	3#磨床	46	38	8	82.6%

图 5-5 粗磨外圆的人-机作业图（改进方法）

（4）评价

在磨床的利用率不变的情况下，减少了工人的空闲时间，工人的利用率从 28%飞速提升到 85%，大大提高了工作效率。更重要的是同样是在一个工人的情况下，产量却提高到原来的 3 倍。

5.2.4 联合作业分析

联合作业分析是指当几个作业人员共同作业于一项工作时对作业人员时间上的关系的分析，以及排除作业人员作业过程中存在的不经济、不均衡、不合理和浪费等现象的一种分析方法。

【例 5.3】某车间用吊车搬运零件，每天由工人甲和工人乙负责将零件装入集装箱，装满后，由吊车搬运到车间出口处暂存，吊车只能搬运一箱，来回一次需 5min，而一人装满一箱零件需 10min，集装箱搬运场地平面布置如图 5-6 所示，现行方法如下。

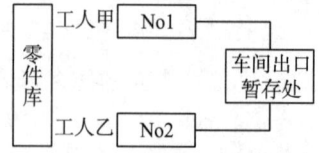

图 5-6 集装箱搬运场地平面布置图

第一次 5min：吊车运送工人乙装的 No2 集装箱，工人甲处在装 No1 集装箱状态。工人乙处在等待状态。

第二次 5min：吊车处于等待状态；工人甲仍处于装 No1 集装箱状态，工人乙处于装 No2 集装箱状态。

第三次 5min：吊车运送工人甲装的 No1 集装箱，工人甲处在等待状态；工人乙仍处在装 No2 集装箱状态。

试绘出联合作业的联合作业图。图 5-7 左边部分是现行方法，然后对此记录的图进行"5W1H"的提问技术来分析，并用"ECRS"四大原则进行改善，改善的联合作业图见图 5-7 右边部分，最后将现行方法与改善后的方法作业时间分别进行统计比较，可见改善后的效率大幅度提高。对现行方法的提问如下。

首先就第一次 5min 提问。

问：工人乙完成了什么？

答：什么也没做，正在等待。

问：是否必要？

答：按现行方法，工人乙必须等待集装箱，所以此等待是必要的。

问：为什么？

答：因为现行方法中工人甲、乙各装一集装箱，故当工人乙装满一箱由吊车运走后，必须等待集装箱返回。

问：有无更好的方法，避免工人乙在第一次 5min 内空闲？

答：工人甲和工人乙可合装（共同装）一箱，省去等待集装箱回来的时间。

现行方法			时间/min	改善方法		
吊车	工人甲	工人乙	0	吊车	工人甲	工人乙
运No2	装No1			运No2	装No1	装No1
			5			
		装No2		运No1	装No2	装No2
运No1			10	表示工作时间		
				表示空闲时间		
			15			

现行方法统计					改善方法统计				
项目	周程	工作时间	空闲时间	利用率	项目	周程	工作时间	空闲时间	利用率
吊车	15	10	5	10/15=67%	吊车	10	10	0	10/10=100%
工人甲	15	10	5	10/15=67%	工人甲	10	10	0	10/10=100%
工人乙	15	10	5	10/15=67%	工人乙	10	10	0	10/10=100%

图 5-7 装运零件联合作业图（作业改进前、后的对比）

由图 5-7 可见，通过改善，工人甲、乙、吊车均不需等待，15min 可装运 3 箱。周程由 15min 降至 10min，节省了 33% 的时间，搬运效率大幅度提高。

5.2.5 双手作业分析

生产现场的某些作业以工序的操作过程为研究对象，详细观察和记录其过程，重点是了解双手如何进行实际的操作，称为双手作业分析。其主要对象是作业者的双手。

【例 5.4】组装螺栓和螺帽的双手作业分析。

（1）记录

把螺栓和螺帽组成一套，再把组装件放到组件箱内，见图 5-8。

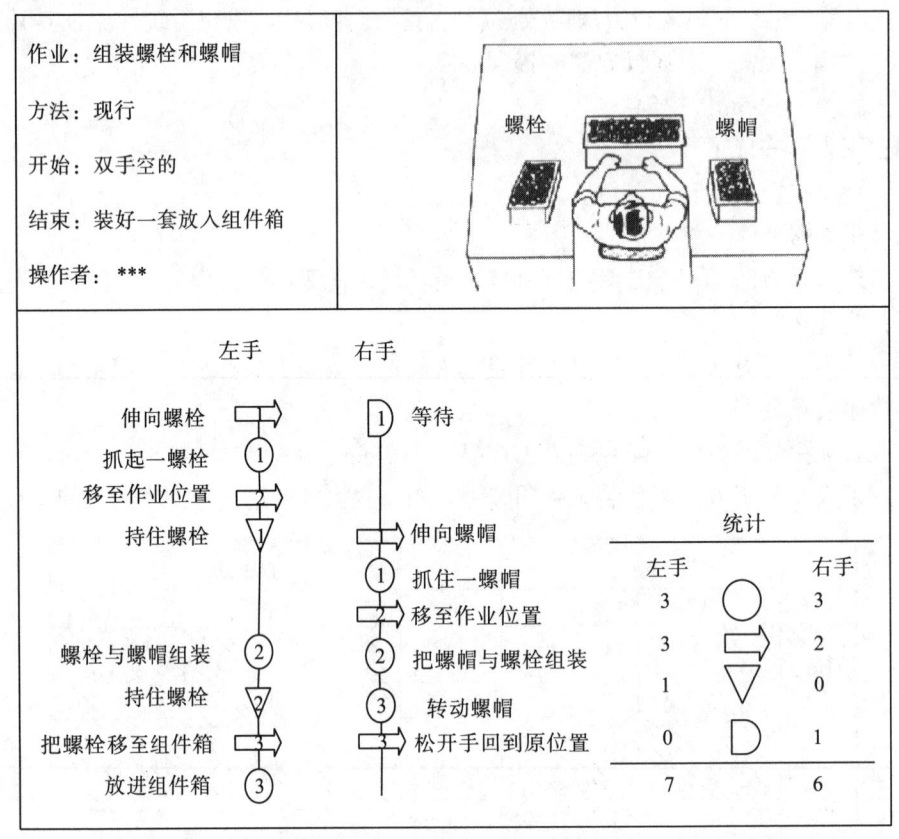

图 5-8 组装螺栓和螺帽的现行方法

（2）分析改善

由于螺栓和螺帽都是在作业人员的正侧面，当用左手拿螺栓时，作业人员的身体朝向左边，重心偏左，左手再进行作业；接着拿螺帽时，身体朝向右边，重心向右，右手再进行作业，这样进行作业使得左手和右手分别产生了等待和持住现象，双手不能同时工作失去平衡，使作业者易产生疲劳。

为了改善上述情况，根据动作经济原则，将螺栓盒与螺帽盒再往前移，把三个盒子位置放在作业者同一视线上，操作者可在正常视角内观察到，使左右手能同时拿取螺栓和螺帽，减少了等待、持住现象，效率显著提高。

像这样设法使双手能同时作业，减少等待、持住现象，便是一种改善措施，但双手同时动作是需要符合一定条件的,这在作业测定内容中将会加以详细说明。改善后螺栓和螺帽组装作业如图 5-9 所示。

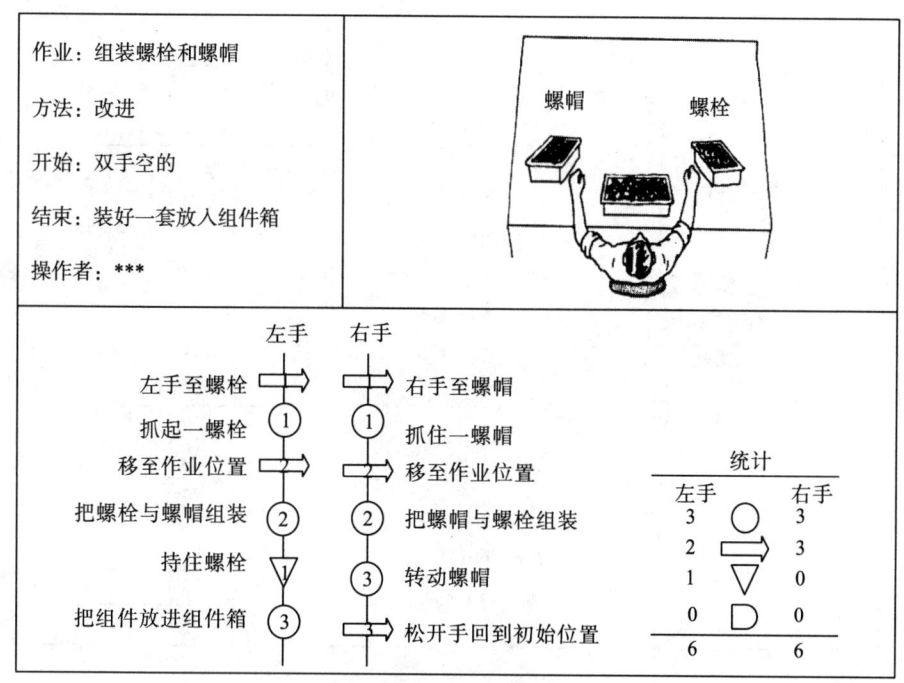

图 5-9 组装螺栓和螺帽的改进方法

此例中,通过改善产品箱的位置来达到改善的目的,从一般意义来讲,作业人员有一个最佳"作业域"(这里是指产品箱的位置以及进行组装作业的范围),这个最佳"作用域"是指用最佳经济动作进行作业时的作业领域。在考虑最佳作业域时,"动作经济原则"是一个强有力的武器,有关动作经济原则将在 6.3.3 节加以详细说明。

【例 5.5】装配转向器上盖的重复性装配工作。

(1)现行作业方法(图 5-10)

(2)分析与改善

对现行方法进行 5W1H 提问及 ECRS 四大原则改善,此改善方法基本上达到双手同时对称的动作原则。

从现行方法的双手作业分析图可以发现,现行方法的主要问题如下:双手动作不对称,一手持物,另一只手往复动作,完成上盖安装需多次重复拿起放下螺栓,重复将螺栓套入垫圈。

改良方法取消了一手持物,另一手的往复动作,改为双手同时拿起垫圈套入螺栓,改善了双手的对称性,减少了等待时间和持住的现象,效率显著提高。也可以考虑在工作台上安装紧固装置,这样可以解放一只手干其他事。

(3)现行作业方法(图 5-11)

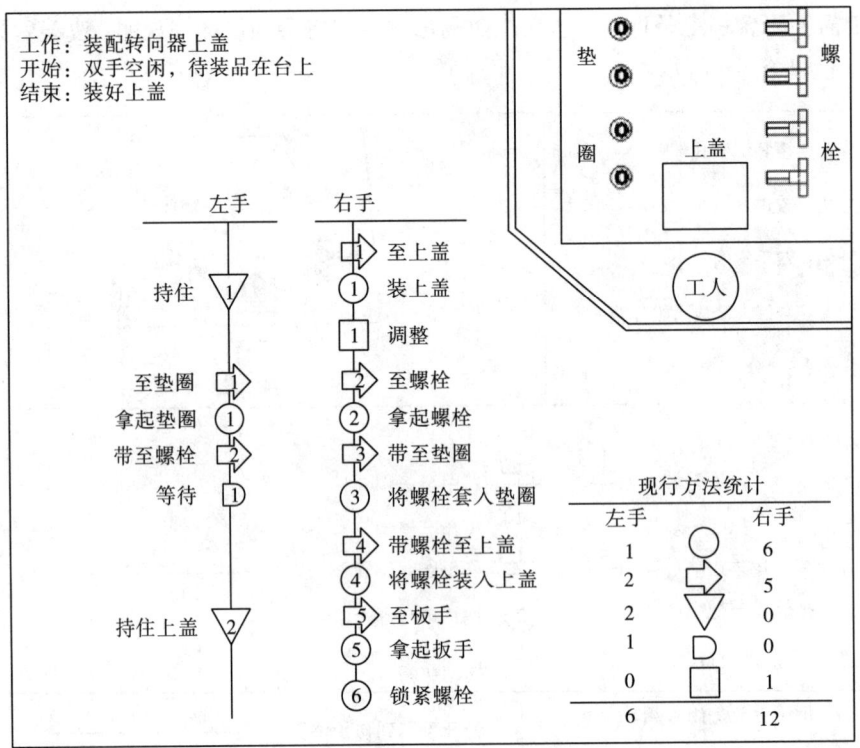

图 5-10 装配转向器上盖的现行方法

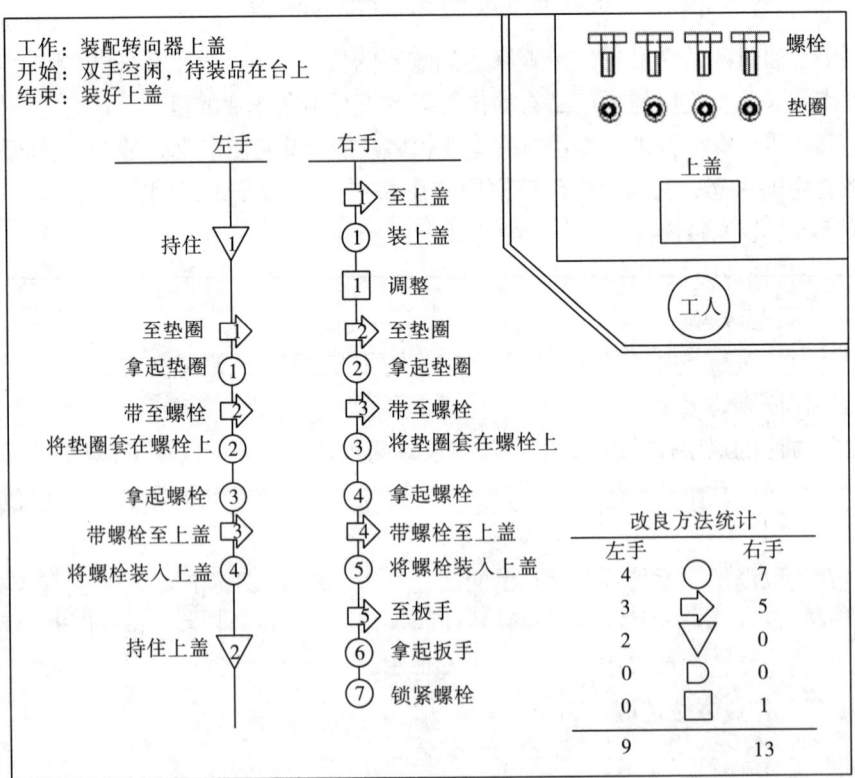

图 5-11 装配转向器上盖的改进方法

5.3 教育教学环节设计

5.3.1 自主学习与教学指导

1.重点、难点
（1）重点

掌握人-机作业、联合作业、双手作业三类作业分析的方法、技术，绘制作业分析图，用"5W1H"技术和"ECRS"原则发现问题，提出改进方案。

（2）难点

绘制一个周期的作业分析图，利用"5W1H"技术和"ECRS"原则进行分析改进。

2.自主学习内容及注意事项
（1）内容

1）作业分析的概念，作业分析与程序分析的区别；
2）人-机作业分析的含义和用途，人-机作业图的三个组成部分；
3）闲余能力公式；
4）联合作业分析的含义及其用途；
5）双手作业分析的含义及其用途。

（2）注意事项

自学的时候针对人-机作业分析、联合作业分析、双手作业分析的知识讲解，联系一个自己身边的实例，试着分析和改善，熟练掌握作业分析的方法，便于灵活地将理论运用于实践中。

3.教学指导注意事项

详细讲解书中案例，主动教导学生三种作业分析方法的使用；从身边的实际情况为案例，课堂中测试某一种或多种作业分析图的绘制。

5.3.2 案例教学设计

带领学生到车间参观，自行分配小组（每组最多4人）寻找工位，现场记录其活动内容（在不影响其工作的情况下）或者拍摄（如果条件允许），判断是三种作业分析中的哪一种，说明原因，绘出作业分析图并且对其进行分析（包括改进分析方法），写成报告。

5.3.3 针对能力培养的综合教育环节

把车间实例的完整分析步骤、改善过程以及实践结果以书面形式表示出来，以提高学生分析改善能力，并通过在课堂上向同学及老师展示该案例作业分析的方法来提高学生表达能力。

5.3.4 讨论与展示

以小组为单位把在车间记录的某工位人和机器的活动内容即实例以报告的形式上交并制作 PPT，上课时小组依次进行演讲，教师及小组代表根据表 5-2 打分，期间对其发出提问并给出相应的改善意见，最后根据总分的高低评比出优秀报告。

表 5-2 基础工业工程小组作业演讲评分表

序号	选题意义（10%）	资料调研（20%）	研究成果（40%）	现场展示（30%）	总分	备注
1						
2						
3						
4						
5						
6						
7						
8						
9						
10						
11						
12						
13						

5.4 典型实例分析及复习思考题

5.4.1 典型实例分析

【实例 1】项目名称：将成匹的布切成所需宽度。

项目说明：图 5-12 为机器简图，成匹的布置于切布机的后轴 A 上，当布经过切刀 B

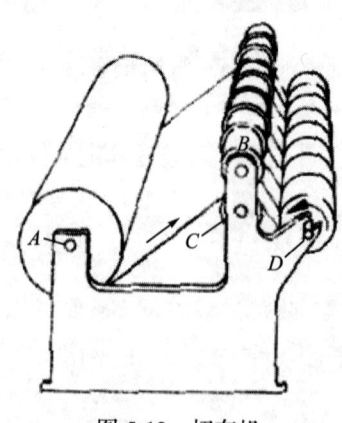

图 5-12 切布机

与转动圆轴 C 时，即被切成顾客所需的宽度。然后绕于 D 轴上，切至顾客需要的长度后停机。操作者与其助手将切好的布卷用包装纸包好，贴上标签并注明品级、长度、颜色等。最后，自 D 轴取下，放入手推车。

解答 （1）整个操作的流程（图 5-13）

名称：布匹切割						工作编号：	
工件：布匹						工件编号：	
机器：切布机						机器编号：	
操作者：						研究日期：	
现行方法						研究者：	
人						机	
操作者	时间/min		助手	时间/min		切布机	时间/min
操作机器	2.2		准备包装纸与标签	0.9		切成需要宽度的布卷	2.2
			等待机器	1.3			
等待助手	0.7		包装布卷	0.9		空闲	3.0
布卷上贴标签	0.6						
打开短柄	0.3		等待操作者	0.7			
等待助手移下布卷	0.8		移下布卷	0.8			
开动机器	0.6		置手推车上	0.6			
项目	操作者			助手			切布机
空闲时间/min	1.5			2.0			3.0
工作时间/min	3.7			3.2			2.2
周程时间/min	5.2			5.2			5.2
利用率	71%			62%			42%

图 5-13 现行方法布匹切割联合操作分析图

（2）分析与改善

由记录的联合操作分析图中可以看出，现行方法机器的空闲时间太多，其利用率仅为 42%。操作者利用率为 71%，助手则为 62%。采用 5W1H 提问技术进行分析，得知其原因在于当切好的布绕在 D 轴上时，必须等待操作者和助手进行包装后，机器才可再开始工作。

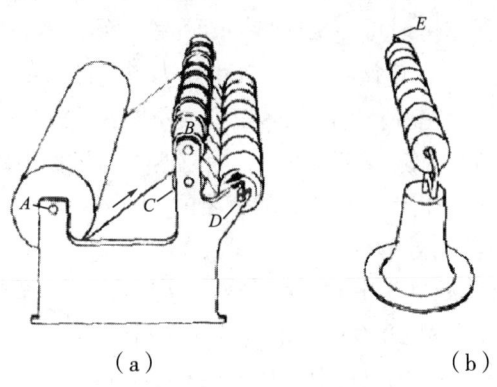

图 5-14 切布机与连座轴架

改良方法是增设一连座轴架 E，如图 5-14 所示。当布被切成所需宽度绕于 D 轴上，达到顾客需要的长度时，将布卷全部滑移至连座的 E 轴上。这是一个需时很短的简单动作，

当布卷移于 E 轴后，操作者即可开动机器，而此时助手可在 E 轴上完成包装、贴标签、注明品级、长度、颜色等，并放入手推车。

（3）实施新方案

改良后的布匹切割联合操作分析图如图 5-15 所示。

名称：布匹切割					工作编号：		
工件：布匹					工件编号：		
机器：切布机					机器编号：		
操作者：					研究日期：		
现行方法：					研究者：		
人						机	
操作者	时间/min		助手	时间/min		切布机	时间/min
操作机器	2.2		继续包装布卷	0.3		切成需要宽度的布卷	2.2
			布卷上贴标签	0.6			
			置手推车上	0.5			
			准备包装纸与标签	0.9			
打开摇柄	0.3		等待操作者	0.2		空闲	1.4
移下布卷	0.5		协助移下布卷	0.5			
开动机器	0.6		包装布卷	0.6			
项目			操作者	助手		切布机	
空闲时间/min			0.0	0.2		1.4	
工作时间/min			3.6	3.4		2.2	
周程时间/min			3.6	3.6		3.6	
利用率			100%	95%		61%	

图 5-15 改良方法布匹切割联合操作分析图

现行方法周期为 5.2min，即 1 小时切布 11.5 周期。而改良后，周期为 3.6min，即 1 小时切布达 16.6 周期，每小时增加切布 5.1 周期，即表示增加切布能力达 44%。同时机器的利用率也增加至 61%。

【实例 2】某企业 63PF2 输送链装配过程中压装轴承工序。

（1）项目背景

63PF2 的装配过程如下：①压装轴套→②装铜套→③装销轴分段串装→④放垫圈→⑤压装轴承→⑥检验→⑦整链对接→⑧内检→⑨外检→⑩盘卷包装。压装轴承工序位于放垫圈工序之后，这两道工序由三个人完成，其中一人负责放垫圈，另两人负责压装轴承工序。两个工序在一台机器上完成。先由一名工人放垫圈，放好后，另两名工人将链条抬至装轴承机中，由机器带动并为链条安装轴承，同时两人向机器中添加轴承。如何协调好人和机器间的关系，对于提高生产效率是非常重要的。

（2）项目数据的收集与处理

由于 63PF2 输送链装配过程中的串接成条工序是将 20 个单节串接成一段，所以在压装轴承工序中的时间测定是对 20 个单节的链条作业时间的测定。所以 63PF2 输送链是大型链条，比较繁重，操作起来比较费力，再考虑私事宽放、操作宽放和机器宽放等因素，为该秒表时间研究设置 15% 的宽放率和 1.1 的评比系数。

首先对该工序进行 10 次的时间测定，压装轴承工序中包括放垫圈和压装轴承两个环节，取平均值，结果如表 5-3 所示。

第 5 章 作业分析

表 5-3 标准作业时间

操作环节	平均值/s	评比系数	正常时间/s	宽放率	宽放后时间/s	标准作业时间/s
放垫圈	59.99	1.1	65.99	15%	75.89	75.89
压装轴承	100.22	1.1	110.24	15%	126.78	126.78

（3）现状诊断（图 5-16）

作业名称：压装轴承			开始动作：取链条放入机器；结束动作：卸下链条至堆放处				
人#1			人#2			设备	
取链条放入机器	11s		取链条放入机器	11s		空闲	14s
空闲	3s		按动按钮	3s			
添加轴承	21s		添加轴承	21s		压装轴承	101s
空闲	80s		空闲	80s			
卸下链条至堆放处	12s		卸下链条至堆放处	12s		空闲	12s

统计		周程/s	工作时间/s	空闲时间/s	利用率/s
	人#1	127	44	83	34.6%
	人#2	127	47	80	37.0%
	设备	127	101	26	79.5%

图 5-16 优化前装轴承工序人-机作业图

如图 5-16 所示，工人#1 的利用率只有 34.6%，工人#2 的利用率为 37.0%，效率极低，工人存在大量的空闲时间。

（4）分析与改善

对压装轴承工序工人的各操作流程时间进行分析，可以发现压装轴承工序工人在操作过程中有大量的空闲时间，由于链条的搬运较繁重，且是双侧作业，必须有两人，考虑放垫圈工序标准作业时间为 75.89s，而两名工人的空闲时间均有 80s，可减少放垫圈工序的那一名工人，由压装轴承工序两名工人在空闲时间完成。

（5）解决方案（图 5-17）

改善后人-机作业图如图 5-15 所示。两名工人的利用率分别提升到 74.0%和 76.3%，大大减少了工人的等待时间，提高了人员的利用率，减少了放垫圈工序的一名工人。

（6）评价（表 5-4）

作业名称：压装轴承			开始动作：取链条放入机器；结束动作：卸下链条至堆放处				
人#1			人#2			设备	
取链条放入机器	11s		取链条放入机器	11s		空闲	14s
空闲	3s		按动按钮	3s			
添加轴承	21s		添加轴承	21s		压装轴承	101s
放垫圈	50s		放垫圈	50s			
空闲	30s		空闲	30s			
卸下链条至堆放处	12s		卸下链条至堆放处	12s		空闲	12s

统计		周程/s	工作时间/s	空闲时间/s	利用率
	人#1	127	94	33	74.0%
	人#2	127	97	30	76.4%
	设备	127	101	26	79.5%

图 5-17 优化后装轴承工序人-机作业图

表 5-4 优化前后人-机利用率对比

对比表	优化前利用率	优化后利用率
人#1	34.6%	74.0%
人#2	37.0%	76.4%
设备	79.5%	79.5%

通过人-机作业分析，并对该工序进行优化改进，可以明显提高作业人员的利用率，如表 5-4 所示，工人#1 和工人#2 的利用率得到很大的提升，两名工人的利用率由 34.6% 和 37.0% 分别提升到 74.0% 和 76.4%，并且能够节省放垫圈工序中的一名人员的占用，该工人可以到其他高强度的工序中进行作业，这样能够提高整条装配线的作业效率。

5.4.2 复习思考题

1）作业分析与程序分析有何区别？
2）作业分析的类型有哪些？
3）进行人-机作业分析的意义与目的是什么？
4）如何利用在人-机作业中工人的闲余能力？
5）什么是双手作业分析？有何用途？
6）双手作业分析的意义与作用是什么？
7）如何考查、分析双手作业程序图？
8）分析如图 5-18 所示的作业分析图，分别对其进行改善。

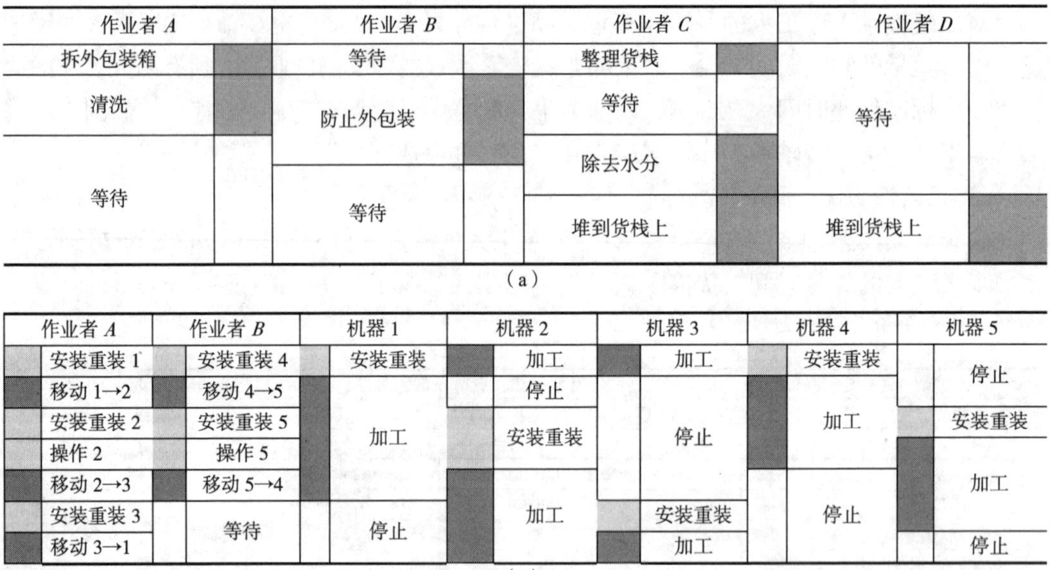

作业者 A	作业者 B	作业者 C	作业者 D
拆外包装箱	等待	整理货栈	
清洗	防止外包装	等待	等待
		除去水分	
等待	等待	堆到货栈上	堆到货栈上

(a)

作业者 A	作业者 B	机器 1	机器 2	机器 3	机器 4	机器 5
安装重装 1	安装重装 4	安装重装	加工	加工	安装重装	停止
移动 1→2	移动 4→5		停止			
安装重装 2	安装重装 5	加工	安装重装	停止	加工	安装重装
操作 2	操作 5					
移动 2→3	移动 5→4					加工
安装重装 3	等待	停止	加工	安装重装	停止	
移动 3→1				加工		停止

(b)

图 5-18 作业分析图

第6章 动作分析

动作分析的实质是研究分析人在进行各种工作操作时的细微动作，删除无效动作，使操作简便有效，以提高工作效率。其内容为发现操作人员的无效动作或浪费现象，简化操作方法，减少工人疲劳，在此基础上制定标准的操作方法，为制定动作时间标准做技术准备。它包括动素分析、影像分析、动作经济原则等内容。

6.1 主要内容、特点及学习要求

1.主要内容
1）动作分析概述：动作及动作分析的概念；分析方法的种类及改进重点。
2）动素分析方法：动素分析方法的概念、目的和用途，动素的分类及符号；动素分析方法的总结和应用场合。
3）影像分析方法：影像分析的概念和用途；影像分析的方法。
4）动作经济原则：动作经济基本原则、动作三要素的应用；结合实例掌握动作经济基本原则。

2.特点
本章首先系统讲解动作分析的意义及目的、动作分析的方法，然后着重阐述动素分析方法、影像分析方法和动作经济原则。要求学生熟练掌握动素符号及动素分析表的应用、动作经济原则，能够熟练运用动作经济原则进行动作分析及改进。

动作分析是在宏观上合理的程序确定之后，针对人体动作的细微之处的浪费，寻求最经济的解决办法(省力、省时、安全的办法)。它尤其适用于多次重复的简单动作循环中的点滴节约或减轻劳动强度。动作分析是按操作者实施的动作顺序观察动作，用特定的记号记录以手、眼为中心的人体各部位的动作内容，并使记录图表化，以此为基础，判断动作的好坏，找出改善点的一套分析方法。其持续改善流程如图6-1所示。

3.学习要求
1)理解动素的含义以及动素的分类。
2)了解动作分析的意义，掌握各动作分析方法及改进的重点。
3)了解影像动作分析的两种技术——慢速影像动作分析和高速影像动作分析的主要区别，以及使用场合。
4)按照三大原则划分，全面掌握"动作经济原则"的主要内容以及应用价值。

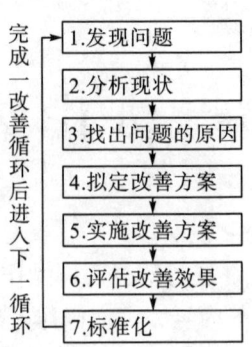

图 6-1 动作分析改善流程图

4.能力培养要求

1)熟练掌握动素符号及动素分析表的应用、动作经济原则;
2)能够熟练运用动作经济原则进行动作分析及改进;
3)培养学生的问题意识、动作意识和改善意识。

6.2 动作分析的发展历史、现状和趋势

6.2.1 动作分析的发展历史

工业工程的核心是降低成本、提高质量和生产率,工作研究是工业工程体系中最重要的基础技术,起源于泰勒提倡的"时间研究"和吉尔布雷斯提出的"动作研究"。随着动作研究技术不断发展,进一步延伸到对操作和作业流程的研究,逐步形成了"方法研究"(Method Study)的完整体系。方法研究包括程序分析、作业分析和动作分析。

早在 1981 年路特(Reuter)对美国企业应用工业工程情况进行的抽样调查表明,94.2%的企业应用了方法研究。在我国,由于工业工程的引进晚,起步晚,更应该从基础工业工程起步;同时我国正在成为全世界的制造基地。据数字统计,我国企业装配线的平衡率通常都很低。很多装配线经过进一步的平衡,一般可以将生产率提高 30%。所以,装配线的平衡是一个比较迫切要解决的问题。特别是在资源日益匮乏的今天,其对于有效利用资源、缓和资源不足问题也有深远的意义。动作分析在企业提高生产线工作效率方面具有很大的优势,同时工作人员是在一种更省力的规范动作体系中完成工作的,完全遵循动作经济性原则,这样就取得了工作效率提高和员工疲劳程度反而降低的双赢效果。

6.2.2 动作分析的研究现状

1.国外的动作分析研究现状

19 世纪 80 年代,泰勒通过自己的实践,仔细观察工作的作业方式,再寻找效率最高的作业方法,开创了工业工程研究的先河。泰勒研究了劳动者的作业方式,通过著名的"铁铲实验""搬运实验"和"切削实验",总结了称为"科学管理"的一套思想,

将科学的定量分析方法引入生产与作业管理中,首创了时间研究方法,并实际运用,以提高总体效率。

动作分析方法在发达国家的一般研究方法有以下两种。

1)目视动作分析:以目视观测方法寻求改进,常用的方法为动素分析。

2)影像动作分析:用摄影机对各操作拍摄成影片,由影片放映而加以分析。

在动作分析中,必须切实贯彻动作经济原则。动作经济原则的一般要求有以下四点。

1)两手应尽量同时使用;

2)动作单元要尽量减少;

3)动作距离要尽量缩短;

4)尽量使工作舒适化。

动作分析最终的目的是进行改善,实现更合理的作业方式。而动作改善的技巧即前述ECRS四大原则。

虽然国外在动作分析研究方面的发展速度很快,但是由于动作分析基础工作数量大,还没有普及,所以,大部分国家还处于粗放式生产管理阶段,动作分析还需要进一步研究和改善。

2.国内的动作分析研究现状

我国的动作分析与美日等发达国家相比仍有相当大的历史落差。20世纪80年代初,国内相继引进、学习、模仿了国外的动作研究和应用经验,但是推广力度不大,应用水平不高,工程技术人员和管理人员中了解和熟练掌握动作研究分析的人还不多,国有企业没有从系统角度认识动作研究对企业的价值,同时缺乏社会化的应用环境,如宣传、咨询服务、培训、认证等。

如上所述,我国在动作研究方面与发达国家相比还存在着不小的差距,具体表现如下。

1)动作分析研究宣传不到位,企业缺乏相应的技术人员;

2)动作分析过程较复杂,分析数据量大,耗时较长;

3)企业还没有意识到动作分析对企业科学发展所带来的积极作用,也没有将动作分析与标准工时定额的制定相联系,动作分析仍需不断推广和发展。

6.2.3 动作分析的发展趋势

1)动作分析将会广泛运用到对精益生产系统的改善,结合数据可量化和结果型手段分析来提高资源利用率、合理安排工序、优化产线,做到准时化生产和精益生产。

2)动作分析将会运用到作业设计中,在把产品的功能进行分类之后,将动作分析法引入作业分析中。首先对用户的作业动作进行动作要素分析,然后根据动作要素分析表对不同用户的作业动作图片进行整理、归类和对比,从而让作业分析法操作起来更加规范、清晰、合理及全面,设计师得到有价值的设计概念的可能性也就更大。

3)随着科技的发展和工厂设施的完善,动作分析方法由以动素分析为主向以影像分析为主转化,分析过程由人分析转向以计算机分析为主。

6.3 内容分析与补充

6.3.1 动作分析概述

1.动作的含义

动作是工艺流程和作业的具体实施方法，如为寻找、握取、移动、装配必要的目的物，操作者身体各个部位的每一个活动。动作可大致分为如下四类。

1）加工——改变目的物形状和装配目的物的动作；
2）移动——改变目的物位置的动作；
3）握持——保持目的物形态的动作；
4）等待——无作业、手空闲着的动作。

2.动作分析的定义和内容

（1）动作分析的定义

按操作者实施的动作顺序观察动作，用特定的记号记录以手、眼为中心的人体各部位的动作内容，把握实际情况，并将上述记录图表化，以此为基础，判断动作的好坏，找出改善着眼点的一套分析方法。

（2）动作分析的方法

1）目视动作观察法：分析者直接观测实际的作业过程，并将观察到的情况直接记录到专用表格上的一种分析方法，包括以下两种。

①动素分析法；
②双手操作分析法。

2）影像动作观察法：通过录像和摄影，用胶卷和录音带记录作业的实施过程，再通过放影、放像的方法观察和分析作业动作的方法，包括以下三种。

①高速影像动作分析法（细微动作影像分析）；
②常速影像动作分析法；
③慢速影像动作分析法。

（3）动作分析的用途

1）为减轻作业疲劳、提高工作效率而找出动作存在的问题；
2）探讨最适当的动作顺序，尽量满足身体各部位动作的同时实施；
3）探讨最适合于动作的工、夹具和作业范围内的布置；
4）比较动作顺序、方法改进前后的情况，预测和确认改善的效果；
5）用记号和图表一目了然地说明动作顺序和方法；
6）改善动作顺序和方法，制定最适当的标准作业方法；
7）提高能细微分析动作和判断动作好坏的动作意识。

6.3.2 动素分析

1.动素分析的含义

动素分析是通过观察手、足动作和眼、头活动，把动作的顺序和方法与两手、眼的活动联系起来，详尽地进行分析，用动素记号记录和分类，找出动作顺序和方法存在的问题，如单手等待以及不合理动作、浪费的动作等问题，并加以改进的一种分析方法。

2.动素分析的目的

1）把动作分类归纳为 18 种基本动作，了解每个动作的过程和状态，明确动作顺序、方法，与双手、眼、足、头等人体各个部位动作之间的关系。

2）把握人体各部位是否同时动作。

3）确认各动作的合理性，找出存在的浪费、不合理性和不稳定性。

4）区别必要动作、辅助动作和不必要动作，找出产生后两类动作的原因。

3.动素种类

在进行动作研究时发现：①很多动作均由操作者双手完成；②所有人力操作均包括一些基本动作。由吉尔布雷斯总结成称为"动素"的 17 种基本动作，后由美国机械工程师学会增加一种动素而成 18 项，如图 6-2 所示。

动素定义			分类	A.工作有效推进的动作		
				B.造成工作延迟的动作		
				C.动作本身不能推进作业		
NO	名称	英文	符号	符号说明	分类	定义
1	伸手	transport empty	⌣	手中无物的形状	A	空手移动，伸向目标，又称空运
2	抓取	grasp	⌒	手握物品的形状	A	手或身体的某些部位充分控制物体
3	移物	transport loaded	⌣	手中放有物品的形状	A	手或身体的某些部位移动物品的动作，又称实运
4	装配	assemble	#	装配的形状	A	将零部件组合成一件物品的动作
5	拆卸	disassemble	++	从装配物拆离物品的形状	A	将装配物进行分离和拆解的动作
6	使用	use	U	use 的 U 字形	A	利用器具或装置所做的动作，又称应用
7	放开	release load	⌒	从手中掉下物品的形状	A	抓取的相反动作，放开控制物的动作
8	检验	inspect	○	透镜的形状	A	将目的物与基准进行品质、数量的比较的动作
9	寻找	search	⊙	眼睛寻求物品的形状	B	通过五官找寻物体的动作
10	发现	find	⊙	找到物品的眼睛形状	B	发现寻找目的物的瞬间动作
11	选择	select	→	指定选择物的箭头形状	B	从多个物品中选择需要物品的五官动作

续表

动素定义			分类		A.工作有效推进的动作	
					B.造成工作延迟的动作	
					C.动作本身不能推进作业	
12	思考	plan		手放头部思考的形状	B	作业中决定下一步工作的思考与计划
13	预定位	pre-position		透镜的形状	B	物体定位前先将物体定置到预定位置，又称预定
14	定位	position		物品放在手的前端的形状	B	以将物体放置于所需的正确位置为目的而进行的动作，又称对准
15	保持	hold		磁石吸住物体的形状	C	手握物品保持静止状态，又称拿住
16	休息	rest		人坐于椅上的形状	C	为消除疲劳而停止工作的状态
17	迟延	unavoidable delay		人倒下的形状	C	不可避免的停顿
18	故延	aviodable delay		人睡觉的形状	C	可以避免的停顿

图 6-2 动素的分类

例如，打开啤酒瓶的动素分析表如图 6-3 所示。

左手	动素				右手	分析要点
伸手至酒瓶处，选择啤酒	∪	1	∧		拿起开瓶器等待	1.若什么啤酒都可以的话，则取消选择动作
拿起啤酒瓶	∩	2	↓		拿起开瓶器等待	
移动啤酒瓶到身前	ω	3	ω		移动开瓶器	
拿住啤酒瓶	∩	4	9		移动开瓶器	
拿住啤酒瓶	↓	5	#		将开瓶器套在瓶盖上	2.由于使用不需拆卸的开瓶器，故只使用一个动素
拿住啤酒瓶		6	U		用开瓶器打开瓶盖	
放开啤酒瓶	∩	7	ω		手回归原处	
手回归原处	∪	8	↓		手回归原处	

图 6-3 打开啤酒瓶的动素分析表

动素可分为有效动素、辅助动素和无效动素三大类：

有效动素是进行作业时必要的动作，共 8 种。

1）伸手：空手移动接近或离开目的物的动作。

2）抓取：用手或身体的某一部位抓取或控制目的物的动作。

3）移物：用手或身体的某一部位承受载荷改变目的物位置的动作。

4）装配：使两个或两个以上的目的物合并的动作。

5）拆卸：将一物分为两个或两个以上目的物的动作。

6）使用：利用器具或装置所做的动作。

7）放开：放开由手或身体的某一部位控制着的目的物的动作。

8）检验：将目的物的性能、质量、数量与规定标准相比较的动作。

辅助动素是为完成作业动素而必须的动作，它将会延缓作业动素的实施，作业时间会消耗过多，降低了作业效率，共有 6 种。

1）定位：使手持的目的物与其他目的物取得正确位置关系的动作。
2）寻找：用眼、手等五种感官寻找目的物的动作。
3）发现：在寻找动作后，找到目的物瞬间的动作（有的书上未列此动素）。
4）选择：使用五官从数个物体中选定目的物的动作。
5）思考：以思考为主的理解和判断等心理活动。
6）预定：调整目的物的位置，使其正好处于下一个动作最好朝向的动作。

无效动素是对作业进行无任何作用的动作，是动素分析中一定要设法取消的动素，也称为第三类动素，共有 4 种。

1）保持：用手或身体的某一部位保护目的物，维持原状的动作。
2）迟延(不可避免的延迟)：由机械的自动进给而造成的等待，或双手操作时的某只手的空闲。
3）故延(可以避免的延迟)：不含有效动作，但操作者可以控制的延迟。
4）休息：为消除疲劳，身心活动处于休息状态。

4.动素分析的步骤

第一步：找出作业中存在的问题，决定应进行动素分析的作业。
第二步：动素分析的准备，包括动素分析表、记录纸、秒表、卷尺等。
第三步：动素分析的实施。
1）在分析表中填写必要的事项。
2）观察、分解、记录动作。
3）整理分析结果，填写总结表，将动素记号按左右手分开，填写合计数。
4）画出作业现场布置图。
第四步：讨论分析结果，确定改进方案。
1）找出辅助动素和无效动素多的原因并进行改善，分析双手动作的平衡。
2）采用 5W1H 提问技术和 ECRS 四大原则，确定动作改善检查表。
3）改进基于动作经济原则进行。
4）在确定改进方案后，应作出改进作业后的动素分析表，比较改进前后的动素数，把握改进效果。

5.动素分析的应用场合

1）探讨高效易行的作业方法。用于无论如何观察作业，也不能发现动作所存在的问题以及无论如何思考也制订不出最佳方案的场合。
2）探讨最适当的动作顺序。通过动素分析，可以明白人体各部位用什么动作顺序活动，得到最适当的动作顺序。
3）作为讨论最适当的工、夹具与作业环境布置安排时的参考资料。
4）制定正确易行的标准作业方法。
5）培养动作意识。

6.3.3 动作经济原则及应用

所谓动作经济原则,是指实现动作经济与减轻疲劳的原则,用以改善工作方法。动作经济原则是方法研究的重要工具。它与程序分析、作业分析不同,利用动作经济原则作为方法改进的工具,其重点不是改变整个制造程序的计划、作业标准的内容,也不是更换不良的机器设备和改变生产进度等问题,而是在现有条件基本不变的情况下,科学地使用人的双手及人身的其他部位,以最少的体力、精力的消耗,获得尽可能多的产品,提高动作的效果,提高工人的工作效率,并使他们感到身心舒适、愉快。

动作经济原则的内容包括关于人体的利用、操作场所的布置、工具和设备的设计三个方面原则。

1. 人体的利用原则

1) 双手应同时开始完成其动作,如图 6-4 所示的【实例 1】。

【实例 1】

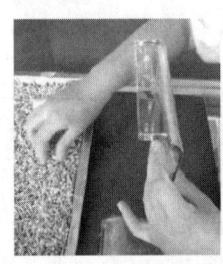  

(a) 改善前

(b) 改善后

图 6-4 【实例 1】

2) 除休息时间外,双手不应同时闲置。

3) 双臂的动作应对称,动作反向并同时进行。

【实例 2】将 M10×25 的螺栓装上三个垫圈组成组件(图 6-5)。

上述三项原则是手部动作的重要原则,即充分利用人的双手。但是人们在习惯上,通常是一只手握持工作物,另一只手进行操作,实际上只是一只手在工作。虽然人的双手效率不同,左手不如右手效率高,但至少可达到右手效率的 80%,不应浪费。为削弱操作人心理和生理上的不平衡感,减少身体有关部位的应力,增进动作效益,双手操作时应同时反向对称地进行相似或相同的动作。

第 6 章 动作分析

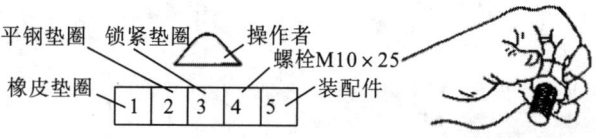

(a) 原操作方法

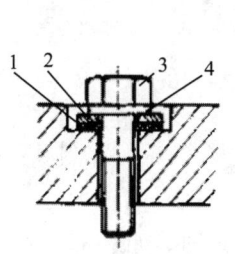

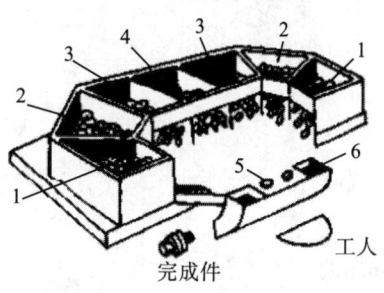

(b) 改良后

图 6-5 改良前后操作方法

1—橡皮垫圈；2—平钢垫圈；3—弹簧垫圈栓；4—螺栓；5—装配槽；6—洞，连滑运槽并通至成品箱

4) 手的动作应以用最低等级的动作圆满地完成工作为准，如【实例 3】和【实例 4】。

【实例 3】电灯开关，旧式需要拨动，新式只需按，现在有些单元楼里是触摸的（图 6-6）。

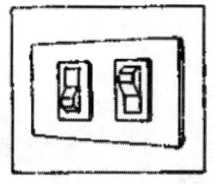 

(a) 旧式开关　　　　(b) 新式开关

图 6-6 电灯开关

【实例 4】办公桌设计（图 6-7 和表 6-1）。

动作等级是根据身体各部位必须围绕其活动的枢轴来划分的，如表 6-1 所示。

表 6-1 动作的等级表

级别	枢轴	活动的身体部位
1	指节	手指
2	手腕	手和手指
3	肘	前臂、手和手指
4	肩	上臂、前臂、手和手指
5	躯干	躯干、上臂、前臂、手和手指

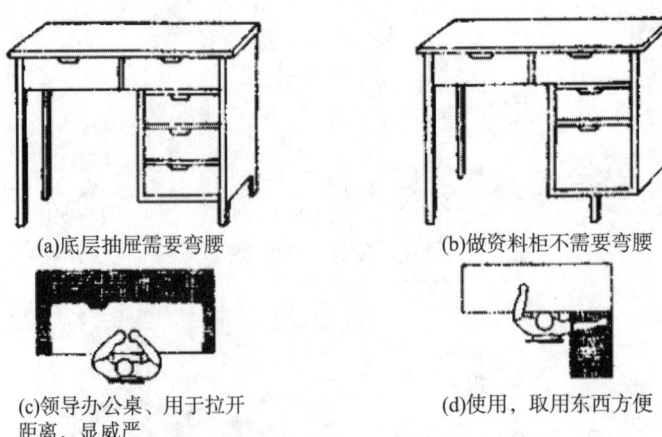

图 6-7 办公桌设计

从表 6-1 中可以看出，级别越高，活动的身体部位越多。因此，利用最低级动作显然节省人的体力消耗，减少工人的疲劳。动作等级越低，所耗时间越少，使用较低级动作完成工作，可节省操作时间，提高工作效率。在布置工作地时，如能将所需要的物料都放在容易抓取的范围内，就会使操作者的动作等级达到最低。

5) 不管在何处，应使惯性有助于工人，如果必须以体力来消除惯性，则务必设法减少到最低限度。

6) 连续的曲线运动，比含有方向突变的直线运动好，如图 6-8 所示。

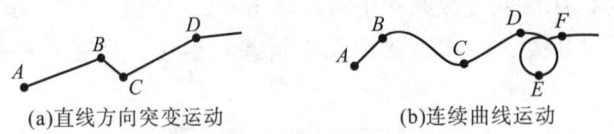

图 6-8 直线和连续曲线运动对比

7) 弹道运动比受限制的或受控制的运动更快速、更方便和更准确，见图 6-9。

图 6-9 弹道运动

根据生理学家的研究，人的手或身体其他部分的运动，是由两组肌肉控制的，一组推向前，一组推向后，两组肌肉互相协调，当前推与后拉的力量相等时，手就停止不动。所谓弹道式的运动，即在前推（或后拉）之后，就不再用后拉（或前推）的肌肉，如此，可节省一半的力量，即一经用力之后就不加限制而利用其动量来完成工作。

8）运动应尽可能使其轻松、自然、富有节奏，因为节奏性能使运动流利及自发。

2. 操作场所的布置原则

1）工具、物料应置于固定的场所。工具、物料依一定次序放置于固定位置，可以帮助操作者形成习惯，习惯一旦养成"自动性"，操作者可以不经考虑思索，就能顺利进行工作，以最少的精力消耗而完成其操作。否则，操作者需花费相当大的心力及眼力去做"寻找"和"选择"等非生产性动作。

2）工具、物料和操作装置应布置于操作者前面近处。

3）传送零件、物料的传送装置应尽可能靠近装配或使用的地方。

4）尽可能在各处使用吊车传送。

以上四项原则的正确贯彻，可以减少人员、物料的移动距离，减少人体动作（如转身、跨步、弯腰、起身等），从而提高动作的效果和减轻疲劳强度。

5）工具、物料应依照最佳的工作顺序排列。按各种工具使用的频率来设计摆放的位置。

6）应有适当的照明设备，使视觉满意舒适。照明是影响操作疲劳程度及工作效率高低的直接因素。任何一种工作均需要有适当的光线（包括光线的强度、颜色及方向），方能使操作者看清工具、物料及各项动作，保证其操作的质量，不良的照明必然使眼睛要花更多的努力以达到工作的目的。要花更多的时间检视工具、物料位置，其结果必然会增加眼睛的疲劳，降低操作效率。

7）工作台及椅的高度应使工作者坐立适宜。一般来说，坐着工作的工作台高度约为74cm，站着工作的作业台为91～100cm，而椅子的高度在坐着工作时为40～48cm，站着工作时的高度为70～80cm。

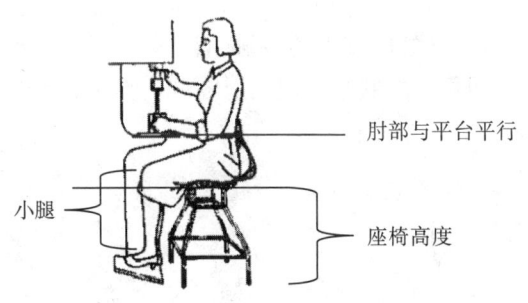

图 6-10 工作台及工作椅的高度

工作椅的样式及高度，应使工作者保持良好的姿势，工作姿势是影响工作效率的因素之一。工作姿势取决于工作场所内工作台椅的设计。工作者坐立感觉舒适，坐立皆可，能随意变换姿势，舒张肌肉，可以减少疲劳。

3. 工具和设备的设计原则

1）尽量解除手的工作，而以夹具或足踏工具代替。用夹头、夹具代替手执行的"握持"动作，或利用足踏方式代替手执行其他操作，可以腾出双手做其他具有生产性的动作，可以成倍地提高生产率，同时也解除了手的疲劳。

【**实例 5**】用脚操作的转盘，以调整工件位置，使双手可以完全从事焊接（图 6-11）。

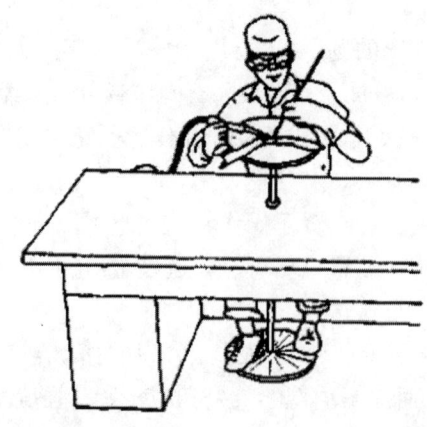

图 6-11　用脚操作的转盘，使手从事焊接

2）可能时，应将两种或两种以上工具合并使用。将两种或两种以上的工具合并为一件，可以减少放下一种工具再换另一种用途的工具的动作，这样既可减少手的疲劳，又能提高工作效率，如图 6-12 所示。

3）工具、物料应尽可能预放在工作位置上。工具、物料事先放在预定的工作位置上，可以减少工作中的"延迟"，有利于对人和机器时间的利用，提高工作效率。

4）手指分别工作时，应根据手指的本能分配其负荷量。一般来说，人的右手比左手灵巧，食指比无名指和小指敏捷，这是一种难以消除的、天赋的能力差异。若在工作时，按手指的本能分配其负荷量，可以减少操作时间，减少手指的疲劳，提高工作效率。

5）手柄的设计，应尽可能使之与手的接触面积增大。手柄与手的接触面积大，可以避免由使用压力集中在小面积的皮肤上造成的对皮肤的损害，减少手的疲劳，提高工作效率。如图 6-13 所示的设计可增大摩擦力。

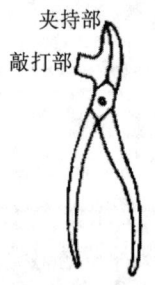

图 6-12　钳锤

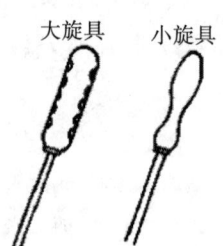

图 6-13　大旋具与小旋具

6）机器上杠杆、十字杠及手轮的位置，应使操作者极少变动其姿势，且能利用机械的最大能力。

7）动作经济原则的基本思想：充分利用双手和身体其他部位，创造舒适的工作条件，减轻工作人员的疲劳，提高动作的效果。动作效果的大小决定于动作单元的多少和动作移动距离的长短。因此，应用动作经济原则，应抓住以下四个方面：①两手同时使用；②减少动作单元；③缩短动作移动距离；④舒适的工作条件。

6.4 教育教学环节设计

6.4.1 自主学习与教学指导

1.重点、难点

（1）重点

1）动作分析的定义以及目的；

2）18种基本的动素、动素的分类（有效动素、辅助动素、无效动素）；

3）动素分析的方法和步骤，学会分析具体的作业过程；

4）动作经济原则的定义和其三条基本原则的具体内容；

5）理解动作经济原则能解决哪些实际操作和布置问题；

6）理解并学会灵活应用动作经济原则改善作业流程和作业现场布置。

（2）难点

1）利用动素分析分析作业过程，找到辅助动素和无效动素并尽可能地避免辅助动素和剔除无效动素；

2）利用动作经济原则对动作方法，作业现场布置和工、夹具与机器进行改善和优化。

2.自主学习内容及注意事项

1）理解并掌握本章的概念、定义、各分析方法和动作经济原则；

2）针对生活中的操作过程，如食堂打饭、开水房打水、自动提款机取钱、起床等过程，利用动素分析方法加以分析，加深对动素分析方法的理解；

3）搜集一些工厂作业流程及布置图或图片，然后利用动作经济原则对图片加以分析，并给出一些合适的建议和改进方法；

4）总结日常生活中做事方法和特点以及所接触事物的设计和使用特点，发现其哪些地方可以改善，以提高人们的生活效率和质量。

3.教学指导注意事项

1）多讲解一些车间工作现场作业流程和车间现场布置的改进过程和思路，培养学生的问题意识和动作意识；

2）挖掘学生潜力，激发学生兴趣，采用开放性思维教学，开展班级小组案例讨论，使学生利用所学知识对车间的具体布置进行分析；

3）引导学生主动思考，打开和拓宽学生思维，培养学生的逻辑思维能力；

4）向学生推荐一些有关动作分析的资料和书籍，扩充学生的知识面和眼界，如《动作与时间研究——提高生产率》《工业工程典型案例分析》。

6.4.2 案例教学设计

为培养学生的实践和动手能力,设计以下案例教学。

【**案例 1**】以螺母的装配为背景,分析螺母的装配流程、台面布局和操作工的工作,然后对其加以改进和优化。

螺母装配台面布局如图 6-14 所示。

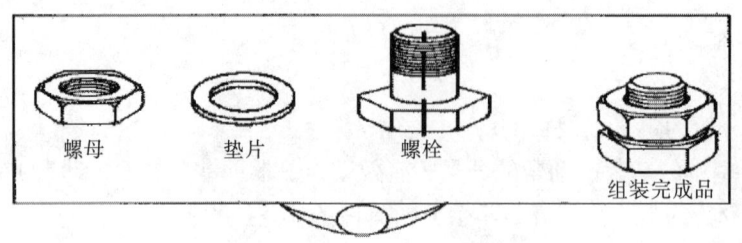

图 6-14 螺母装配台面布局

案例设计目的包括以下五个方面。
1)巩固学生所学基础知识;
2)培养学生思维模式;
3)增强学生的口头表达能力;
4)锻炼学生的团队合作能力和凝聚力;
5)培养学生的问题意识和动作意识。

步骤一:让学生根据动素分析的方法和步骤分组讨论,完成动素分析表,表格式如表 6-2 所示。

表 6-2 螺栓、螺母装配作业动素分析表

作业要素	NO	右手动作		眼睛	右手动作	
		内容	记号		记号	内容
1.取螺栓	1	延迟	∾		∪	伸手至螺栓
	2	延迟	∾		∩	选择并抓取螺栓
	3	延迟	∾	↻	⌒9	拿向右手的同时对准位置
	4	拿住右手运来的螺栓	∩		⌒	放开右手
2.套上垫片	5	螺栓位置对准	⊓		∪	伸手至垫片
	6	持住螺栓	⊓	↻	∩	选择并抓取螺栓
	7	持住螺栓	⊓		⌒9	将垫片运至左手并对准位置
	8	持住螺栓	⊓		9	将垫片对准螺栓
	9	持住螺栓	⊓		#	套入垫片
	10	持住螺栓	⊓		⌒	放开垫片

续表

作业要素	NO	右手动作 内容	右手动作 记号	眼睛	右手动作 记号	右手动作 内容
3.装上螺母	11	持住螺栓	⌒		∪	伸手至螺母
	12	持住螺栓	⌒		∩	拿取螺母
	13	持住螺栓	⌒	↻	୧୨	将螺母运至左手并对准位置
	14	持住螺栓	⌒		୨	螺母对准螺栓
	15	持住螺栓	⌒		#	组合螺栓与螺母
	16	持住螺栓	⌒		∪	旋入螺母
4.放下已组装物品	17	放下已组装物品	⌒		⌒	组合好的部件运至存放处
	18	延迟	⌢		⌒	放开组合件

步骤二：提供现场作业视频，全面地检讨作业现场的整体环境，包括地面、机械布局、材料摆放、工具位置及环境照明与温度。完成螺栓螺母装配作业动素时间流程表，如表6-3所示。

步骤三：动素分析改善实践。

1）让学生讨论，尽可能多地发现问题。

这个装配作业有以下三点问题。

①作业空间过于开阔。作为螺栓、螺母的装配作业，作业空间过大，首先作业台过大，其次零件供应箱过大。

②只使用右手。通过动作分析发现，只有右手在作业，左手几乎只是在持住螺栓而已。

③左手的等待。当右手放置已装配完成的螺栓、螺母并取螺栓时，左手处于等待状态。

2）讨论确定改善目标（T，target）。

表6-3 螺栓螺母装配作业动素时间流程表

作业时间	NO	左手动作 内容	左手动作 记号	左手动作 时间/s	通用时间	右手动作 时间/s	右手动作 记号	右手动作 内容	NO
1.取螺栓	1	延迟	⌢	34		14	∪	伸手至螺栓	1
					20	4	∩	选择并抓取螺栓	2
						16	୧୨	拿向右手的同时对准位置	3
	2	拿住右手运来的螺栓	∩	44	40	4	⌒	放开右手	4

续表

作业时间	左手动作				通用时间	右手动作			
	NO	内容	记号	时间/s		时间/s	记号	内容	NO
2. 套上垫片	3	螺栓位置对准	⊃	6	60	14	⌣	伸手至垫片	5
						4	⌒	选择并抓取螺栓	6
						14	⊃	将垫片运至左手并对准位置	7
						4	⊃	将垫片对准螺栓	8
				80	6	#	套入垫片	9
						4	∽	放开垫片	10
3. 装上螺母	4	持住螺栓	∩	106	100	16	⌣	伸手至螺母	11
						4	⌒	拿取螺母	12
						14	⊃	将螺母运至左手并对准位置	13
					120	4	⊃	螺母对准螺栓	14
						4	#	组合螺栓与螺母	15
					140	24	U	旋入螺母	16
4. 放下已装物组品	5	放开已组装物品	∽	4	160	12	⌣	组合好的部件运至存放处	17
	6	延迟	∽	12		4	∽	放开组合件	18

改善目标有以下三点。

①作业周期减少(cycle time，CT)。

现在的 CT 是 16.6s，设定目标为 10s，减少 6.6s。

②效率提高到 166%。

现状是 100%的话，改善后的生产效率提高 66%。

③空间减至 1/2。

没有任何工装的作业，全部手工作业的情况下空间过大，因空间太大造成零件分离放置，空间减少一半，够作业空间即可。

3）改善实施(Do)。

将改善目标在脑中进行描绘(image)，使结果具体化，并制订一天的工作计划(plan)，至此，target、image 和 plan 全部完成。

①将零件置于小臂范围内。

将零件从现在的位置向作业者靠近，置于人体正常作业范围内，将以肩为轴的取料动作改为以肘为轴的小臂动作。

②作业台空间减 1/2。

随着零件箱的拉近，作业台的多余空间变成浪费，如图 6-15 所示，从而将作业台的作业区缩减 1/2。

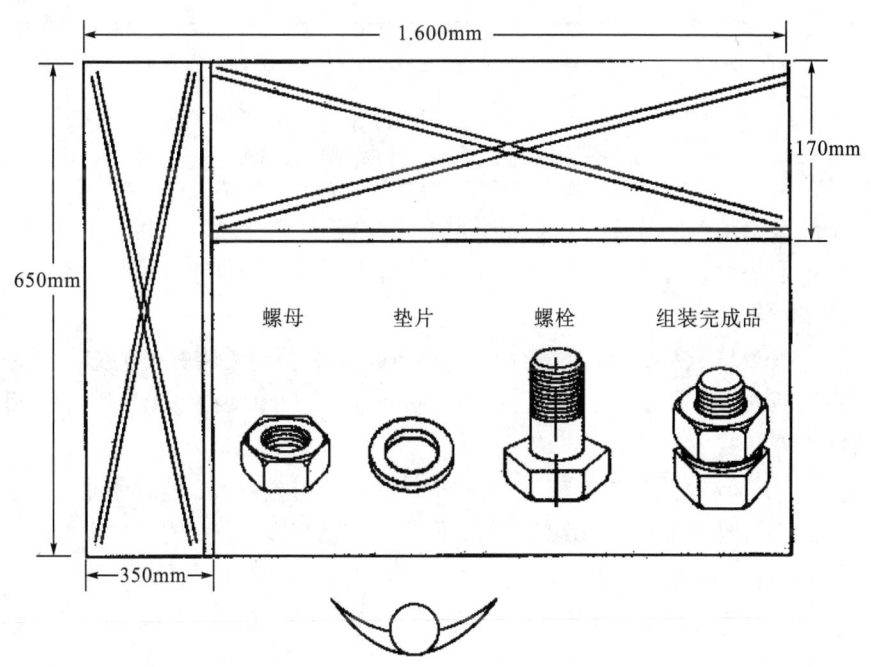

图 6-15　作业台缩减 1/2 改善图

③动素的改善。

左手几乎都是延迟与持住的状态，并无作业。相反右手几乎全是拿来拿去的移动，空手移动过多，如图 6-16 所示为现状双手动作线路。

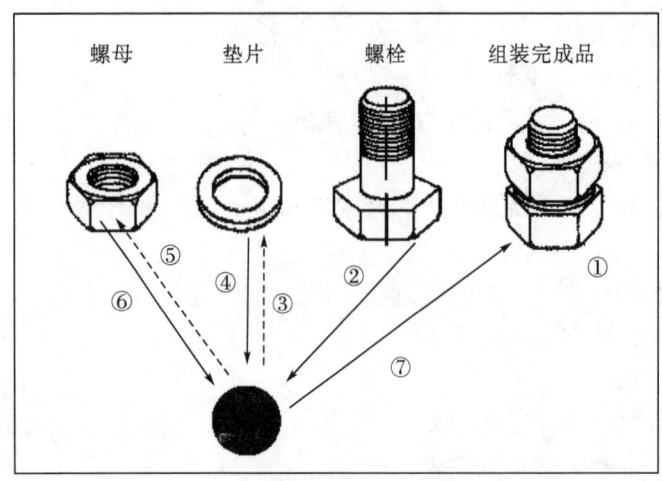

图 6-16 现状双手动作线路

因此根据双手作业原则,首先去除螺栓从右手拿给左手的交换动作,左手取螺栓,此时再将左手的空运取螺栓改为放置成品的同时取螺栓。右手动作则变为取螺母与垫片,大量减少了重复动作,在取螺母之后连续取垫片则减少了往复动作距离。至此两手动作变化如表 6-4 所示。

表 6-4 改善后双手动作

左手	右手
①成品放置	①取螺母
②取螺栓	②取垫片
③拿住	③组合螺栓、螺母及垫片

下一步的改善是在同时连续作业的原则下,减少右手取垫片的难度,在拿起螺母的同时用手指尖再取垫片,这样就可以减少装配时的手指动作。为将垫片一个一个供给,需要一个简单的垫片供给器。

左手动作是放置成品的同时取螺栓,那么在取到螺栓时就将螺栓的方向同时朝向右手。在回到胸前动作过程中,左、右手在途中进行装配,此时因为装配位置需要确认,所以需尽可能将左、右手靠近。

小料盒装载,小批量供料改善。半天一次供料造成料盒较大,同时作业幅度也大,将每半天一次的供料改为每小时一次的供料,回收空的物料盒,一小时一次填装供料,以空盒为标志推进作业。随着一小时一次的小料盒供料的改进,作业幅度也小了许多,动作范围也相应缩小。但要保证无论何时手边都有零件,即 FIFO(first in first out,先入先出)的准则。

步骤四:让学生设计新的操作台布置图,对操作台进行改进,如图 6-17 所示。

步骤五:评价。对各组设计的方案加以评价,并由各小组指出改善重点在哪,改善后效果是否明显。改善重点可查看表 6-5。

表6-5 动素分析改善重点一览表

改善方向	动作优化		减少注意力	减少（去除）			工装化
具体手法 动素	肢体协调优化	前后动素连接与替代		减少每次运动量	减少次数	去除	简单的工具
∞	1. 眼睛上下移动改为左右移动 2. 改善作业面积、减少手面的照明		1. 做记号 2. 涂上色彩 3. 目标物品的规格大小易于眼睛辨别	1. 缩短眼睛的移动距离 2. 将物品放在视野范围内 3. 利用镜子	减少眼球运动次数	1. 位置固定以去除选择 2. 自动化以去除此作业	1. 通过镜子观看 2. 利用反射镜改善照明 3. 透底的利用 4. 分格盘、透明容器
∩	1. 改变受力面、减少手的压力 2. 抓取部位设为易于拿取的形状 3. 设定防滑位	1. 改变放置方式使其易于抓取 2. 改变肢体部位（如用脚）	标识抓取位置，如手握位、足踏位		增加一次抓取的个数，减少动作次数	1. 组合工具去除某些动作 2. 减少搬运中多余的换手动作	1. 手套 2. 胶手指 3. 利用针形物置容器、剪刀等专用工具
ω	1. 以肘为中心的移动路线 2. 手左右对称地移动 3. 上下移动途中的方向改变改为水平移动 4. 速度调整利用加速度或惯性	1. 尽可能同时进行其他动素 2. 用不同部位执行（如脚）	去除移动途中的障碍物	1. 缩短搬运距离 2. 减轻重量 3. 减少身体重心的上下移动 4. 使用凳子 5. 手工搬运→滑动运输→滚轴运输	1. 增加单位运量 2. 两手同时运动	1. 利用重力或动力去除此动素	1. 平滑路面 2. 易于滑落的合滑槽（轨）
⊙	1. 护腕时垫片的利用 2. 其他同∩	1. 下一动素配合适应部位放置 2. 移动的中途放开	消除放手时的注意力		同 ∩ 一样	同 ∩ 一样	1. 承接容器 2. 避免损伤的装置
98	1. 工装机械的操作点角度调适 2. 其他与⊙相同	改为不需98所需注意力	减少消除98所注意力	98的范围缩小并明确标识	设法提高每次持住的数量	设计成不需对准的形状	1. 导向装置 2. 限位设计 3. 工具装置
Π		操作方向、旋转方向圆滑过渡	1. 减少器具、机械设备等在使用时的注意力 2. 将操作进行标准化，从而提高熟练度	1. 减少取出及装入时的摩擦 2. 减轻操纵柄 3. 减少操控杆（盘）的动作幅度 4. 设定操控限位 5. 机械设备集中操作			1. 夹紧装置 2. 吊钩之类的悬挂手段
‡Π	1. 与⊙相同		1. 使用样板 2. 检测设备的多余动作	与Π相同	1. 几个同时进行监视 2. 集中监视	通过自动调节装置进行排除	1. 导轨、导向 2. 限位 3. 利用杠杆、螺杆、链杆、凸轮等机构 4. 利用重力
0	动作方向与作业的进行方向圆滑进行	1. 合并组合两个以上的动素 2. 用身体的不同部位替代手工作 3. 尽可能多利用左手	1. 减少眼球的多余动作及不必要判断 2. 增加自动性 3. 整理、调整 4. 固定位置减轻重量	1. 利用重力及动力 2. 不做方向方向的作业 3. 缩小作业范围	多个同时作业	1. 合并动作、消除动作 2. 适当利用工具消除某些动素	1. 使计测工具方便读取 2. 简化计测工具 3. 设计更加方便作业的工装、在形状、性能、精度上进行改善并标准化

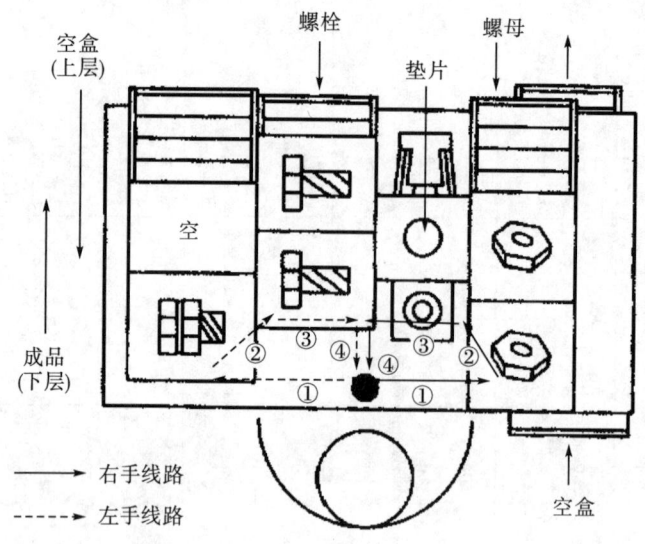

图 6-17　改进后的操作台布置图

6.4.3　讨论与展示

本章主要讨论的知识点有以下四个。

1）动素分析和改善时如何确保员工接受和使用改进后的操作方案；

2）分析改善生活中的主要操作流程后，怎么改变自己的生活习惯和动作习惯；

3）如何利用动作经济原则对自己的上课过程加以分析，包括坐姿、记笔记、思考和讨论问题等；

4）对动作经济原则内容及应用进行讨论。讨论内容主要包括教材中 6.5.1 节案例：2、7、10、11、19、21、25、36（此处对应《基础工业工程》第二版的内容）。总结各案例运用了哪些原则，做了哪些改善。

6.4.4　教学过程评价

1.评价目的

为了提高教学质量，考察学生学习状况，制订此教学评价方案。

2.评价方法

1）教师讲课时由本专业其他教师旁听，并对本次教课老师的教课方式和教课内容加以记录，课后教师集体讨论分析，改善教学模式；

2）学生每周对教师的教学内容和方式加以分析总结，向教师提交其建议；

3）教师考察学生的学习兴趣，定期抽查学生作业完成状况，对未完成作业的学生给予上讲台讲解作业的机会，这样更能督促学生学习。定期了解学生的知识掌握状况，利用提问、讨论、互问互答等形式对所学知识加以巩固。

3.评价指标

（1）教师自我评价指标

1）所选用的方法和策略是否符合学生的特点；

2）能不能维持学生的注意和兴趣，能不能促进学生的理解和记忆；

3）对排除影响教学顺利进行的智力障碍和情绪障碍有没有好处，能给学生带来多大的满足感；

4）是否有助于培养学生的逻辑思维能力，能否有效地培养学生的创新精神和实践能力；

5）教学内容是否吸收了本领域的最新成果，反映了学科发展的最新动态；

6）从授课过程中判断是否精选了教材，选材是否根据学生的兴趣和学科的特点，是否对日常生活有实用价值；

7）从讲授的内容上判断知识体系是否完整，条理是否清楚，层次是否分明，是否注意到了前后呼应和触类旁通；

8）从教材难易程度上判断重点是否明确，难点是否可以解决。

（2）学生评价指标

1）在通过新的教学设计方案的教学后，学生在认知、情感及动作技能方面的达标程度；

2）通过学生在课堂上的表现来分析学生对新方案实施的反应，例如，可以从表情上分析学生对讲课内容和速度的适应性；可以从课堂提问中分析学生对课程的理解程度。

3）从课堂秩序上分析学生对学习的注意或投入程度、学生是否有学习的需要和要求、学生是否乐意在教师的指导下学习等。

4. 调查结果分析

对以上指标进行调查分析，找到教学上的问题，针对问题对教学过程加以改善。

6.5 典型实例分析及复习思考题

6.5.1 典型实例分析

【实例1】改进散热片，减少手持动作。

在电子产品装配过程中，需手持电子元件，将电子元件上的装配口与散热片上的装配口对齐，右手进行装配，如图6-18所示。改善方案为把散热片电子元件卡槽两边的金属翼各向内移动3mm，这样制作出来的散热片的卡槽正好与电子元件本身宽度一致，省去了左手在装配过程中的"握住电子元件"动作。

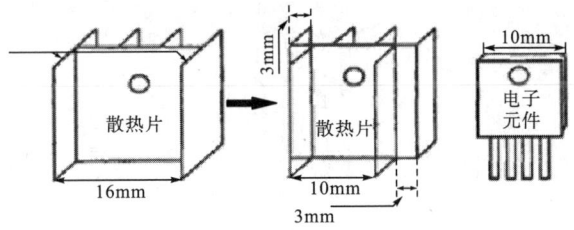

图6-18 装配图

【实例2】通过作业现场的布置减少移动距离和转身次数。

如图 6-19 所示，将压缩泵的六大核心部件摆放在固定的定制托盘中，改善前的工人移动路线如下：定置托盘—汽缸—定置托盘—上轴承—定置托盘—曲轴—滚套—定置托盘—下轴承—定置托盘。改善后的工人移动路线如下：定置托盘—汽缸—定置托盘—上轴承—下轴承—定置托盘—曲轴—滚套—定置托盘，减少距离 2.2m，减少转身次数 2 次。（摘自冯欣，陈晓波，袁静 2005."工作研究"应用于生产过程的改善[J].中国质量，9:82–84.）

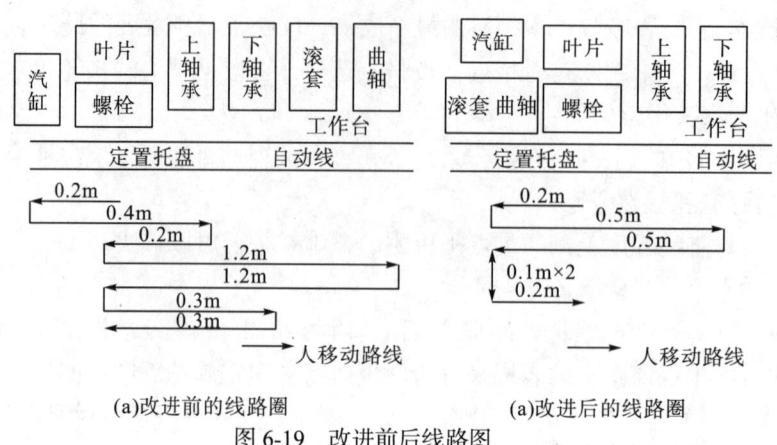

图 6-19　改进前后线路图

【实例 3】多功能夹线钳。

该多功能夹线钳将钳子、螺丝刀、标志线序和夹线钳的功能集于一体，见图 6-20。

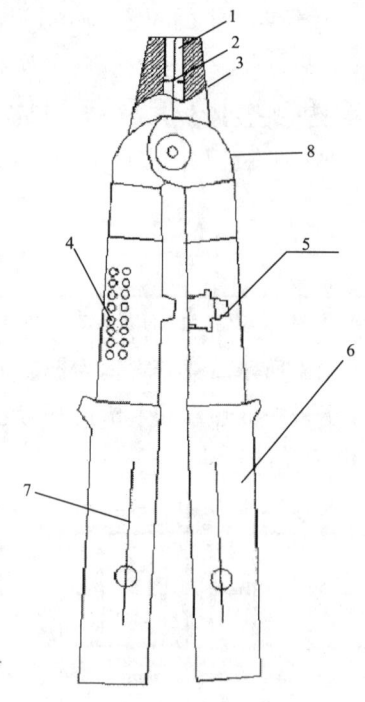

图 6-20　多功能夹线钳

1 圆形空腔，2 切线剥皮刀，3 钳夹，4 线序标识，5 水晶头线卡座，6 钳柄，7 螺丝刀头，8 钳体
参考资料：一种多功能夹线钳 http://www.google.com/patents/CN201927880U?cl=zh&hl=zh-CN

【实例 4】 散热片安装物料摆放时，通过把物料箱布置成圆弧形缩短动作距离。

改善前物料箱呈一字形排列，最远处的物料箱在人体正常作业范围以外。改善方案将物料箱布置成圆弧形，使其全部分布在人体正常作业范围以内，缩短了动作距离，以散热片安装物料箱摆放为例，如图 6-21 所示。

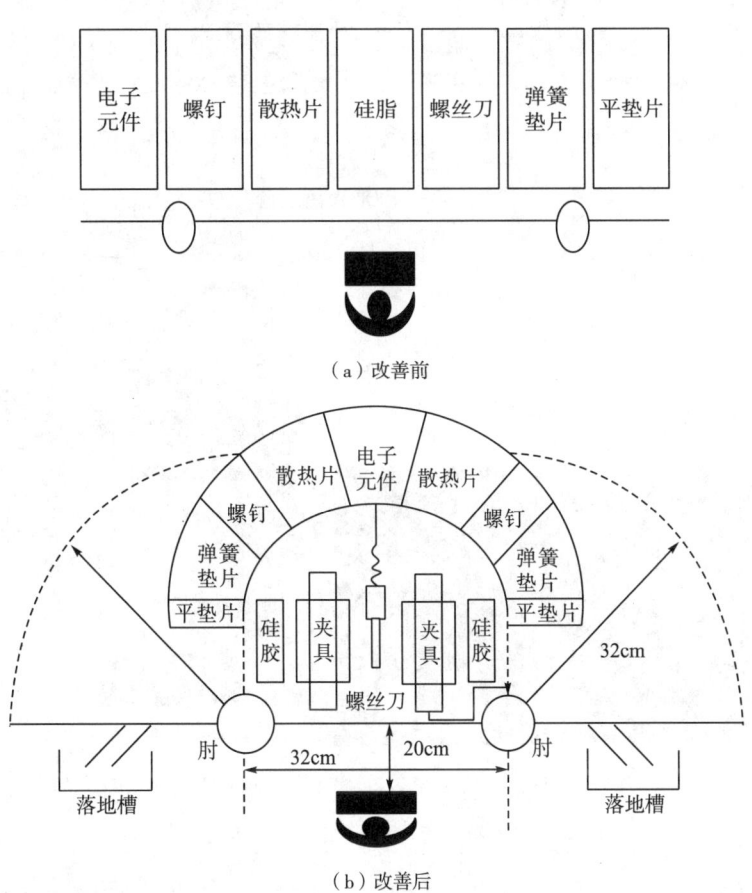

图 6-21 改善前后的散热片安装物料箱摆放

【实例 5】 双通道出纳台轻快动作——作业现场布置。

常见出纳台为单通道，顾客和营业员提取材料不方便，尤其是营业员拿取材料每次都要向上抬手、往下伸手，容易患手腕职业病。改善后设置成一端开口的半凹形双通道，一个为递进通道，一个为递出通道，如图 6-22 所示。营业员和顾客在拿取材料时手腕处于顺直状态，减少疲劳度，并且前一顾客在递出窗口等待完成服务时，下一顾客可以将材料放入递进通道，等待服务，缩短等待时间。

【实例 6】 改变公交车厢内扶手及栏杆形状以适应不同身高乘客的需要。

改善前车厢内扶手及栏杆与地板垂直，不能满足不同身高的人的需要，不符合人在站立时腕部、手臂舒适性要求，改善后由地板平面到高度为 175cm 之间的这段竖杆仍然为竖直杆，将高度以上的直杆改为向车顶两侧过渡的渐变圆弧，以适应不同身高乘客的需要，如图 6-23 所示。

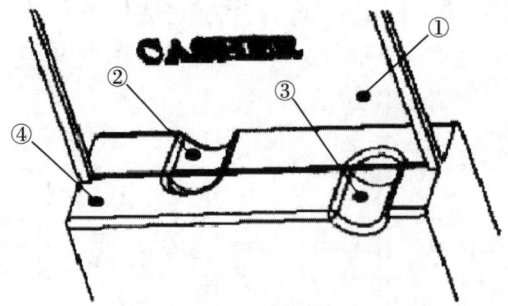

图 6-22　双通道出纳台

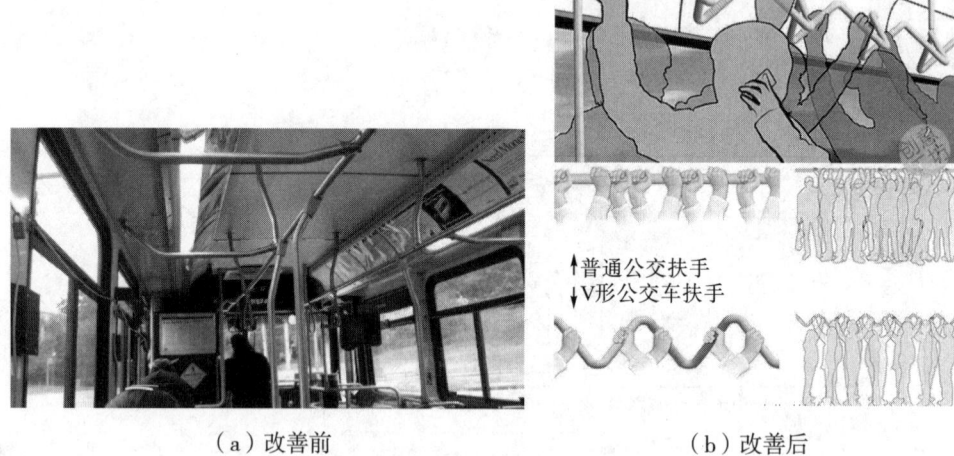

（a）改善前　　　　　　　　　　　　（b）改善后

图 6-23　改善前后的公交车厢内扶手及栏杆形状

6.5.2　复习思考题

一、问答题

什么是动作分析？动作分析的目的与用途是什么？

解答　（1）动作分析的定义

按操作者实施的动作顺序观察动作，用特定的记号记录以手、眼为中心的人体各部位的动作内容，并将记录图表化，以此为基础，判断动作的好坏，找出改善点的一套分析方法。

其目的是把握动作的现状，找出问题点并加以改善。具体有以下四个方面。

1）了解操作者身体各部位的动作顺序和方法；

2）了解以两手为中心的人体各部位是否能尽可能同时动作，是否相互联系；

3）明确各种动作的目的，动作过程中的必要动作和不必要动作；

4）了解在必要的作业动作中两手的平衡。

（2）动作分析的用途

1）为减轻作业疲劳、提高工作效率而找出动作存在的问题；

2）探讨最适当的动作顺序、方法以及人体各部位动作的同时实施；

3）探讨最适合于动作的工、夹具和作业范围内工件，材料，工、夹具的位置布置；

4）比较顺序、方法改善前后的情况，预测和确认改善的效果；

5）用记号和图表一目了然地说明动作的顺序和方法；

6）改善动作的顺序和方法，制定最适当的标准作业方法；

7）提高能细微分析动作和判断动作好坏的动作意识。

二、应用题

1. 钻孔作业动素分析

要素作业：①左手放置钻孔完毕的工件，右手取将要钻孔的工件；②通过对光用左手对工件定位；③右手搬下钻床的操纵杆，钻孔；④重复②、③步，钻完全部4个孔。

解答　如表6-6所示为钻孔作业动素分析表。

表6-6　钻孔作业动素分析表

左手		动素		右手	分析要点
移动工件到B处	◡	1	◠	离开钻床操纵杆(放开)	
移动工件到B处	↓	2	◡	伸手到A处	
放开工件	◠	3	∩	握取工件	
手回到原处	◡	4	◡	移动工件到钻床上	一般不表示眼的动作，但本例定位精度为0.3mm，要对光确认，故表示了眼的动作
握取工件	∩	5	◠	放开	
对准钻孔位置(定位)	9	6	◡	伸手到钻床操纵杆处	
对准钻孔位置(定位)	↓	7	∩	握取操纵杆	
对准钻孔位置(定位)	↓	8	⌒	等待	
拿住工件	∩	9	U	操纵钻床、钻孔(使用)	
移动工件	◡	10	⌒	等待	

2. 请观察日常的生活与生产活动，举例找出一些违反动作经济原则的事例，并指出应如何改善。

第 7 章 秒表时间研究

7.1 主要内容、特点及学习要求

1.主要内容
1）秒表时间研究的含义、特点及适用对象；
2）秒表时间研究的工具（秒表、记录板、时间研究表格、测量工具等）；
3）秒表时间研究的步骤，见图 7-1；
4）秒表时间研究常用的几种评定方法；
5）秒表时间研究的案例分析。

图 7-1 秒表时间研究的步骤

2.特点
秒表时间研究采用抽样技术进行研究。抽样调查是一种非全面的科学的调查方法。它是按随机的原则，抽选总体中的部分单位进行调查，以推断总体的有关数据的方法。秒表时间研究以生产过程中的工序为研究对象，在一段时间内，按照预定的观测次数，利用秒表连续不断地观测操作者的作业，然后以此为依据计算该作业的标准时间。由于观测的时间是限定的，而且是连续观察的，所以是密集性抽样。

由于测定时间的选择完全是随机的，无任何主观意图的影响，观测结果应具有充分的代表性。另外，用秒表测时法进行观测的次数是根据科学的计算确定的，是能保证规定精度要求的次数。观测结果的误差可在观测之前根据抽样的次数和总体中各单位时间标志的差异程度，事先通过计算，将其控制在一定范围之内，因此计算结果比较可靠。

3.学习要求
1）理解时间研究的含义、特点；

2）能够看懂不同类型的秒表读数；

3）能够确定秒表测时需要观测的数据次数（掌握误差界限法、d_2值法）；

4）在理解测时原理的基础上，正确掌握测时的步骤与方法；

5）能够合理确定宽放时间，掌握宽放时间的确定方法如连续观测法、工作抽样法、宽放种类及给值法等，制定标准时间（图7-2）。

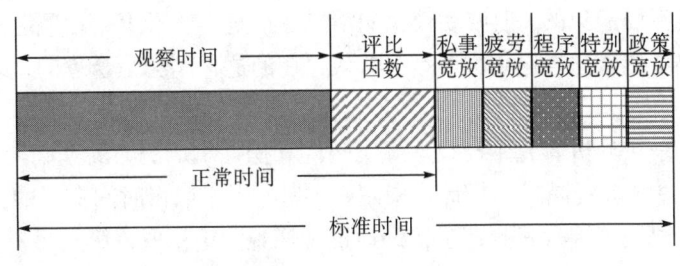

图 7-2　标准时间

4.能力培养要求

1）掌握有关秒表时间研究工具的使用；

2）掌握秒表时间研究的具体步骤（除了掌握科学的测量方法，还要有良好的沟通能力，获取观测者的信任和合作，保证观测数据资料的准确性，取得时间研究成功）；

3）掌握常用的评定方法，如速度评定法、平准化法、客观评定法以及合成评定法。

7.2　秒表时间研究的发展历史、现状和趋势

7.2.1　秒表时间研究的发展历史

时间研究的方法主要有经验估工法、统计分析法、技术测定法与工作抽样法。

最初的标准工时测定是由定额人员、技术人员和有经验的老工人组成估工小组，根据产品设计图纸、工艺规程、工装条件和设备状况，以及生产组织形式，凭各自的实践经验来估计工时定额。估工有粗细之分。粗估工是按整个工序估算。细估工是按工序各组成部分分别估算，然后汇总确定工序的工时定额。此法的优点是简便易行，工作量小，制定定额快，并有一定群众基础；缺点是单凭经验，技术根据不足，受估工人员主观因素的影响大，难免出现偏高或偏低等现象，因而定额的准确性较差。常用于单件小批生产，以及新产品试制和临时性生产中。

第二阶段标准工时测定是根据过去生产的同类型产品(零件、工序)的实际工时消耗和完成定额的统计资料，并分析当前生产条件的变化，通过计算确定定额。此法以较多的统计资料为依据，比经验估工法更能反映实际情况。但是也存在一定缺点。由于它依据的是过去的统计资料，其中可能有某些不合理的因素，例如，在实际消耗的工时中包括了一部分浪费工时、加班加点时间，原始记录不准等，必然要影响到制定定额的准确性，使定额水平不够先进、合理。为提高统计分析法制定定额的准确程度，必须建立和健全原始记录，

特别是要加强对统计资料的整理、分析工作，剔除其不合理部分，还要考虑当前生产条件和过去条件相比发生了哪些变化，这些变化对定额有什么影响。一定要把提高劳动生产率的各种可能因素，如推广先进的操作方法，采用新工艺、新技术等考虑进去。此法常用于生产比较正常、产品比较稳定、品种较少、原始记录和统计工作比较健全的情况。采用统计分析法制定劳动定额时，不能用算术平均法求取的总平均值作为定额。因为生产数据存在一定的波动是不可避免的，但波动较大的情况往往是由管理上存在问题所造成的。如果用算术平均法或中位数法确定定额，等于默认存在的这种问题是合理的，这样会把劳动定额定得偏低。

技术测定法是在分析研究生产技术组织条件和挖掘生产潜力的基础上，对组成定额的各部分时间，通过实际观测或分析计算来制定定额。由于取得时间资料的方法不同，它又可分为两种：一种是直接时间测定法，即通过现场观测记录取得第一手资料来制定定额。它是作业测定的基本方法。这类方法最有代表性的有秒表时间研究法和影像法。另一种是间接时间测定法，即根据事先制定的工进定额标准来计算制定定额。属于这类方法的主要是 PTS 法（预定动作时间标准法）。采用这两种方法制定的定额都称为技术定额。技术测定法的优点是比较科学，有一定技术根据，较准确。在实际工作中应根据不同情况采用不同的方法。例如，秒表法和影像法因工作量太大，只适用于大批量生产和单件小批生产中的典型零件或工序。

7.2.2　秒表时间研究的研究现状

时间研究指以测时器为主要工具，对作业诸要素所需时间直接进行实际测定和分析研究，时间研究是工业工程理论的重要内容之一，其目的一是改善和优选作业方法，如加工同一对象，有两个以上的作业方法，可通过时间研究优选生产率高的；二是制定标准作业时间，如作业方法变更，可通过时间研究来制定新的标准作业时间。

一直以来，我国国内对标准时间重视程度不够，制定方法不科学以及对加班赶工等不健康的生产方式的过度依赖，造成国内标准时间管理和应用方面的落后。近年来，国内在利用工业工程技术、信息技术、人机工效学等先进技术加强工时定额工作方面做了许多探索性的研究。随着国内生产管理水平的提高和产学研的进一步结合，学术界和企业在对标准时间制定的研究以及对相关的信息系统的设计方面取得了不错的成果。

秒表时间研究就是制定标准工时的一种方法，是一种最直接和较可靠的作业测定方法，它以工序作业时间为对象，按照操作顺序进行多次反复的观察、记录并加以分析研究。

现在将秒表测时和动作分析的方法结合起来进行工序时间研究的过程日益增多，通过分析各个工序的时间，对原有的作业方法进一步改进，达到企业生产的高效运行，这是目前运用秒表测时的一个比较重要的研究方向。人们可以应用秒表测时的初步数据，对生产线的作业进行平衡，找出瓶颈工序，对该工序的操作进行相关的动作分析，将瓶颈工序的复杂操作进行简化，为企业带来良好的经济效益。

7.2.3 秒表时间研究的发展趋势

秒表时间研究的运用越来越广，企业运用秒表测时不单单是制定作业的标准时间，其应用和今后的发展方向大致有以下五个方面。

1）决定工作时间标准，并用以控制人工成本。
2）制定标准时间作为资金制度的依据。
3）决定工作日程及工作计划。
4）决定标准成本，并作为标准预算的依据。
5）与方法研究结合起来，提升机器的使用效率，并用以帮助解决生产线的平衡。

7.3 内容分析与补充

7.3.1 秒表时间研究的适用对象

秒表时间研究主要用于对重复进行的操作寻求标准时间。重复作业是指具有重复循环形式的作业，重复循环期间持续的时间大大超过抽样或观察所需要的时间。当作业具有单独的重复循环、分循环或有限的几种循环时，可以用秒表时间研究法。许多工业生产和日常事务工作都允许使用这种技术。此外，第8～10章将介绍其余三种作业测定方法，必须理解所有这些技术，才能选择一种最可取的技术。另外，这种技术限用于实际进行的、手工的、重复性的工作。它不能用于工作开始之前确定标准。但只要通过一次短期的试验，就足以提供必需的数据。

7.3.2 秒表时间的读取

秒表是时间研究中最广泛使用的工具，通常有两种类型的秒表，定额人员常用的是1/100分秒表，也称10进分计秒表，如图7-3所示。此秒表表面分成100小格，每小格代表0.01min，长针每分钟转1圈。表盘上方有一个小表，小表盘面分为30小格，每小格为1min，转1圈为30min。长针转1圈，短针移动1小格。表的右上角外缘的按钮具有暂停功能，控制表针的走与停。表停后再启动，指针继续移动。正上方的按钮具有启动指针移动、按停和归零功能。由于1/100分秒表读数、记录容易，整理、计算方便，所以成为首选。

另外一种秒表为10进时计秒表（表面划分成100小格，每格代表0.0001h）。长针转1圈为0.01h（或0.6min），小盘面有30小格，每格代表0.01h。由于该类秒表比1/100分秒表长针移动速度快（约快2倍），故测时较准确，适合快速精确动作。

在日常应用中要先分清使用秒表的类型，认识秒表每格代表的含义，正确记录每项工作的观测时间，为了便于连续计时与累计计时，有时使用双秒表工作。

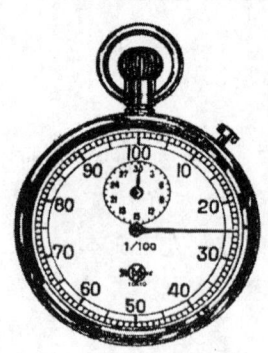

图7-3 10进分计秒表

7.3.3 秒表测时资料的获取

没有经验的研究人员最普遍的错误就是忽视测时之前收集分析所需要的充分资料,有经验的人员都理解事先充分准备的必要性。那么,时间研究人员需要收集哪些资料呢?从时间研究表格可以观察到应收集的一些信息,具体来讲包括以下资料。

1)与时间研究有关的基础信息资料。基础信息资料可帮助人们迅速识别研究内容,便于存档、查询和管理。

2)操作方法资料。未经方法研究而进行的时间研究没有实际意义。操作方法的改变必然带来标准时间的变化。因此,时间研究人员在测时之前,要调查、判定该操作是否进行了方法研究,各操作单元是否确定了操作标准。

3)产品或零件、材料的资料。收集能正确识别制造的产品或零件的资料,如产品或零件的名称;图样或规格的号码、材料;品质要求等。

4)设备资料。机器设备的性能影响加工方法以及加工时间,不同性能设备对同一件产品的加工时间自然不同。另外,工具、夹具也对操作方法和操作时间有较大影响。

5)操作者的资料。操作者的选择是时间研究的重要工作。所以研究人员应认真选择并收集其相关资料。

6)有关作业环境的资料。作业环境中影响操作者的生理与心理的资料,如温度、湿度、热辐射、照明、噪声、空气污染以及其他条件。

7.3.4 作业分解——划分操作单元

1.作业分解的原因

1)总时间内所包括的动作数量多且性质复杂,很难评比其快慢。划分单元后,每一单元的动作数量较少,并且性质相同,评比会更容易、准确。

2)操作者在整个操作中,其动作速度很难保持一致,也许有些单元速度较快,另一些又较慢,有些也许正好,所以如对每一单元分别予以评估,则动作快慢可作较精确的调整。

3)可将操作内生产工作(有效时间)与非生产工作(无效时间)分开。

4）各单元分别评比，使标准时间更精确，尤其高度疲劳单元应独立，这样其疲劳宽放时间的确定会更加合理。

5）每单元予以详细说明，并求其标准时间，则详细的操作规则即可产生，且以后如某单元需更换动作，则可直接修正本单元时间。

6）划分单元后，每个单元再给予详细的说明，不但可作为介绍整个操作的说明，并且还可用其作为"标准操作"培训新人。

7）如已制定出每个单元的标准时间，将其综合，即为整个操作的标准时间。以后单元如遇有增减时，也可迅速算出其标准时间。

2.作业分解的原则

划分单元正确与否直接影响秒表时间研究的质量，对于已经标准化的操作过程，划分单元时应注意下列原则。

1）单元之间界限清楚，每一单元应有明显、易辨认的起点和终点，有时为方便辨认，将工作循环中一个操作单元终止、另一个操作单元开始的瞬间作为分界点。

2）各单元时间长短适度。一般来说，单元时间越短越好，一般认为以 0.04min 为宜，这是有经验的研究人员所能观测记录的极限。没经过训练的研究人员可靠读出的最小时间单位为 0.07~0.1min。

3）人工操作单元应与机器操作单元分开。因为机械加工时间受回转速度、进刀速度影响，必须分开予以记录。机械加工不受评比影响，而人力操作受评比影响，应予以分开。尤其在机械操作远比人力操作时间长时更应该注意。

4）不变单元与可变单元应分开。不变单元是指在各种情况下，其操作时间基本相等的单元。例如，焊接操作中，手拿焊枪应为不变单元。而可变单元是指因加工对象的尺寸、大小、重量的不同而变化的单元。在焊接操作中，焊接所需时间随焊缝的长短而变化，故为可变单元。

5）规则单元、间歇性单元和外来单元应分开，否则在观测记录上将引起极大的困惑。规则单元是每个作业循环中都出现的单元，间歇单元是在作业循环中偶尔出现的单元，它使规则单元的时间值相差很大，在剔除异常值过程中带来一定的困难。外来单元为偶发事件，且将来不需要列入标准时间。

6）物料搬运时间应与其他单元时间分开，因为搬运时间受工作场所布置变动的影响，搬运较远地方的物体所需时间必然较长。

图 7-4 操作单元分解练习

如图 7-4 所示为操作单元分解练习。如图 7-5 所示为手电筒组装作业布置图。表 7-1 为手电筒组装作业各操作单元及其说明。

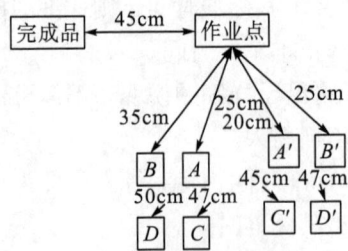

图 7-5　手电筒组装作业布置图

表 7-1　手电筒组装作业各操作单元及其说明

操作单元编号	说明（左手）	操作单元编号	说明（右手）
1	自左侧 A′ 处取一发光装置外框（20cm） 将发光装置外框运回组装作业处（20cm） 持住发光装置外框	1	将上一完成品放于指定地点（45cm） 自右侧 A 处取一玻璃片（45cm） 放玻璃片于发光装置外框上（25cm）
2	持住发光装置组件 持住发光装置组件	2	自右侧 B 处取一聚光片（35cm） 放聚光片于发光装置外框上（35cm）
3	持住发光装置组件 持住发光装置组件	3	自左边 D′ 处取一灯泡（47cm） 将灯泡插入反光片的孔中（47cm）
4	持住发光装置组件 持住发光装置组件	4	自右边 D 处取一灯泡基座（50cm） 将灯泡基座放于灯泡尾座上（50cm）
5	将发光装置组件交于右手 自左侧 B′ 处取一手电筒身外壳（25cm） 将筒身外壳与发光装置组件接合（25cm） 持住手电筒身外壳	5	接过左手的发光装置组件 持住发光装置组件 持住发光装置组件并预对 旋转发光装置组件使其与筒身外壳组合
6	持住手电筒身组件 持住手电筒身组件并预对 持住手电筒身组件 持住手电筒身组件并予取预对	6	自左边 C′ 处取一节电池（45cm） 将电池装入手电筒组件内（45cm） 自左边 C′ 处取一节电池（45cm） 将电池装入手电筒组件内（45cm）
7	持住手电筒身组件 持住手电筒身组件并予取预求	7	自右边 C 处取一手电筒尾座（47cm） 将尾座旋转组装到手电筒组件上（47cm）
8	将组装好的手电筒交于右手 空闲	8	接过左手的手电筒 按动电源开关，进行目检；作业完成

注：手电筒开关 OFF 时设定为作业完结时刻（有声音作为该时刻标记）

7.3.5　确定秒表时间研究的观测次数

秒表时间研究是一个抽样观测的过程，为了得到科学的时间标准，需要有足够的样本容量。样本越大，得到的结果越准确。但样本量过大，时间和精力大量耗费，也是不必要的。因此科学地确定观测次数尤为重要，下面介绍两种常用的方法。

1. 误差界限法

该法是假定所有时间值的变化均属于正常波动，在异常值已经剔除后，且有相当的观测值样本数，实用上可视观测值呈正态分布。

设以 S 代表样本平均值的标准差，σ 为总体标准差，n 为样本数，则

$$S = \frac{\sigma}{\sqrt{n}} \tag{7-1}$$

$$\sigma = \sqrt{\frac{(X_1 - \overline{X})^2 + (X_2 - \overline{X})^2 + \cdots + (X_n - \overline{X})^2}{n}}$$

$$= \sqrt{\frac{n\sum_i^n X_i^2 - \left(\sum_i^n X_i\right)^2}{n^2}} \tag{7-2}$$

$$S = \frac{\frac{1}{n}\sqrt{n\sum_i^n X_i^2 - \left(\sum_i^n X_i\right)^2}}{\sqrt{n'}} \tag{7-3}$$

式中，n' 为应观测的次数。若要求样本平均值与总体平均值之间的误差范围控制在±5%，并取置信度为95%，即

$$2S = 0.05\overline{X} \tag{7-4}$$

将式(7-3)代入式（7-4）得

$$0.05 \frac{\sum_i^n X_i}{n} = 2 \frac{\frac{1}{n}\sqrt{n\sum_i^n X_i^2 - \left(\sum_i^n X_i\right)^2}}{\sqrt{n'}} \text{。}$$

则

$$n' = \left(\frac{40\sqrt{n\sum_{i=1}^n X_i^2 - \left(\sum_{i=1}^n X_i\right)^2}}{\sum_{i=1}^n X_i}\right)^2 = \left(\frac{40\sigma}{\overline{X}}\right)^2$$

同理，若要求误差控制在±10%，取置信度为95%，则应观测的次数为

$$n' = \left(\frac{20\sqrt{n\sum_{i=1}^n X_i^2 - \left(\sum_{i=1}^n X_i\right)^2}}{\sum_{i=1}^n X_i}\right)^2$$

2. d_2 值法

当观测次数比较少时，标准差 σ 可用式（7-5）推得

$$\sigma = \frac{R}{d_2} \tag{7-5}$$

式中，R 是级差，即观测单元时间最大值与最小值之差；d_2 是以观测次数为基础的一个系数，可查表 7-2 得。

若要求观测误差控制在 ±5%，取置信度为95%，得到

$$n' = \left(\frac{40R/d_2}{\overline{X}}\right)^2 = \left(\frac{40Rn}{d_2\sum_{i=1}^{n}X_i}\right)^2$$

式中，n' 为应进行观测的次数；n 为试观测次数。

表 7-2　d_2 值系数表

n	d_2	n	d_2	n	d_2	n	d_2
2	1.128	8	2.847	14	3.407	20	3.735
3	1.693	9	2.970	15	3.472	21	3.778
4	2.059	10	3.078	16	3.532	22	3.819
5	2.326	11	3.173	17	3.588	23	3.858
6	2.534	12	3.258	18	3.640	24	3.895
7	2.704	13	3.336	19	3.689	25	3.931

7.3.6　秒表测试的方法

使用秒表进行测时法，通常采用方法有连续测时法、归零测时法、累计测时法和周程测时法。

1）连续测时法。在整个研究持续时间内，秒表不停地连续走动，直到整个研究结束。观测者将每个操作单元的终点时间读出，记录在表格内。研究结束后，将相邻两个操作单元的终点时间相减，即得到操作单元实际持续时间。

2）归零测时法。在观测过程中，每逢一个操作单元结束，即按停秒表，读取表上读数，然后立即将秒表指针快速回到零点，在下一个操作单元开始时重新启动。由于上一个操作单元结束点，即是下一个操作单元的开始点，所以秒表指针归零后要立即启动。

3）累计测时法。累计测时法是一种用两个或三个秒表完成测时的方法。这里只介绍两个秒表联动测时的方法。把两个秒表装在一个专用的架子上，由一个联动机构联结。用于连续计时的时候，在每一个操作单元结束时，操作联动机构，一个表停下来，另一个表则重新启动。研究人员对停下的表读数，每个单元的时间通过将两个交替的读数相减而获得。当用于重复记录时，停下的表在被读数后即返回到零位，所有单元的时间是直接读出来的。此法最大缺点是携带不便。

4）周程测时法，也称为差值测时法。对于单元很小且周期很短的作业，读出并记录时间很难准确，于是将几个操作单元组合在一起测时。此法采用每次去掉一个单元的办法来测时。

7.3.7 异常观测值的剔除

现场记录之后，应对数据进行处理和计算。首先应计算各单元的平均值，但在计算平均值之前，必须检查分析并剔除观测数值内的异常值，此处介绍最常用的方法——三倍标准差法。其计算方法如下。

假设对某一操作单元观测 n 次所得的时间为 $X_1, X_2, X_3, \cdots, X_n$，则平均值为

$$\overline{X} = \frac{\sum_{i=1}^{n} X_i}{n}$$

标准偏差为

$$\sigma = \sqrt{\frac{\sum_{i=1}^{n}(X_i - \overline{X})^2}{n}}$$

正常值为 $\overline{X} \pm 3\sigma$ 之内的数值，超过者即为异常值。偏差上限为 $\overline{X} + 3\sigma$，偏差下限为 $\overline{X} - 3\sigma$，在上限与下限之间均视为正常值，凡不在这个区域内的数值即为异常值，应予以剔除。根据正态分布的原理，在正常情况下，若计算同一分布的抽样数值，其99.7%的数据应在均值正负三倍标准偏差区域内。图 7-6 为管理界限图，超过 $\overline{X} \pm 3\sigma$ 界限的为异常值。

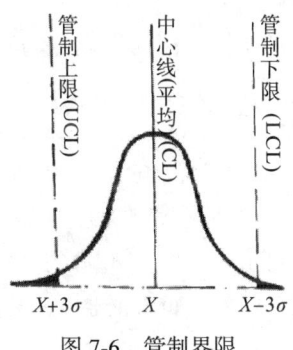

图 7-6 管制界限

7.3.8 确定宽放时间

1. 考虑宽放时间的原因

正常时间并未考虑操作者个人需要和各种不可避免的延迟因素所耽误的时间。而实际生产过程中，操作者可能因下列原因停止工作。

1）操作者疲劳，需要休息；
2）个人需要，如喝水、上厕所、擦汗、更衣等；
3）听取班长或车间主任指示，或本人指示助手等而造成的工作停顿；
4）领材料、工件、物件及完成件、工具的送走等；
5）等待检验、等待机器的维修或保养、等待材料等；

6）从事操作前的准备工作，如清理工作场所、擦拭机器、所需物件的准备和操作，操作完成后工作场所、机器、物料及工具的清理工作；

7）从事刀具的刃磨、更换皮带、调整机器等工作。

如果以正常时间作为标准时间，则会使操作者从早工作到晚，而不能有任何的停顿或休息。所以在制定标准时间以前，必须找出操作时所需的停顿或休息，加入正常时间，这才符合实际的需要，也更能使操作者稳定地维持正常的操作。这种进一步进行修正的时间称为"宽放时间"。

2.宽放时间确定方法

科学地确定宽放时间有两种方法：连续观测法与工作抽样法。

1）连续观测法。该法是工作日写实的方法。时间研究人员通常要对一个工作小组的成员在一个整班内的活动作连续观测，将生产中的任何中断，如个人的需要、工具修理、非工人原因造成的停机等统统记录下来，然后进行分析。即使是中断时间，也要进行效能评定，加以适当的调整，换算成正常的效能水平。连续观测法的工作量相当大，时间研究人员要整班观测，非常疲劳，而且即使观察数日，样本容量仍不够大，偏差在所难免。

2）工作抽样法。该法是通过大量的随机观测，研究操作者的各种活动占用总工时的比例的方法。时间研究人员随机地走进现场，将操作者工作与中断的内容记录下来，最后加以综合分析，即可获得宽放时间与操作时间的比例，以确定宽放时间。

3.宽放种类及给值方法

目前有关宽放种类的划分方法不同，但通常划分为私事宽放、疲劳宽放、延迟宽放和政策宽放四种。

（1）私事宽放

私事宽放即满足操作者生理需要所需的时间，如喝水、上厕所、擦汗、更衣等。在正常情况下，每个工作日中私事宽放时间约5%已足够了，除此之外，可参照下面标准：①对于轻松工作,一般为正常时间的2%~5%。②对于较重工作(或不良环境)则大于5%。③对于举重工作(或天气炎热)定为7%。如果企业规定工作日中有工间休息时间，则应视为福利而不计入宽放时间。

（2）疲劳宽放

疲劳宽放即为清除操作者在工作中产生的生理上或心理上疲劳而考虑的宽放。导致疲劳的因素很多：①工作环境的影响，如照明、温度、湿度、空气清新度、色调、噪声等。②精神疲劳，如精神紧张、单调厌倦感。③劳动强度与静态肌肉疲劳。④操作者的健康状况，如生理状态、营养、休息、情绪。以正常时间的百分数表示的疲劳宽放见表7-3。

表 7-3 以正常时间的百分数表示的疲劳宽放（单位：%）

说明	男	女	说明	男	女
1.基本疲劳宽放时间	4	5	(5)空气情况(包括气候)		
较重的基本疲劳宽放时间	9	11	通风良好，空气新鲜	0	0
2.基本疲劳宽放时间的可变增加时间			通风不良，但无毒气体	5	5
(1)站立工作的宽放时间	2	4	在火炉边工作或其他	5	15
(2)不正常姿势的宽放时间			(6)视觉紧张(密切注意)		
轻微不方便	0	1	一般精密工作	0	0
不方便(弯曲)	2	3	精密或精确工作	2	2
很不方便(躺势展身)	7	7	很精密、很精确的工作	5	5
(3)用力或使用肌肉(举、伸、推或拉)			(7)听觉紧张(噪声程度)		
举重或用力/kg			连续	0	0
2.5	0	1	间歇大声	2	2
5	1	2	间歇很大声	5	5
7.5	2	3	高音大声	5	5
10	3	4	(8)精神紧张		
12.5	4	6	相当复杂的操作	1	1
15	6	9	高度复杂或需全神贯注的工作	4	4
17.5	8	12	很复杂的工作	8	8
20	10	15	(9)单调——精神方面		
22.5	12	18	低度	0	0
25	14	—	中度	1	1
30	19		高度	4	4
40	33		(10)单调——生理方面		
50	58		相当长而讨厌	0	0
(4)光线情况			十分长而讨厌	2	1
稍低于规定数值	0	0	非常长而讨厌	5	2
低于规定数值	2	2			
非常不充分	5	5			

（3）延迟宽放

是操作中无法避免的延迟所需要的宽放，即并非由操作者本人所能控制的中断，如班组长布置任务、管理原因造成的延误等考虑的宽放，具体包括以下三种。

1) 操作宽放。是指操作过程中由于操作程序或操作上的特性而发生的不可避免的中断时间。

操作宽放时间体现为对正常作业时间的修正。首先，通过直接观测计算由上述因素所造成的中断（空闲）时间，然后，对观测值加以适当修正（根据空闲时间率加以修正）。实验研究结果显示，周期内的空闲时间率与可持续速度率之间有密切关系，具体如表 7-4（操作宽放时间的修正值表）所示。修正公式为

$$修正正常时间 = 正常机器工作时间 + \frac{工人工作时间（正常）}{可持续的速度率（\%）/100}$$

表 7-4 操作宽放时间修正值

中断（空闲）时间率/%	可持续的速度率/%	中断（空闲）时间率/%	可持续的速度率/%
0	100	50	135
5	103	55	140
10	106	60	144
15	109	65	146
20	111	70	147

续表

中断（空闲）时间率/%	可持续的速度率/%	中断(空闲)时间率/%	可持续的速度率/%
25	114	75	149
30	117	80	150
35	120	85	151
40	125	90	152
45	130	95	153

2）机器干扰宽放。机器干扰表现为操作工正在一台机器上工作时，另一台机器已完成上道工序而等待操作工操作，从而产生延迟。这样，生产一件产品所需的周期时间 T，由三部分时间组成：生产一件产品时机器运转的时间 T_1，操作工在机器上服务的正常时间 T_2，由于机器干扰而损失的操作工时间 T_3，即

$$T = T_1 + T_2 + T_3$$

1936 年，莱特（W. R. Wright）提出了计算手动操作时间的机器干扰率 S 的公式为

$$S = 50\left[\sqrt{(1+X-N)^2 + 2N} - (1+X-N)\right]$$

式中，X 为 T_1 与 T_2 之比（T_1/T_2）；N 为一名操作工看管机器的台数。于是可得机器干扰时间为

$$i = T_2 \frac{S}{100} \tag{7-6}$$

式中，i 为机器干扰时间。

3）偶发宽放。考虑生产中不规则发生的中断延迟时间，如打扫卫生、维护机器，以及由管理原因造成的中断，后者如填写生产日报、停工待料、停电停水等。偶发宽放是考虑生产中不规则发生的中断延迟时间，这部分宽放时间很不稳定，可通过工作抽样确定。

（4）政策宽放

政府宽放是作为管理政策上给予的宽放时间。它不但能配合事实上的需要，而且能保持"时间研究"的原则不受破坏。例如，因某种因素，某类操作者在市场上的工资已升高，按本企业工资标准已无法招聘到此类人员，则可通过"政策宽放"给予补偿。其他如材料的品质不良，或机器的机能欠佳，也都常给予此类宽放，当影响因素消失时，该宽放随之取消。

7.3.9 常用的几种速度评测方法

1.速度评定方法

速度评定(speed rating)是比较简单的评定方法，它完全根据观测者关于理想速度即正常速度的概念评定工人的工作速度，即将工人工作速度与观测者脑海中已有的标准水平概念进行比较。常用的速度评比尺度有 60 分法、100 分法和 75 分法三种。

采用速度评定方法评定操作者效能时，正常时间计算公式为

$$正常时间 = 观测时间 \times 速度评定系数$$

2.平准化方法

平准化法是应用最广泛的一种方法。

此法将熟练、努力、工作环境和一致性四个因素作为衡量工作的主要评定因素,每个评定因素又分为超佳(或理想)、优、良、平均、可、欠佳六个高低程度的等级,称为熟练系数、努力系数、工作环境系数与一致性系数。

运用平准化法进行作业评定,其评定系数的计算为

$$评定系数=1+熟练系数+努力系数+工作环境系数+一致性系数$$

上式表示,工人的作业速度与其熟练程度、努力程度、工作环境和操作的一致性(稳定性)有关。正常情况下,四个影响因素处于平均状态,系数均为 0,评定系数为 1,其余情况下,评定系数则采用上式计算。

3.客观评定法

客观评定将评定分为两大步骤。

第一步:将某一操作观测的速度同正常速度相比较,确定两者适当的比率,作为第一个调整系数。

第二步:利用"工作难度调整系数"作为第二个调整系数再加以调整。

其正常时间计算公式为

$$正常时间=实测单元平均值×速度评比系数×工作难度调整系数$$
$$工作难度调整系数=1+6 项调整系数之和$$

客观评定法的要点是在作业观测时,将观测到的若干操作单元的数据与预定动作时间标准中的相同单元的数据加以对比,求出两者的比例关系,并以此若干单元的数据比例的平均值,作为该观测周期中整个作业所有单元的评定系数(机动时间除外),其公式为

$$评比系数 K = \frac{预定时间标准}{相同单元实测平均时间} \times 100\%$$

7.4 教育教学环节设计

7.4.1 自主学习与教学指导

秒表时间研究重点培养学生解决实际问题能力、运用信息技术能力和实践能力。

1.重点、难点

(1)重点

1)掌握秒表时间研究的步骤,能够获得秒表时间研究充分的资料,合理分解操作单元,确定有效的观测次数,测时并能剔除异常的观测数据,最后根据作业宽放率,制定作业的标准时间。

2)掌握常用的速度评定方法。

(2)难点

1)掌握秒表时间研究中制定有效的观测次数的方法。

2)掌握正确的方法剔除异常观测数据。

3)合理确定作业宽放率,制定作业的标准时间。

2.自主学习内容及注意事项

1）理解秒表测时的含义、特点以及其使用对象，尤其是弄清秒表时间研究的适用范围。

2）掌握秒表测时中的几个计算公式，确定观测次数的计算公式、剔除异常值的计算公式、宽放率的相关公式以及标准时间计算公式。

3）理解常用的速度评测方法，理解每种方法的实质内涵，例如，平准化法中的各个评价标准如何反映到观测数据上来，如何确定；客观评定法中使用身体每个部以及外部条件对评定影响的调整系数确定等。

3.教学指导注意事项

1）多讲解一些车间实际标准作业测定中应用秒表进行测时的例子；

2）挖掘学生潜力，激发学生兴趣，开放性思维教学，开展班级小组案例讨论；

3）引导学生主动思考，打开和拓宽学生思维，培养学生的逻辑思维能力；

4）向学生推荐一些有关动作分析的资料和书籍，扩充学生的知识面和眼界，如《动作与时间研究——提高生产率》《工业工程典型案例分析》。

7.4.2 案例教学设计

标准工时教学设计的制定：根据本章内容和企业实际，选取企业某一流程进行标准工时的制定。

重点培养学生解决实际问题的能力，标准工时的制定是企业的重要工作，也是考核员工的依据，员工是否按时完成该完成的任务可以通过每项作业的标准工时看出。让学生掌握如何制定作业的标准工时，可以培养学生理论联系实际的能力，把知识真正应用于实践。

本章主要讲解秒表时间研究，主要通过使用秒表进行作业时间的测定，然后根据合理的作业宽放率制定作业的标准时间，案例教学以实际工作为导向，可以一步步引导学生完成本章内容的学习，加深和巩固学生对秒表时间研究的理解。

【案例1】速度测评方法的教学设计：扑克游戏。

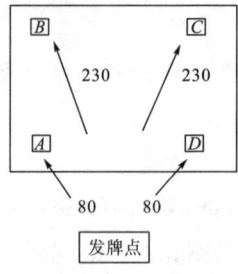

图7-7 扑克游戏

注：230mm 和 80mm 为发牌起点到终点的距离

（1）评比的训练（5min，图7-7）

操作要求：

1）每张牌要分发到指定的区域内。发出的每张牌的牌面向下。

2）每一堆扑克牌的数量均一。
3）发牌按顺时针顺序进行。
4）第一次发牌终点为 A 处。

（2）秒表测时训练（图 7-8）

（a）

（b）

图 7-8　秒表测时训练

1）目的。

①掌握秒表测时法的方法和步骤。

②学会用秒表测时来制定标准时间。

2）设备及仪器。

50 踏板车变速器、十字螺丝刀、活动板手、秒表。

3）说明。

秒表测时法是作业测定的一种主要技术，以秒表为主要的计时工具，通过对工序作业时间的直接测定，并经过评比和变动，从而建立和制定按规定标准完成一项作业的标准时间。秒表测时法采用抽样调查的方式，是一种科学的非全面的调查方法，它按随机原则抽选总体中的部分单位进行调查，取得有关数据资料，以推断总体的全面情况。

4）内容及步骤。

①学生动手实际装配 50 踏板车变速器，并用双手作业分析图记录此过程。

②对该过程进行分析、划分单元。

③用秒表进行测时。

④整理数据，删除异常值。

⑤确定评比系数。

⑥确定宽放时间。

⑦计算标准时间。

7.4.3　针对能力培养的综合教育环节

能力培养环节主要针对教学内容进行深入扩充，包括如下内容。

1）每位学生或分组根据各自项目或兴趣开展本章内容的研究，根据研究内容作出相关报告，报告汇总后由各个小组讲解，全班学生讨论。

2）带领学生观看有关秒表时间研究方面的光盘，运用多媒体教学加深学生对秒表时间研究的理解。

3）工厂标准时间测量工作的实际观察。

7.4.4 讨论与展示

本章主要讨论的知识点有以下三个。

1）秒表测时数据的读取。正确读取秒表数据可以保证测量数据准确性，此部分主要讨论秒表刻度盘上每一格代表多长时间，理解秒表读数的原理。

2）秒表时间研究的步骤。这部分是本章的重点，讨论时侧重学生对每个步骤的理解和需要注意的事项，例如，如何获取准确的资料，正确划分作业操作单元，掌握有些步骤中的计算公式并理解其含义和运用。

3）速度评定法的理解。本部分主要带领学生讨论每种速度评定法的内容，掌握每种速度评定法的有关内容以及其应用，并根据书上的实例进行实际分析。

7.4.5 教学过程评价

1. 评价目的

为了提高教学质量，考察学生学习状况，制订此教学评价方案。

2. 评价方法

1）教师讲课时由本专业其他教师旁听，并对本次教课老师的教课方式和教课内容加以记录，课后教师集体讨论分析，改善教学模式；

2）学生每周对教师的教学内容和方式加以分析总结，向教师提交其建议；

3）教师考察学生的学习兴趣，定期抽查学生作业完成状况，对未完成作业的学生给予上讲台讲解作业的机会，这样更能督促学生学习。定期了解学生的知识掌握状况，利用提问、讨论、互问互答等形式对所学知识加以巩固。

3. 教师自我评价指标

1）所选用的方法和策略是否符合学生的特点；

2）能不能维持学生的注意和兴趣，能不能促进学生的理解和记忆；

3）对排除影响教学顺利进行的智力障碍和情绪障碍有没有好处，能给学生带来多大的满足感；

4）是否有助于培养学生的逻辑思维能力，能否有效地培养学生的创新精神和实践能力；

5）教学内容是否吸收了本领域的最新成果，反映了学科发展的最新动态；

6）从授课过程中判断是否精选了教材，选材是否根据学生的兴趣和学科的特点，是否对日常生活有实用价值；

7）从讲授的内容上判断知识体系是否完整，条理是否清楚，层次是否分明，是否注意到了前后呼应和触类旁通；

8）从教材难易程度上判断重点是否明确，难点是否可以解决。

4.学生评价指标

1）在通过新的教学设计方案的教学后，学生在认知、情感及动作技能方面的达标程度；

2）通过学生在课堂上的表现来分析学生对新方案实施的反应，例如，可以从表情上分析学生对讲课内容和速度的适应性，可以从课堂提问中分析学生对课程的理解程度；

3）从课堂秩序上分析学生对学习的注意或投入程度、学生是否有学习的需要和要求、学生是否乐意在教师的指导下学习等。

5.调查结果分析

对以上指标进行调查分析，找到教学上的问题，针对问题对教学过程加以改善。

7.5 典型实例分析及复习思考题

7.5.1 典型实例分析

【实例1】 RF10工位改善前秒表时间研究与作业改善相结合题型。

RF10工位共有两名操作工人、两把焊枪、一个按钮操作台、五个料箱、一把胶枪、两个涂胶工作台、一个吊具、一个临时工作台。RF10工作现场的布局图如图7-9所示。

为了满足秒表时间研究的准确性要求，在实施秒表时间研究前需要做以下的铺垫工作。

1）确保生产的平顺。要求熟练工人进行操作，并且按照工位的定额人员进行生产。确保没有出现怠工和赶工的现象。

2）确保操作工人的配合。在进行秒表时间研究之前，要出具告知书，让生产部门和生产线上的工人都能了解进行工时定额研究的目的，要求他们尽量配合。

3）要有科学依据。根据目前的生产节拍来看，按照GE工时测定的要求，测时要进行10次才能保证其准确性。

4）要有合理的步骤。首先测时工作要保证定时点的准确性，这就要求进行仔细的观察和合理的分配，尽量使单元间的划分比较平均，不能过长和过短，影响测时工作的准确性。如果进行现场的拆分，经常出现拆分了一个动作下个动作都已经完成的情况，所以选择录像拆分法，录像既可以作为拆分的依据，又可以作为档案进行存储，反复观察容易分析其中的浪费。

根据以上分析，在每次秒表时间研究之前，首先对一个工位的一名工人进行录像3遍，根据录像拆分动作，然后进行生产现场的测时工作。根据以上原则，对RF10工位的两名操作人员进行了秒表时间研究。操作员甲秒表时间研究结果如表7-5所示，操作员乙秒表时间研究结果如表7-6所示。

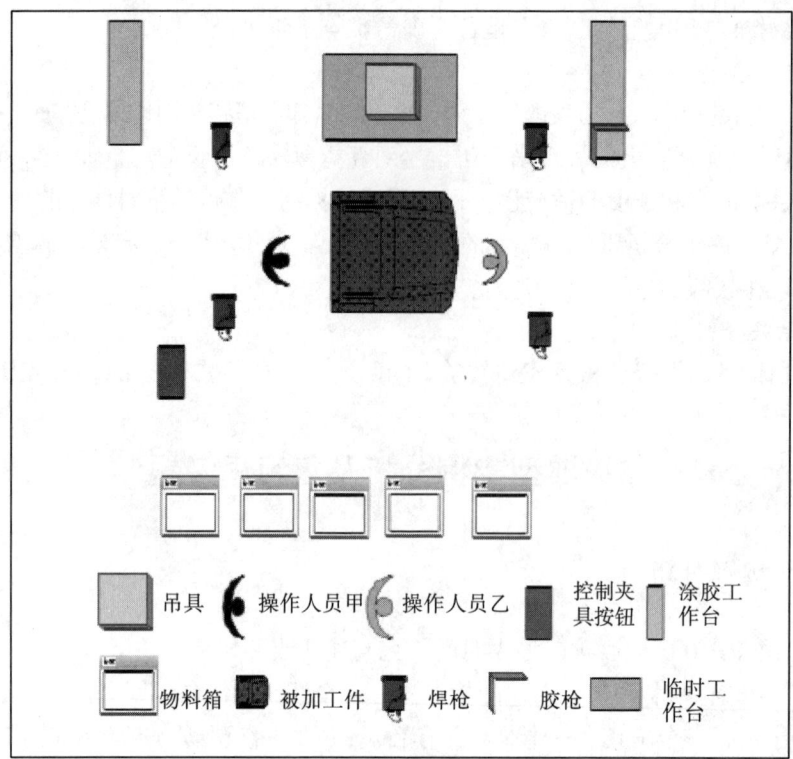

图 7-9　RF10 工位的现场布局图

表 7-5　操作员甲秒表时间研究结果

操作内容	定时点	平均时间/s
1.手持吊装慢慢升起	吊装停止	4
2.持吊取的后端骨架走 5 步	停止走动	10
3.吊装下落到临时工作台上	手离开吊装	7
4.走 4 步取右后地板边梁总成	开始弯腰	3
5.拿起右后地板边梁总成	开始转身	3
6.转身安装	手离开边梁总成	5
7.转身取后地板前部横梁	手持物料转身	3
8.走 4 步到左侧涂胶台	站定	9
9.拿起胶枪涂胶 300mm	手离开胶枪	15
10.拿取后地板前部横梁走 3 步	站定	3
11.安装后地板前部横梁	手离开工件	4
12.走 4 步到按钮控制台	手接触按钮	4
13.依次按下按钮	手离开按钮	19
14.走 4 步到胎具处	开始检查	3
15.检查夹具是否在正确的位置夹好工件	转身停止检查	7
16.拿取本工位焊枪焊接 11 个点	手离开焊枪	72
17.等待 RF20 工位的焊枪	手碰到焊枪	8
18.拉取 RF20 工位的双挂焊枪	焊枪接触工件	12
19.焊接 7 个点	手离开焊枪	35

续表

操作内容	定时点	平均时间/s
20.拿取本工位焊枪焊接4个点	手离开焊枪	41
21.手动打开一个夹具走4步到控制台	手接触按钮	5
22.按步序打开夹具	手离开按钮	13
23.走4步回到胎具	站定开始检查	3
24.检查焊点位置、数量和外观质量	停止检查	10
25.将临时工作台上的工件吊到下一工位	吊具离开工件	21
26.将吊具从RF20工位运回RF10工作	吊具接触RF10工位工件	28
时间求和		347

表7-6 操作员乙秒表时间研究结果

操作内容	定时点	平均时间/s
1.等待安装后座椅横梁总成	弯腰安装	1
2.安装后座椅横梁总成	手离开工件	10
3.走5步取左后地板边梁总成	开始弯腰	5
4.弯腰拿取工件	开始转身	3
5.拿取工件走5步回到工位	站定	5
6.安装左后地板边梁总成	手离开工件	3
7.走3步取后地板后部横梁	走到料箱处	4
8.弯腰拿取工件	开始转身	4
9.走4步回到工位	站定	4
10.安装后地板后部横梁	手离开工件	7
11.等待操作员甲按下按钮	操作员甲手离开按钮	43
12.手动夹紧夹具	手离开夹具	8
13.检查夹具是否在正确位置夹紧工件	检查完毕	19
14.拿取本工位2号焊枪立焊12个点	焊枪离开工件	81
15.放回2号焊枪取RF20工位焊枪	焊枪接触工件	19
16.焊接7个点	焊枪离开工件	33
17.放回2号焊枪取1号焊枪	焊枪接触工件	9
18.立焊3个点	手离开焊枪	24
19.检查焊点数量、质量和外观质量	检查完毕	19
20.走3步取后座椅横梁总成	走到料箱处	3
21.弯腰拿取后座椅横梁总成	开始转身	4
22.走5步放到右侧涂胶台上	手离开工件	5
23.走5步去左侧涂胶台取胶枪	手接触胶枪	3
24.走5步回到右侧涂胶台	站定	3
25.涂胶510mm	涂胶完毕	22
26.走10步放回胶枪并拿工件走回工位	站定	9
总时间		350

根据对RF10工位操作员甲的秒表时间研究的结果，初步确定操作员甲的操作流程，操作流程图如图7-10所示。

根据对RF10工位操作员乙的秒表时间研究结果，初步确定操作员乙的操作流程，操作流程图如图7-11所示。

改善前后端 RF10 工位操作员甲操作流程程序图		统计			
		活动内容	次数	时间/s	距离/步
地点：焊装车间		操作 ○	11	214	
操作者：操作员甲　日期：2011-2-25		搬动 ⇨	12	108	48
研究者：王娜　　日期：2011-2-25		等待 D	1	8	
		检查 □	2	17	
		存储 ▽	0	0	
备注		距离/m			
		时间/min			

步骤	说明	距离/步	时间/s	符号 ○	⇨	D	□	▽	备注
1	手持吊装慢慢升起		4	○					
2	持吊取的后端骨架走 5 步	5	10		⇨				
3	吊装下落到临到工作台上		7		⇨				
4	走 4 步取右后地板边梁总成	4	3		⇨				
5	拿起右后地板边梁总成		3	○					缩减
6	转身安装		5	○					
7	转身取后地板前部横梁		3	○					转移
8	走 4 步到左侧涂胶台	4	9		⇨				
9	拿起胶枪涂胶 30mm		15	○					转移
10	拿取后地板前部横梁走 3 步	3	3		⇨				
11	安装后地板前部横梁		4	○					
12	走 4 步到按钮控制台	4	4		⇨				
13	依次按下按钮		19	○					
14	走 4 步到胎具处	4	3		⇨				
15	检查夹具是否在正确的位置夹好工件		7				□		
16	拿取本工位焊枪焊接 11 个点		72	○					
17	等待 RF20 工位的焊枪		8			D			消除
18	拉取 RF20 工位的双挂焊枪	3	12		⇨				消除
19	焊接 7 个点		35	○					
20	拿取本工位焊枪焊接 4 个点		41	○					
21	手动打开一个夹具走 4 步到控制台	4	5		⇨				
22	按步序打开夹具		13	○					
23	走 4 步回到胎具	4	3		⇨				
24	检查焊点位置、数量和外观质量		10				□		
25	将临时工作台上的工件吊到下一工位	5	21		⇨				转移
26	将吊具从 RF20 工位运回 RF10 工位	8	28		⇨				消除
合计		48	347	214	108	8	17	0	

图 7-10　改善前操作员甲工作流程图

第7章 秒表时间研究

改善前后端 RF10 工位操作员乙操作流程程序图			统计			
			活动内容		次数	时间/s	距离/步

改善前后端 RF10 工位操作员乙操作流程程序图	统计			
	活动内容	次数	时间/s	距离/步
地点：焊装车间 操作者：操作员乙　日期：2011-2-25 研究者：王娜　　日期：2011-2-25	操作 ○	11	199	
	搬动 ⇨	11	69	56
	等待 D	2	44	
	检查 □	2	38	
备注	存储 ▽	0	0	
	距离/m			
	时间/min			

步骤	说明	距离/步	时间/s	○	⇨	D	□	▽	备注
1	等待安装后座椅横梁总成		1			D			
2	安装后座椅横梁总成		10	○					
3	走5步取左后地板边梁总成	5	5		⇨				
4	弯腰拿取工件		3	○					缩减
5	拿取工件走5步回到工位	5	5		⇨				
6	安装左后地板边梁总成		3	○					
7	走3步取后地板后部横梁	3	4		⇨				
8	弯腰拿取工件		4	○					缩减
9	走4步回到工位	4	4		⇨				
10	安装后地板后部横梁		7	○					
11	等待操作员甲按下按钮		43			D			重排
12	手动夹紧夹具	4	8	○					
13	检查夹具是否在正确位置夹紧工件		19				□		
14	拿取本工位2号焊枪立焊12个点		81	○					
15	放回2号焊枪取 RF20 工位焊枪	4	19		⇨				
16	焊接7个点		33	○					
17	放回2号焊枪取1号焊枪	3	9		⇨				
18	立焊3个点		24	○					
19	检查焊点数量、质量和外观质量		19				□		
20	走3步取后座椅横梁总成	3	3		⇨				
21	弯腰拿取后座椅横梁总成		4	○					缩减
22	走5步放到右侧涂胶台上	5	5		⇨				
23	走5步去左侧涂胶台取胶枪	5	3		⇨				
24	走5步回到右侧涂胶台	5	3		⇨				
25	涂胶 510mm		22	○					
26	走10步放回胶枪并拿工件走回工位	10	9		⇨				消除
	合计	56	350	199	69	44	38	0	

图 7-11　操作员乙工作流程图

下面对操作工人甲和操作工人乙的操作流程进行分析。运用 5W1H 技术和 ECRS 原则对原来的操作流程进行改进。

1）对操作工人甲。

问：操作工人甲每次取物料的时候都需要弯腰拿取，是否能够改善？

答：可将料箱架高，并且在一侧开口，可方便拿取。

问：操作工人甲需要使用 RF20 工位的双挂焊枪，每次都有等待，能否解决？

答：可增加一把焊枪，将本工位的焊枪变成双挂焊枪，这样不仅消除等待时间，而且能够提高焊接速度。

问：操作工人甲需要将临时工作台上的工件运到下一工位，再将吊具运回，将本工位上的工件吊到临时工作台上，吊运的时间特别长，共 49s，而且存在工位间相互等待的现象，能否解决？

答：既然存在临时工作台就没必要要求两个工位的生产同步，可增加一个吊具，在 RF20 工位需要的时候自己到临时工作台上吊取，本工位只需将生产好的工件吊到工作台上，符合拉动式生产的要求。

2）对操作工人乙。

问：操作工人乙在取工件的时候存在和甲同样的问题，需要多次弯腰，能否解决？

答：可将料箱架高，并且在一侧开口，可方便拿取。

问：操作工人乙有一个时间比较长的连续等待，能否有效利用起来？

答：后地板前部横梁的料箱放到左侧的涂胶台旁，由操作工人乙帮忙涂胶，操作工人甲只负责到涂胶台上拿取涂好胶的工件安装。这样操作工人乙可将胶枪拿到右侧，方便后面的涂胶，减少走动。

根据 5W1H 的提问，得到了流程改善的解决方案，包括 RF10 左侧需要增加一把双挂胶枪，料箱都需要架高和单面开口的设置，增加一个简单吊具，同时对作业进行了重新排列，分解了一些动作给下一个工位，消除了不必要的动作。改善后的甲、乙两名操作员的工作流程图分别见图 7-12 和图 7-13。

通过对操作员甲和操作员乙的操作流程的优化，根据 ECRS 原则，流程优化的结果能够达到 12JPH 的要求，即节拍时间降到 300s 以内。有效地降低了等待时间，提高了时间利用效率，消除了不必要的搬运过程，工作得到了更合理的分配。

【实例 2】剔除异常题型。

对一个操作单元利用秒表进行时间研究，对其观测 32 次，其中漏记 2 次，剩下的 30 次的记录如表 7-7 所示。

第7章 秒表时间研究

改善前后端 RF10 工位操作员甲操作流程程序图			统计			
			活动内容	次数（前）	次数（后）	时间/s（前）	时间/s（后）

地点：焊装车间	活动内容	次数（前）	次数（后）	时间/s（前）	时间/s（后）
操作者：操作员甲　日期：2011-2-25	操作 ○	11	9	214	194
研究者：王娜　　日期：2011-2-25	搬动 ⇨	12	11	108	85
	等待 D	1	0	8	0
备注	检查 □	2	2	17	17
	存储 ▽	0	0	0	0

步骤	说明	距离/步（后）	时间/s（后）	○	⇨	D	□	▽	ECRS
1	手持吊装慢慢升起		4	○					
2	持吊取的后端骨架走5步	5	10		⇨				
3	吊装下落到临到工作台上		7		⇨				
4	走4步取右后地板边梁总成	4	3		⇨				
5	拿起右后地板边梁总成		1	○					
6	转身安装		5	○					
7	走4步到左侧涂胶台	4	5		⇨				
8	拿取后地板前部横梁走3步	3	4		⇨				
9	安装后地板前部横梁		4	○					
10	走4步到按钮控制台	4	4		⇨				
11	依次按下按钮		19	○					
12	走4步到胎具处	4	3		⇨				
13	检查夹具的位置		7				□		
14	拿取本工位焊枪焊接11个点		72	○					
15	焊接7个点		35	○					
16	拿取本工位焊枪焊接4个点		41	○					
17	手动打开一个夹具走4步到控制台	4	5		⇨				
18	按步序打开夹具		13	○					
19	走4步回到胎具	4	3		⇨				
20	检查焊点位置、数量和外观质量		10				□		
21	将临时工作台上的工件吊到RF20工位	5	21		⇨				
22	将吊具从RF20工位运回RF10工位	8	20		⇨				
	合计	45	296	194	85	0	17	0	

图 7-12　改善后甲工作流程图

改善前后端 RF10 工位操作员乙操作流程程序图			统计				
			活动内容	次数（前）	次数（后）	时间/s（前）	时间/s（后）
地点：焊装车间 操作者：操作员乙　日期：2011-2-25 研究者：王娜　日期：2011-2-25			操作 ○	11	12	199	202
			搬动 ⇨	11	11	69	68
备注			等待 D	2	1	44	1
			检查 □	2	1	38	10
			存储 ▽	0	0	0	0

步骤	说明	距离/步	时间/s	符号 ○	⇨	D	□	▽	ECRS
1	等待安装后座椅横梁总成		1			D			
2	安装后座椅横梁总成		10	○					
3	走 5 步取左后地板边梁总成	5	5		⇨				
4	拿取工件		1	○					
5	走 5 步回到工位	5	5		⇨				
6	安装左后地板边梁总成		3	○					
7	走 3 步取后地板后部横梁	3	4		⇨				
8	拿取工件		1	○					
9	走 4 步回到工位	4	4		⇨				
10	安装后地板后部横梁		6	○					
11	走 3 步拿取胶枪再走 4 步到左侧涂胶台	7	7		⇨				
12	给后地板前部横梁涂胶 30mm		12	○					
13	走 4 步放回胶枪到右侧再走 3 步到工位处	7	7		⇨				
14	手动夹紧夹具并检查		8	○					
15	拿取本工位 2 号焊枪立焊 12 个点		81	○					
16	放回 2 号焊枪取 RF20 工位焊枪	4	19		⇨				
17	立焊 7 个点		33	○					
18	放回 2 号焊枪取 1 号焊枪	3	9		⇨				
19	立焊 3 个点		24	○					
20	检查焊点数量、质量和外观质量		10				□		
21	走 3 步取后座椅横梁总成	3	2		⇨				
22	拿取后座椅横梁总成		1	○					
23	走 5 步放到右侧涂胶台上	5	4		⇨				
24	涂胶 510mm		22	○					
25	走 3 步拿工件走回工位	3	2		⇨				
合计		49	281	202	68	1	10	0	

图 7-13 改善后操作员乙工作流程图

表 7-7 某操作单元的秒表时间研究记录

序号	1	2	3	4	5	6	7	8	9
时间/s	15	14	15	16	17	16	14	15	18
序号	10	11	12	13	14	15	16	17	18
时间/s	17	19	16	18	25	19	17	20	17
序号	19	20	21	22	23	24	25	26	27
时间/s	19	17	20	21	20	16	17	16	19
序号	28	29	30						
时间/s	18	17	20						

1）计算平均值。

$$\bar{X} = \frac{\sum_1^{30} X_i}{N} = \frac{528}{30} = 17.6$$

2）计算标准差。

$$\sigma = \sqrt{\frac{\sum_2^{30}(X_i - \bar{X})^2}{30}} = \sqrt{\frac{218.7}{30}} = 2.3$$

3）管制上限 UCL=$\bar{X}+3\sigma$=16.97+3×2.09=23.24；

管制下限 LCL=$\bar{X}-3\sigma$=16.97−3×2.09=10.70。

第 14 次的观测结果高于管制上限，视为异常值，应剔除。

现对上述工作单元进行评定，采用的方法是平准化法，即从操作者的熟练程度、努力程度、工作环境，以及一致性进行评定，每个因素分为超佳、优、良、平均、可、欠佳六个高低程度的等级，下面分别对每个评定因素进行评定。

1）熟练程度。经过观察，操作者对担任的工作有高度的适应性，准确性高，并且使用机器有效熟练，因此熟练程度定为优 B_1，熟练系数为 0.11。

2）努力系数。操作者在工作的时候有兴趣且负责，也很有节奏性，对于别人的建议，虽然很乐于接受，但是有时候会忘记实施，因此努力系数定位为优 B_2，系数为 0.08。

3）工作环境系数。观察工作环境，可以发现有一定程度的噪声，虽然不是很大，但是会影响操作者的情绪，另外观察时工作场所的温度调节设备有时候会出现故障，特别是夏天和冬天，这对操作者的心理影响很大，直接导致其积极性不高，但是大多时候的温度还是很适宜的，其他方面如照明、通风、湿度基本不会影响操作者的心情。综上对工作环境的评定等级为良 C，系数为 0.02。

4）一致性。是指操作者在不同周期中完成统一作业或动作要素所需时间是否一致，也就是各种主客观因素是否对操作者产生很大的影响，操作者是否能保持一定的效率，利用以上对操作者的秒表时间研究的观察结果，操作单元最长时间与最短时间的比值为 1.5，因此一致性等级定为平均 D，系数为 0。

综上所述，评定系数=1+（0.11+0.08+0.02+0）=1.21。

【实例 3】平准化法制定标准作业时间。

通过测时，已掌握某工序的实测作业时间为 2.4min，工作评比系数为 120%。另外从标准资料中获得，该工序的程序宽放率为 15%，个人需要与休息宽放率为 5%，工序的准备与结束时间为 50min。该工序的加工批量为 50 件。试计算该工序标准时间及一批零件的时间定额。

解答 1）工序标准时间 $T=2.4\text{min} \times 1.2 \times (1+0.15+0.05)\text{min}=3.46\text{min}$。

2）一批零件的时间定额 $T=3.46\text{min} \times 50+50\text{min}=223\text{min}$。

7.5.2 复习思考题

1）什么是秒表测时？其作用有哪些？

2）秒表测时的步骤和方法中涉及哪些内容，请回顾自己掌握的内容，并参照本书加深理解。

第8章 工作抽样

工作抽样是作业测定法中一种非常重要的制定作业标准时间的方法，它有别于秒表时间研究中的连续观测，工作抽样是对作业系统的工作状态进行瞬时的观测，利用数理统计的方法计算工作系统的空闲比率，从而能制定标准时间的一种方法。

8.1 主要内容、特点及学习要求

1. 主要内容

本章的内容由工作抽样的原理、工作抽样的方法和步骤、工作抽样的案例分析三部分组成。其中工作抽样的原理包括工作抽样的概念、工作抽样的特征、工作抽样的用途、工作抽样的优缺点等。本章的重点是工作抽样的原理及运用。

2. 特点

1) 本章知识对数理统计与分析要求比较高；

2) 因为涉及工作抽样的方法的具体实施步骤，在学习过程中对实践要求相对其他章节更高，如观测点的选择、观测时间的决定方法等。

3. 学习要求

掌握工作抽样的原理，并会熟练运用工作抽样的方法，进行实际案例分析，确定实际作业中的标准时间，并运用其结果数据进行改善作业。

4. 能力培养要求

要求学生能够运用工作抽样计算实际工作当中的标准工作时间。

8.2 工作抽样的发展历史、现状和趋势

8.2.1 工作抽样的发展历史

时间测定最早源自泰勒的时间研究，泰勒通过铁锹作业实验，研究工人的作业时间，对作业方法进行改善，科学制定了劳动定额；通过采用标准化，极大地提高了效率，降低了成本，这是工作抽样应用的雏形。

8.2.2 工作抽样的研究现状

从此，工作抽样成为一种应用十分广泛的"工作研究"技术，广泛用于调查设备及人

员的工时利用率、劳动定额中的宽放率、工作效率改进等方面，而且逐渐进入医院、商店、学校、银行及政府机关等单位，在欧美、日本以及俄罗斯等地广泛应用。工作抽样法已经进入医院、商店、学校、银行及政府机关等单位，像管理这样难以测量效率的工作都可以应用工作抽样来进行。工作抽样在各行各业中应用很广泛，属于一种比较成熟的工作管理方法。

8.2.3 工作抽样的发展趋势

在大数据时代，在众多的数据面前，如何合理应用这些数据就显得极其重要，但是有些工作在大数据面前成本非常高，所以用工作抽样的方法更有合理性，在很多方面应用性更广泛。

8.3 内容分析与补充

8.3.1 工作抽样的原理

1. 工作抽样的概念

工作抽样（work sampling），又叫瞬时观测法、比率-延迟研究，是应用统计抽样方式进行工作测量的一种技术。在一段较长的时间内，以随机的方式对调查对象进行间断的观测，根据观测到的该调查对象某状况的次数来推断发生的时间长短。

它的基本原则如下：在抽样样本数一定的情况下，某活动项目被观测的次数同该活动项目的时间量成比例。

$$时间的构成比例（P）= \frac{活动项目被观测到的次数（X）}{观测总次数（N）}$$

2. 工作抽样的用途

1）作业改善。测定操作者或机器的空闲时间占总时间的比例，了解其空闲部分的时间构成，细分成项目，查找原因，谋求作业改善。

$$空闲比率 = \frac{空闲次数}{总观测次数} \times 100\% ; \quad 工作比率 = \frac{工作次数}{总观测次数} \times 100\%$$

2）制定标准时间，确定宽放率。利用工作抽样可以很容易地制定除疲劳宽放以外的宽放时间标准。

$$每件产品标准时间 = \frac{观测总时间}{生产总数量} \times 工作率 \times 评比率 \times (1+宽放率)$$

3. 工作抽样与秒表时间研究对比（表 8-1）

表 8-1 工作抽样与秒表时间研究的对比

项目	工作抽样	秒表时间研究
测定方法	对观测对象的状态进行瞬时观测	对观测对象的状态进行连续测定
测定工具	目视	秒表或计时器

续表

项目	工作抽样	秒表时间研究
观测者的疲劳程度	不太疲劳	相当疲劳，观测者必须专心
观测对象	1名观测者可以观测多名对象；可以同时观测作业者和设备	1名观测者只能观测1名对象；同时观测作业者和设备有困难
观测时间	根据观测目的可自由决定	实际上难以在很长时间观测
观测结果	得到的是工作率	直接得到时间值

8.3.2 工作抽样的方法和步骤

1.工作抽样的方法

欲保证抽样结果的正确性，必须遵守两条基本原则：一是保证每次抽样观测的随机性；二是要有足够的抽样观测次数。

（1）正态分布模型

正态分布曲线和正态分布概率分别见图 8-1 和表 8-2。

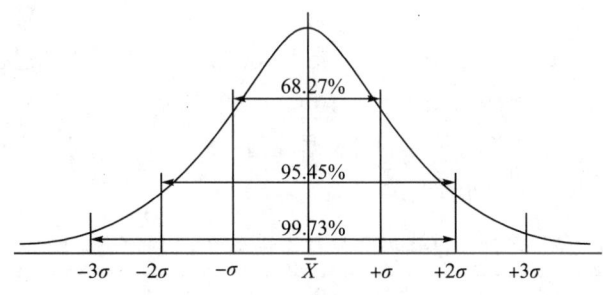

图 8-1 正态分布曲线

表 8-2 正态分布概率

范围（±σ）	±.076σ	±1σ	±1.96σ	±2σ	±8.586σ	±3σ	±4σ
概率/%	50.0	68.27	95.0	95.45	99.0	99.73	99.99

问题：确定了工作抽样的一系列观测数据在 $n\sigma$，怎么才能确定其可靠度？

问题分析：运用数理统计与分析中的正态分布表查询。

（2）可靠度与精度

可靠度的确定：一般情况下为 95%。

精度的计算公式见式（8-1）和式（8-2），当可靠度为 95%时

$$E = 2\sigma = 2\sqrt{\frac{P(1-P)}{n}} \tag{8-1}$$

$$S = \frac{E}{P} = 2\sqrt{\frac{1-P}{nP}} \tag{8-2}$$

对一般的工作抽样来说，通常取绝对精度 E 为 2%～3%，相对精度 S 为 5%～10%。对于绝对精度，依据经验规定，按工作抽样的目的不同可在表 8-3 中查出允许的绝对精度值

的大小。

表 8-3 不同抽样目的允许的绝对精度 E 值

目的	E 值
调查停工、等待时间等管理上的问题	±（3.6%～4.5%）
作业改善	±（2.4%～3.5%）
决定工作地布置等宽放率	±（1.2%～1.4%）
制定标准时间	±（1.6%～2.4%）

（3）工作抽样观测次数 n 的确定

1) 计算法。

$$n=4P(1-P)/E^2 \tag{8-3}$$

$$n=4(1-P)/S^2P \tag{8-4}$$

式中，E 为绝对精度；S 为相对精度；P 为观测事件发生率；n 为需观测的次数。

【例1】经过 100 次观测，求得某设备的开动率（或作业率、工作率）为 75%，若取绝对精度为 ±3%，求观测次数。

解答 按公式（8-3）得

$$n=4P(1-P)/E^2=4×0.75(1-0.75)/(0.03)^2=833（次）$$

已经观测了 100 次，尚需追加（833-100）次=733 次。

2) 图表法。在作业率已知的条件下，根据观测目的、观测精度（相对精度或绝对精度）确定观测次数，可利用表 8-4 来确定。

表 8-4 不同作业率（P）下的观测次数 n（可靠度为 95%）

P/%	n				P/%	n			
	绝对精度		相对精度			绝对精度		相对精度	
	1%	5%	1%	5%		1%	5%	1%	5%
1	16	396	3 960 000	158 400	19	400	9 996	38 431	1 537
2	32	784	1 960 000	78 400	20	400	9 984	36 923	1 477
3	47	1 164	1 293 000	51 720	21	399	9 964	35 472	1 419
4	62	1 536	960 000	38 400	22	398	9 936	34 074	1 363
5	76	1 900	760 000	30 433	23	397	9 900	32 727	1 309
6	92	2 256	626 667	25 067	24	395	9 856	31 429	1 257
7	102	2 604	531 429	21 257	25	392	9 804	30 175	1 207
8	118	2 944	460 000	18 400	26	390	9 744	28 966	1 159
9	131	3 276	404 444	16 178	27	400	9 996	41 633	1 665
10	144	3 600	360 000	36 000	28	384	9 600	26 667	1 067
11	157	3 916	323 636	12 945	29	381	9 516	25 574	1 023
12	169	4 224	293 333	11 733	30	377	9 424	24 516	981
13	181	4 524	267 692	10 708	31	373	9 323	23 492	940
14	193	4 816	245 714	9 829	32	369	9 216	22 500	900
15	205	5 100	226 667	9 067	33	365	9 100	21 538	862
16	216	5 376	210 000	8 400	34	360	8 976	20 606	824
17	266	5 644	195 294	7 812	35	354	8 844	19 701	788
18	236	5 904	182 222	7 289	36	349	8 704	18 824	753

续表

P/%	n				P/%	n			
	绝对精度		相对精度			绝对精度		相对精度	
	1%	5%	1%	5%		1%	5%	1%	5%
37	246	6 156	170 526	6 821	69	343	8 556	17 971	719
38	256	6 400	160 000	6 400	70	337	8 400	17 143	686
39	266	6 636	150 476	6 019	71	330	8 236	16 338	654
40	275	6 916	143 636	5 673	72	323	8 064	15 556	622
41	284	7 084	133 913	5 357	73	316	7 884	14 995	592
42	292	7 296	126 667	5 067	74	308	7 696	14 054	562
43	300	7 500	120 000	4 800	75	300	7 500	13 333	533
44	308	7 696	113 846	4 554	76	292	7 296	12 632	505
45	316	7 884	108 148	4 326	77	284	7 084	11 948	478
46	323	8 064	102 857	4 114	78	275	6 864	11 282	451
47	330	8 236	97 931	3 917	79	266	6 636	10 633	425
48	337	8 400	93 333	3 733	80	256	6 400	10 000	400
49	343	8 556	89 032	3 561	81	246	6 156	9 383	375
50	349	8 704	85 000	3 400	82	236	5 904	8 780	351
51	354	8 844	81 212	3 249	83	226	5 644	8 193	328
52	360	8 976	77 647	3 106	84	216	5 376	7 619	305
53	365	9 100	74 286	2 917	85	208	5 100	7 059	282
54	369	9 216	71 111	2 844	86	193	4 816	6 512	261
55	373	9 324	68 108	2 724	87	181	4 524	5 977	239
56	377	9 424	65 263	2 611	88	169	4 224	5 455	218
57	381	9 516	62 564	2 503	89	157	3 916	4 944	198
58	384	9 600	60 000	2 400	90	144	3 600	4 444	178
59	387	9 676	57 561	2 302	91	131	3 276	3 956	158
60	390	9 744	55 238	2 210	92	118	2 944	3 478	139
61	392	9 804	53 023	2 121	92	102	2 604	3 011	120
62	395	9 856	50 909	2 036	93	92	2 256	2 553	102
63	397	9 900	48 889	1 956	94	76	1 900	2 105	84
64	398	9 936	46 957	1 878	95	62	1 536	1 667	67
65	399	9 964	45 106	1 804	96	47	1 164	1 237	50
66	400	9 984	43 333	1 733	97	32	784	816	33
67	400	9 996	41 633	1 665	98	16	396	404	16
68	400	10000	40 000	1 600	99				

（4）动手实践

在以下给定条件下，运用所学的知识，确定观测次数。

1）已知可靠度为 95%，作业率 $P=80\%$，相对精度 $S=5\%$，估算观测次数 n，要求有具体的思路。

2）已知可靠度为 95%，作业率 $P=80\%$，绝对精度 $S=3\%$，估算观测次数 n，要求有具体的思路。

解答思路：1）在表 8-4 中可直接查出 $n=400$。

2）首先在表 8-4 中查出作业率为 80%、绝对精度为 1% 和 5% 一栏的值，再利用数学中的线性知识就可以估算出 n。

2. 工作抽样的实施步骤

（1）明确调查目的范围

调查目的不同，则项目分类、观测次数与方法均不相同。

（2）调查项目分类

图 8-2 为全工作时间的分类。

问题：1）以机器开动率为调查目的，则调查项目、范围怎么确立？

2）以查明机器发生空闲的原因为调查目的，则调查项目、范围怎么确立？

（3）确定观测路径

观测前，需绘制机器或操作者的分布平面图和巡回观测路线图，注明观测位置。

图 8-3 为在某工厂机器与操作者配置平面图上绘制的观测路线和观测点。图中圆圈为观测机器的位置，×为观测操作者的位置，带箭头的线表示巡回路线。

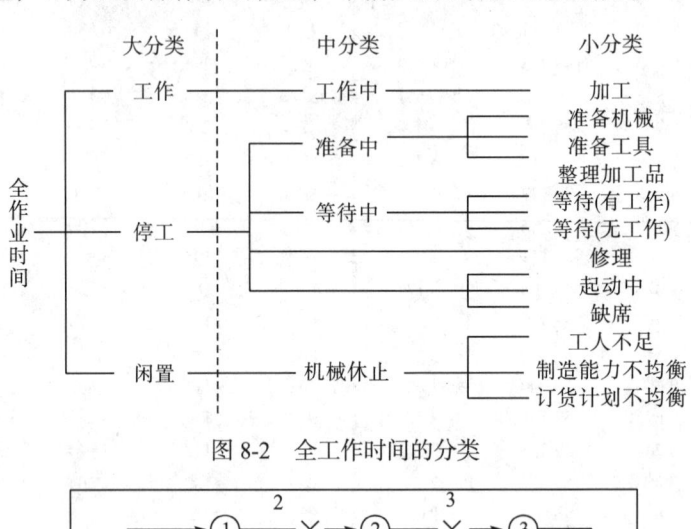

图 8-2 全工作时间的分类

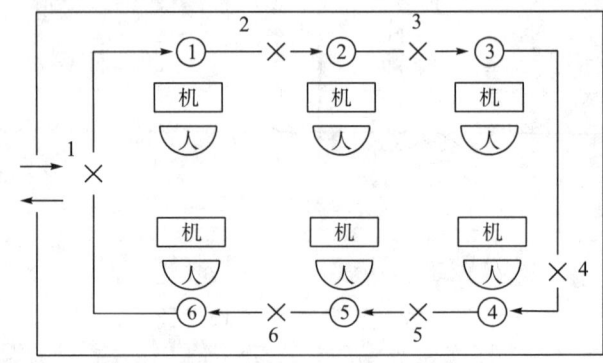

图 8-3 观测路线和观测点

问题：从这张图中，怎么解释观测操作者的理想观测位置的分布，即图中×的分布。

（4）设计工作抽样观测表

观测表的内容和形式取决于调查目的和要求，根据所调查的目的，可以设计不同的观测表。下面列举两种不同的观测表，见表 8-5 和表 8-6。

第8章 工作抽样

表 8-5 工作抽样观测表

工厂名：		车间名称：		作业：轴加工		
时间：		年 月 日（8：00～17：00）				
	粗车	精车	磨削	铣槽	观测者	
					总计（比率）	
8：10	X	√	X	○		
8：26	△	○	√	○		
8：42	○	X	√	X		
8：50	√	○	√	√		
⋮	⋮	⋮	⋮	⋮		
合计 ○	12	17	15	17	61（50.8%）	
√	8	6	6	5	25（20.8%）	
△	5	2	4	3	14（11.7%）	
X	3	7	4	6	20（16.7%）	

注：○——基本作业；√——辅助作业（调整测量、上下料、清切屑）；△——准备、结束作业（备料、备工具、看图样、交检）；X——停止作业（休息、等待、迟到、早退、旷工等）。

表 8-6 观测机器开动率和操作者作业率

分类		操作	空闲	合计			作业率/%
机器	1	正正正正正	正正正正	30	20	50	60
	2	正正正正正正正	正正	40	10	50	80
	3	正正正正正	正正正正正	25	25	50	50
操作者	1	正正正正正正	正正正正	30	20	50	60
	2	正正正正	正正正正正正	20	30	50	40
	3	正正正正正正正	正正正	35	15	50	70

此类表仅能了解机器的开动率和操作者的作业率，不能更进一步地分析空闲的原因。表 8-7 能比较清楚地了解空闲的原因。

表 8-7 观测机器和操作者作业率

分类		操作	修理	故障	停电	工作中	工作准备	搬运	等材料	等检查	商议	清扫	洗手	合计	作业率
机器	1	正正													
	2	正丁													
	3		正正												
操作者	1														
	2														
	3														

（5）试观测及总观测次数的确定

例如，观测某加工车间 10 人的作业状态，试观测一天，观测 20 次，则一天得到了 10×20=200 个观测数据，对观测数据进行统计后有 150 次作业，50 次空闲，则操作者的作业率为 $P=\dfrac{150}{200}\times 100\%=75\%$，当可靠度（置信度）规定为 95%、相对精度为 ±5% 时，则由式（8-2）求得观测次数为

$$n=\frac{4(1-P)}{S^2P}=\frac{4(1-0.75)}{0.05^2\times 0.75}=533(\text{次})$$

一般地讲，观测次数决定于精度大小，为保证足够精度，观测数应尽可能多。

【例2】对某机器作业率进行观测，估计该机器停机率为 25.6%，需要观测精度的绝对精度为 0.01，可靠度为 95%，求需观测的次数。若再经过 300 次观测，连同原来观测的 100 次，共 400 次中，机器停机状态 90 次，则重新调整观测次数为多少？

解答

$$n=\frac{P(1-P)Z^2}{E^2}=\frac{0.256\times(1-0.256)\times 4}{0.0001}=7618.56(\text{次}),\text{取}7619\text{次}$$

$$n=\frac{P(1-P)Z^2}{E^2}=\frac{0.225\times(1-0.225)\times 4}{0.0001}=6975(\text{次})$$

（6）确定观测期间以及一天的观测次数

$$观测期间=\frac{观测总次数}{观测对象\times 每天观测次数}=\frac{533}{10\times 20}\approx 2.67\approx 3(\text{天})$$

$$一天的观测次数=\frac{n}{d}=\frac{观测次数}{观测期间}$$

计算观测次数和观测期间应考虑以下三点。

1）如果作业的变化具有周期性，观测期间必须取变化周期的整数倍，或取与最小、最大周期相同的时刻。

2）在观测时，若作业内容稳定而均匀，可确定较短的观测期间。而对非周期性作业，观测期间应延长。

3）研究宽放率（疲劳宽放除外）或作业内容变动大的场合，最好观测期间稍长些。观测期间应避开非正常作业时间。

（7）向有关人员说明调查目的

为使工作抽样取得成功，必须将抽样的目的、意义与方法向被观测对象讲清楚，以便消除不必要的疑虑，并要求操作者按平时状态工作，避免紧张或做作。

（8）正式观测

决定每日的观测时刻。根据抽样理论，观测时刻应是随机的，以免观测结果产生误差。随机决定观测时刻的方法很多，下面介绍三种方法。

1）利用随机数表决定观测时刻；

2）利用系统抽样原理确定观测时刻；

3）利用随机抽样原理决定观测时刻。

(9）观测数据的整理与分析

全部观测结束后，就要对观测数据进行统计、整理及分析。其处理过程如下。

1）统计观测数据。

2）计算项目的发生率。

$$某项目发生率 = \frac{某项目的发生次数}{每天（班次）的全部观测次数} \times 100\%$$

3）剔除异常值。在完成全部观测之后，需检验观测数据是否正常，如发现异常数值应予以剔除（判断异常值常用的"三倍标准差法"在7.3.7节已经阐述）。

【例3】 设某项工作抽样10天，共观测了1000次，每天观测100次，观测结果如表8-8所示。请进行异常值处理。

表8-8 某项工作抽样观测结果

观测天数	每天观测次数（n）	工作次数	工作率/%	工作率均值/%
1	100	81	81	
2	100	67	67	
3	100	78	78	
4	100	79	79	
5	100	87	87	81.7
6	100	85	85	
7	100	73	73	
8	100	94	94	
9	100	89	89	
10	100	84	84	
合计	1000	817		81.7

解答 由题意，$n = 100$，$P = 0.817$，$1-P = 0.183$。

子样本标准差：$\sigma = \sqrt{\dfrac{P(1-P)}{n}} = \sqrt{\dfrac{0.817 \times 0.183}{100}} = 0.0387$。

由3σ原则控制界限为：

控制上限 = $0.817 + 3 \times 0.0387 = 0.933$。

控制下限 = $0.817 - 3 \times 0.0387 = 0.701$。

由表8-8可知，第二天的工作率为67%，低于控制下限70.1%，应作为异常值除去；第八天的工作率为94%，高于控制上限93.3%，也应作为异常值除去。异常值除去后其相应的观测天数和观测次数均应舍去，从而观测事件的平均工作率P将发生变化，变化后为

$$\overline{P} = \frac{81 + 78 + 79 + 87 + 85 + 73 + 89 + 84}{100 \times 8} = 0.82$$

4）重新计算设备开动率（作业率），求绝对精度及相对精度，剔除异常值的设备平均开动率为

$$\overline{P} = \frac{1464}{1800} \times 100\% = 81.3\%$$

由事先确定的 $E=±3\%$，可靠度为 95%，计算总的观测次数为

$$n = \frac{4P(1-P)}{E^2} = \frac{4 \times 0.813(1-0.813)}{(\pm 0.03)^2} = 676(次)$$

1800 次观测数据远大于所需的观测次数，足以保证精度要求。此时绝对精度为

$$E = 2\sigma = 2\sqrt{\frac{0.813(1-0.813)}{1800}} = 2 \times 9.19 \times 10^{-3} = 0.01838 = 1.84\%$$

相对精度为

$$S = 2\sqrt{\frac{1-P}{nP}} = 2\sqrt{\frac{1-0.813}{1800 \times 0.813}} = 2 \times 0.0113 = 2.26\%$$

原选择的绝对精度为 ±3%，相对精度为 ±5%，说明此观测也是有效的。
若剔除异常值后实际观测次数没有达到所需的观测数，则需继续补测。

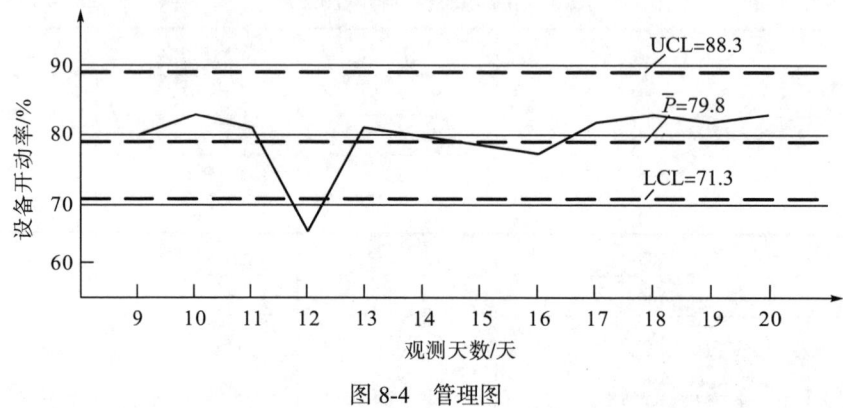

图 8-4　管理图

5）分析结果，改进工作。通过上述步骤，确认结果可信之后，就可得出与设计目的相应的结论，如作业率是否合适、设备的负荷如何、工人的工作状态如何、各种作业活动时间构成比是否合适等，并分析其原因，提出具体改善措施，达到充分发掘人员与设备的潜力、提高企业经济效益的目的。

8.3.3　工作抽样的应用实例

【例 4】奥林巴斯组装部的某一条拉线有各类简单的组装作业，构成的零件数和构造几乎一样，只是外观设计按机种的不同而稍有不同，至今尚未设定标准时间，对人员计划和交货期管理很不方便，所以管理者想要知道一个产品的平均组装时间。

从事此工作的皆为女性，作业员共 25 人，一天的作业时间为 470min。由过去的资料可知，其工作率约为 75%，工作抽样的相对误差（S）决定为 ±4%，可靠度 99%。

1）试求其应取的样本数 N 为多少？若想要在 3 天内完成工作抽样，则每天应取多少样本？观测几回？并作出方案。

2）若某先生 3 天观测结果如表 8-9 所示，则其相对误差为多少？是否需要继续工作抽样？

第8章 工作抽样

表 8-9 某先生 3 天的观测结果

	正规作业	非正规作业	总计
第一天	240	60	300
第二天	242	58	300
第三天	236	64	300
总计	718	182	900

解答 1）1875 次；每天 625 次；观测 25 回；利用随机数表。

2）P=79.78%，σ=1.34%，$E=3\sigma$=4.02%，S=4.02%/0.7978=5.04%；还要继续工作抽样。

【例5】某企业的齿轮分厂加工一批圆柱齿轮，应用工作抽样法对作业进行分析与改进。

用工作抽样法解决该问题的具体步骤如下。

1）明确调查对象。齿轮加工是某企业的重要作业之一，从每月的计划完成情况看，该厂齿轮生产属于薄弱环节，一直影响整机的配套率。劳资部门认为主要原因是该工段的作业效率低，估计的作业率仅为 70%。为了减少无效时间，提高作业率，决定运用工作抽样法进行作业改进。

2）初步调查。主要对齿轮作业的工艺、设备、人员、布置及作业方法等进行调查。调查的部分结果见表 8-10。

表 8-10 齿轮加工工艺过程

工序	内容	设备	台数	工人数	夹具
1	钻扩孔、倒角	立钻	1	1	钻模
2	拉内孔、键槽	拉床	1	1	球面导向套
3	粗车外圆及两端面	普通车床	3	3	心轴
4	精车外圆及两端面	普通车床	2	2	心轴
5	滚齿形	滚齿机	3	3	心轴
6	磨齿	磨齿机	2	2	心轴
7	打印去毛刺	台钻	1	1	

3）对观测项目进行分类。因为主要调查空闲因素，所以对可能发生空闲的项目进行了详细的分类，如表 8-11 所示。

表 8-11 观测项目分类

作业	辅助作业	宽放	作业	辅助作业	宽放
钻、扩孔	准备材料	商谈问题	滚齿	清点数量	入厕
拉键槽	中间检查	搬运零件	磨齿	其他	其他
粗车	清理工作地	等待加工	去毛刺		
精车	准备工、夹具	休息	终检查		

4）确定观测次数。相对精度 S 取为 5%，作业率 P 为 70%，代入式（8-4）计算观测次数 n。

$$n = \frac{4(1-P)}{S^2 P} = \frac{4 \times (1-0.7)}{0.05^2 \times 0.7} = 686(次)$$

5）确定观测期间和一天的观测次数。齿轮加工作业较稳定，且日产量很均匀，故可取较短的观测时间，确定为3天，共有14个工位，由此计算得每天观测次数为

$$\frac{总次数}{观测对象数 \times 观测日数} = \frac{686}{14 \times 3} = 16.33 \approx 16（次）$$

6）确定观测路径，如图 8-5 所示。

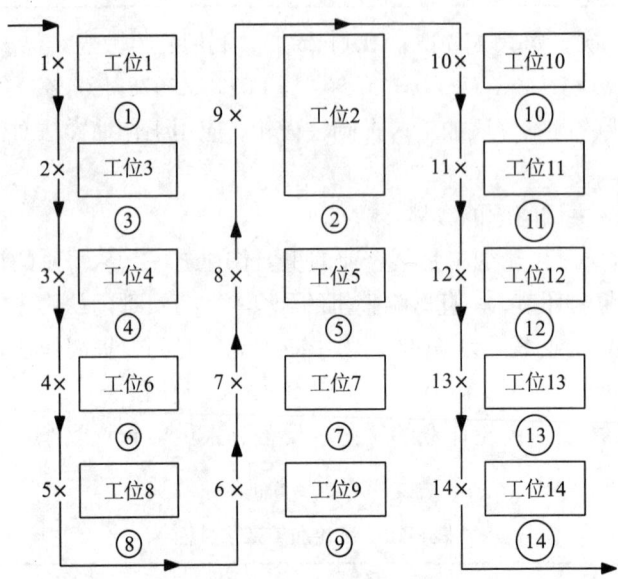

图 8-5　齿轮加工抽样观测路径
○——相应工位操作者的位置　×——观测者的位置

7）确定观测时刻。用教材《基础工业工程》（第 2 版）中表 8-9 所示的随机时刻表选择观测时刻。首先选 1~3 列为 3 天的观测时刻表，每列时间从上到下加 8，表示从早 8：00 开始，当时间大于 12：00 时，则加 9，表示扣除中午的 1 小时休息时间，然后再剔除旁边括号内数字大于 16 的时间，则选择的 3 天观测时间如表 8-12 所示。

表 8-12　3 天观测时刻表

第一天	第二天	第三天	第一天	第二天	第三天
8：20	8：20	8：10	13：55	13：15	11：30
8：55	9：55	8：35	14：00	13：30	13：45
10：30	10：00	8：55	14：05	13：35	13：55
11：05	10：30	9：10	14：55	14：20	14：00
11：10	10：40	9：45	15：45	14：35	15：05
11：25	11：10	10：05	15：50	15：15	15：40
12：00	11：50	10：50	16：10	16：00	16：10
13：10	13：05	11：20	16：25	16：35	16：35

8）进行观测。按照时间和路线进行实地观测，根据作业中发生的状态在观测表上对应栏目内打标记，如表 8-13 所示。

表 8-13　齿轮加工工作抽样观测表

作业名称：齿轮加工				观测人		审批	
所属车间：机加工车间				观测日期：10月7~9日 共3天			
观测项目		10月7日	10月8日	10月9日	小计次数	百分比/%	合计次数	百分比/%
基本作业	钻扩孔	12	10	8	30	4.4	428	62.4
	拉键槽	8	7	0	15	2.2		
	粗车	39	40	33	112	16.3		
	精车	36	30	32	98	14.3		
	滚齿	30	26	28	84	12.2		
	磨齿	15	15	11	41	6.0		
	去毛刺	7	6	8	20	2.9		
	检查	6	10	12	28	4.1		
辅助作业	准备材料	5	6	5	16	2.3	142	20.6
	中间检查	11	10	11	32	4.7		
	清理工作地	5	8	5	18	2.6		
	准备工、夹具	7	8	7	22	3.2		
	清点数量记录	15	16	11	42	6.1		
	其他	3	5	4	12	1.7		
宽放	商量工作	3	4	1	8	1.2	116	17.0
	搬运零件	21	17	14	52	7.6		
	等待	12	11	8	31	4.5		
	休息	6	4	5	15	2.2		
	上厕所	3	2	3	8	1.2		
	其他	1	1	0	2	0.3		

9）统计观测结果。由表 8-13 的统计次数计算相对精度为

$$S = 2\sqrt{\frac{P(1-P)}{n}} = 2\sqrt{\frac{0.7 \times (1-0.7)}{686}} = 3.5\%$$

相对精度<5%，说明观测结果可靠。

10）分析观测结果，找出改进方向和对策。由表 8-13 可知，基本作业的作业率仅占 62.4%，而辅助作业和宽放分别占 20.6% 和 17%，辅助作业中，清点数量记录、中间检查、准备工夹具和清理工作地所占比例较高；宽放中搬运零件、等待所占比例较高。由 5W1H 提问技术分析，产生这些问题的主要原因有①工位器具不合适，零件仍然散放，不能按箱计算数量和按箱搬运；②整理、整顿不善，工作地太乱，经常需清理才能干活；③部分工、夹具老化，精度不够；④部分粗加工也作中间检查，没必要；⑤生产能力不平衡，精车是瓶颈工序，而拉键槽有富余能力，因而等待多；⑥布置不合理，搬运多；⑦作业者技术不熟练，管理上派工有问题（造成不平衡）等。

另外，在基本作业中，62.4%的作业率也没有完全发挥效率，这主要是因为工人作业方法不当。

综上所述，提出齿轮作业的改进措施：建议通过流程研究，重新划分作业（使作业均衡）和取消不必要的作业；再通过搬运与布置分析寻求设备按流水线布置的可能性，并设计适当的工位器具和工作地布置，同时还要应用动作研究和其他工业工程方法对基本作业进行分析改进。

8.4 教育教学环节设计

8.4.1 自主学习与教学指导

1.重点、难点

（1）重点

工作抽样的原理，运用工作抽样制定工作标准时间。

（2）难点

工作抽样的步骤以及进行数据的整理与分析。

2.自主学习内容及注意事项

1）自主学习过程中，重点掌握工作抽样的原理与方法。

2）对本书中的案例应用要熟悉，多留意运用工作抽样制定工作标准时间以及改善工序的一些案例。

3.教学指导注意事项

1）本书与实践结合紧密，可带领学生观察参观，了解工作中的实际工作抽样的方法。

2）若条件允许，在实验室或工厂指导学生运用工作抽样的方法制定作业标准时间和进行作业改善。

8.4.2 案例教学设计

实践性内容是什么？

1）在上课时，可以选一个学生是否玩手机的状态进行观测，测出其上课时这个事件发生的概率，根据给定的可靠度、绝对精度计算该样本的观测次数。

2）带领学生去工厂实习，指导学生运用工作抽样的方法制定作业标准时间和进行作业改善。

8.4.3 针对能力培养的综合教育环节

给出一个经典的案例分析或带学生去一个生产现场观察，让学生实际分析一个案例，提出解决方案，计算作业标准时间，并进行作业改善。

8.4.4 讨论与展示

在课堂上让学生讨论改进工作抽样的一些具体操作方法，例如，在瞬间测时怎样才能判定工作瞬时状态。

8.4.5 教学过程评价

1. 教师自我评价指标
1) 所选用的方法和策略是否符合学生的特点；
2) 能不能维持学生的注意和兴趣，能不能促进学生的理解和记忆；
3) 对排除影响教学顺利进行的智力障碍和情绪障碍有没有好处，能给学生带来多大的满足感；
4) 是否有助于培养逻辑思维能力，能否有效地培养学生的创新精神和实践能力；
5) 教学内容是否吸收了本领域的最新成果，反映了学科发展的最新动态；
6) 从授课过程中判断是否精选了教材，选材是否根据学生的兴趣和学科的特点，是否对日常生活有实用价值；
7) 从讲授的内容上判断知识体系是否完整，条理是否清楚，层次是否分明，是否注意到了前后呼应和触类旁通；
8) 从教材难易程度上判断重点是否明确，难点是否可以解决。

2. 学生评价指标
1) 在通过新的教学设计方案的教学后，认知、情感及动作技能方面的达标程度；
2) 从学生在课堂上的表现来分析学生对新方案实施的反应，例如，可以从表情上分析学生对讲课内容和速度的适应性，可以从课堂提问中分析学生对课程的理解程度；
3) 从课堂秩序上分析学生对学习的注意或投入程度、学生是否有学习的需要和要求、学生是否乐意在教师的指导下学习等。

3. 调查结果分析
对以上指标进行调查分析，找到教学上的问题，针对问题对教学过程加以改善。

8.5 典型实例分析及复习思考题

8.5.1 典型实例分析

【实例 6】 某饮料厂生产瓶装汽水、汽酒等饮料，采用流水线集体作业的生产组织形式。如何在市场经济的情况下，在与同行业的市场竞争中立于不败之地？如何在不增加人力、设备的情况下，提高产品质量，增加产品产量，降低成本？

为了实现这一目标，该厂邀请专家对饮料、饴糖、料、精制酒等 7 条流水线进行技术诊断，并运用程序分析、时间研究、工作抽样等现代化管理方法制定先进合理的劳动定员定额，明显地提高了劳动生产率和经济效益，其中 A 汽酒、B 汽水和 C 汽水三条生产线的定员减少了 2.27%，班产量提高了 36.36%。

该厂 C 汽水的流程程序图如图 8-6 所示。流水线的大部分工作属于纯机动作业，少部分工序是机手并动和手工作业。一个工序或工位只有 1 人看管，设备只要出产品就算是在工作。将手工上空瓶、自动洗瓶机监视、出瓶、灯检、灌糖、灌水和扎盖、成品检验、装箱 8 个工位作为工作抽样的观测对象。

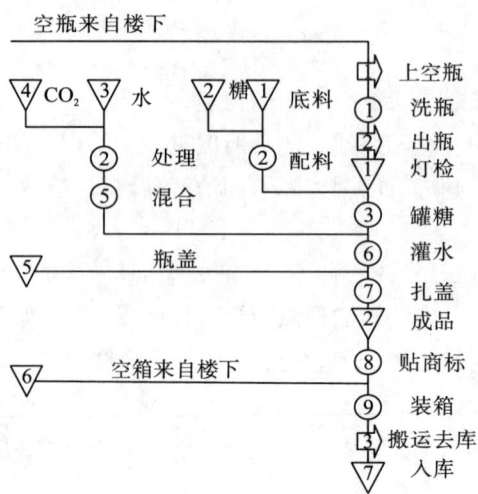

图 8-6　C 汽水流程程序图

（1）决定观测次数

经研究，规定可靠度为 95%，绝对精度为 ±3%，相对精度为 ±5%。根据该厂过去的统计资料，工作比率为 80%，规定每班观测 20 次。

总观测次数 $n = \dfrac{4(1-P)}{S^2 P}$，将 $P=80\%$、$S=5\%$ 代入上式，得

$$n = \frac{4(1-0.8)}{0.05^2 \times 0.8} = 400（次）$$

观测轮班数 $= \dfrac{400}{8 \times 20} = 2.5（班）$，取 3 班。

（2）决定每日的观测时刻

为了简便，采用随机起点等时间间隔法，设乱数数列为 18、13、02、09、11、19、05。

该厂白班作业时间从 7：00 开始，故第一天第一次观测时刻是 7：18。

各次观测时间间隔：（480−18）÷20＝23（min）。

则第二次为 7：41，以此类推。

第二天第一次的观测时刻为 7：13，第二次为 7：36，其余类推。

（3）实施观测

整理分析观测结果。按观测次数应该观测三个班，现有意识地观测六个班，观测对象

为 8 个工位，每班观测 20 次，共 960 次，其结果如表 8-14 所示。

表 8-14 观测结果

观测班次	每班观测次数（N）	工作次数	工作比率/%
1	160	129	80.63
2	160	142	88.75
3	160	124	77.50
4	160	125	78.13
5	160	119	74.38
6	160	120	75.00
合计	960	759	79.06

1）计算管理界限，做出管理图。

$$\text{管理界限} = \bar{P} \pm 3\sqrt{\frac{(1-\bar{P})\bar{P}}{n}}$$

$$= 0.7906 \pm 3\sqrt{\frac{(1-0.7906)0.7906}{160}} = 0.7906 \pm 0.0966$$

即管理上限为 88.72%，下限为 69.4%。图 8-7 为管理图。

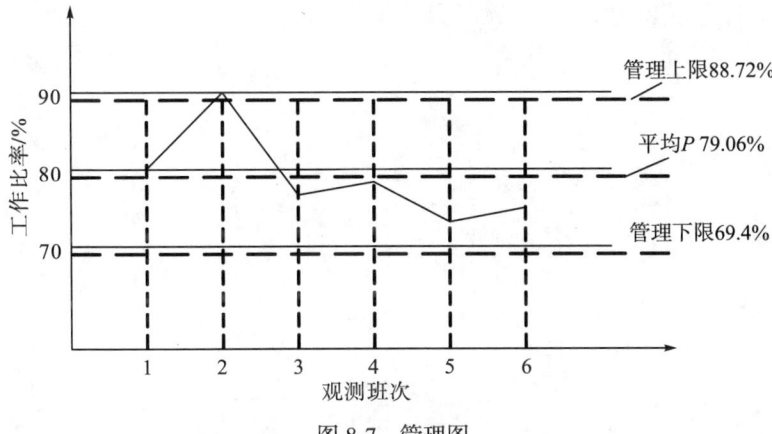

图 8-7 管理图

由于第二班的工作比率越出管理上限，作为异常值剔除。再重新计算比率。

$$\text{平均工作比率} = \frac{129+124+125+119+120}{160 \times 5} = 77.13\%$$

2）检查观测次数是否合适。余下的 5 班观测次数为 160 次 ×5=800 次，仍远远超过了 400 次。

3）计算绝对精度。

$$E = 2\sigma = 2\sqrt{\frac{0.7713(1-0.7713)}{160 \times 5}} = \pm 0.0297$$

在预先规定的 ±3% 内，观测有效。

工作抽样结束后，再应用抽样所得平均工作比率来制定流水线的产量定额，为此应用秒表测时法测试各工序的每分钟产量，结果发现各工序的能力不平衡，而流水线的产量决定于薄弱工序的生产能力，通过平整流水线，使产量达到 81.1 瓶/min，则

$$C 汽水生产线的轮班产量定额 = 480 \times 77.13\% \times 81.1 = 30025（瓶）$$

经过适当放宽，将流水线产量定额为 30000 瓶/班，班产量提高 36.36%（原来为 22000 瓶/班）。

最后进行合理的定员，配备 43 人，与原配备（44 人）比较，减少了 2.27%。

8.5.2 复习思考题

1）工作抽样的原理是什么？工作抽样的特点是什么？有什么用途？它与秒表测时相比得出什么样的结果？

2）在可靠度一定的情况下，工作抽样的观测次数与哪些因素有关？

3）简述工作抽样的实施步骤。

4）工作抽样中随机决定观测时刻的方法有哪三种？

5）工作抽样中的异常值如何发现？如何处理？

6）某公司购进一台先进仪器，对其使用情况进行工作抽样。实地采样，停机率为 25%，可靠度为 95%，相对精度为 ±5%。试确定其观测次数。

第9章 预定动作时间标准法概述

预定动作时间标准系统也称预定时间标准系统（predetermind time system，PTS）法是国际公认的制定时间标准的先进技术。这种技术利用预先为各个动作制定的时间标准来衡量各种操作所需要的时间。该方法主要有两个用途：第一，用于制定作业的标准时间，可以作为秒表测时方法制定标准时间准确性的验证工具，同时为合成（综合）评定方法中的评定系数的确定提供依据；第二，为生产的事先评估提供依据，可作为实现改进作业的方法，为合理选用工具、夹具和设备提供评价依据等。本章主要学习 MTM、WF 简易法和模特排时法三种最常用的预定动作时间标准法。

9.1 主要内容、特点及学习要求

1.主要内容

了解预定动作时间标准法的产生背景，学习最常使用的三种预定动作时间标准法：方法时间衡量（MTM）、工作因素法（WF 简易法）和模特排时法，了解三种方法的原理、特点以及动作的分类，根据动作的分析预定作业的标准时间。

2.特点

1）在确定标准时间过程中，不需要进行作业评定，一定程度上避免了时间研究人员的主观影响，使确定的标准时间更精确、可靠。

2）运用预定时间标准方法，需对操作过程（方法）进行详细记录，并得到各项基本动作时间值，从而对操作进行合理的改进。

3）可以不使用秒表，事先确定作业标准，在工作前就决定标准时间，并制定操作规程。

4）当由于作业方法变更而需要修订作业的标准时间时，所依据的预定动作时间标准不变。

5）PTS 法是流水线平整的最佳方法。

3.学习要求

1）理解预定动作时间标准法的特点、用途、分类方法和应用步骤；

2）了解 MTM 和 WF 简易法两种预定动作时间标准法；

3）重点掌握模特排时法，能够结合实际的生产作业测时问题预定较真实的动作时间标准。

4.能力培养要求

1）熟练掌握预定动作时间标准法动作的划分，并能够对动作进行分解和分析；

2）应用模特排时法记录并分析生产实例，发现问题，提出改善方案；
3）培养学生灵活运用作业测定方法解决实际生产中的问题。

9.2　预定动作时间标准法的发展历史、现状和趋势

9.2.1　预定动作时间标准法的发展历史

经过方法研究获得的最佳作业程序、工作方法、环境和条件为制定工作标准打下基础。如何确定工人完成某项作业所需的时间呢？到目前为止有三种确定时间标准或工时定额的方法，即经验判断法、历史记录法（统计分析法）和作业测定法。其中作业测定法始于泰勒创立的时间研究。它是在方法研究的基础上，对生产过程中的时间消耗加以分析研究，以求减少或避免出现生产中的无效时间及制定标准时间而进行的测定工作。作业测定法主要有直接法和合成法，具体分类见图 9-1。

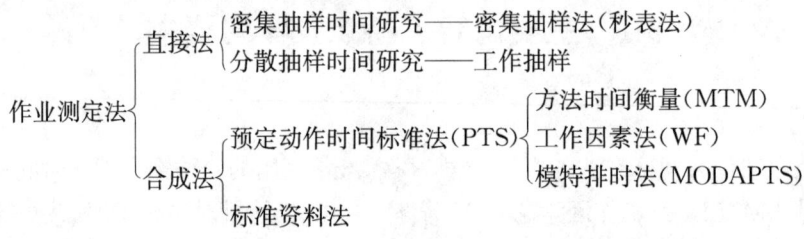

图 9-1　作业测定法分类

吉尔布雷斯夫妇相继提出动作经济原则和动素的划分，并利用影像分析测定操作者的动作时间。这些动素成为预定动作时间标准中动作划分的基础。最早对预定动作时间标准法进行研究的成果如表 9-1 所示。

表 9-1　预定动作时间标准法研究成果

时间	研究者	研究成果	研究点
1924 年	A. B. Segur	动作时间分析	对作业进行分析，分解成相关作业单元，计算查表，确定作业所需时间
1934 年	L. H. Quick	工作因素体系（WF 简易法）	将人的操作分解为移动、抓取等 8 种动作要素，并制定 8 种动作要素的时间标准
1948 年	H. B. Maynad	方法时间衡量（MTM）	把操作分解为伸向、移动、抓取等动作要素，并预先排列成表，确定完成每种动作要素所需时间
1949 年	H. C. Geppinger	空间动作时间方法（DMT）	研究动作种类与目的物的直径的关系
20 世纪 50 年代	Bailey	基本动作时间研究系统（BMT 法）	将基本动作定义为任何从人体静止开始到静止结束的动作
1966 年	G. C. Heyde	模特排时法（MODAPTS 法）	在计算出时间值的同时，根据动作经济原则进行动作研究

9.2.2 预定动作时间标准法的研究现状

梅纳德的瑞典公司和西屋电气公司在 1967—1972 年研制出梅纳德操作序列技术（Maynard operation sequence technique, MOST）。作为 MTM 的副产品，MOST 是由 Zardin(1980) 在广泛检查 MTM 资料时开发出的一种简化系统。分析者在应用 MOST 来建立标准时，要比 MTM-1 至少快 5 倍。

MOST 系统的建立基于 MTM-1 和 MTM-2 的结构和原理。该系统可直接应用于生产操作，如材料处理、分配、维护和办公室工作等。它也适用于重复循环的工作，只要从一个循环到另一个之间存在动作形式的差异即可。

和 MTM-2 相比，MOST 系统应用了更多的基本动作，它大约使用了 16 个时间段来描述手工操作，而 MTM-2 却使用了 37 种时间值。MOST 识别了 3 种基本的序列模型：一般移动、受控移动和使用工具。

国际标准有限公司已开发了两种特殊的预定时间标准系统：微观动作分析和宏观动作分析。微观动作分析适用于精确的规范和时间标准，而宏观动作分析用于一般性问题。根据国际标准有限公司顾客提供的资料,这些方法优化了方法时间衡量(MTM)和工作因素法(word factor, WF)。具体来说，MTM 和 WF 并不适用于具体的动作类型。具体的动作类型需要运用个人判断加以描述、分配适当的时间值。此外，一些分析者在使用表格时也遇到了困难。这些系统在成千上万次的应用中证明是有效的，多年来被国际标准有限公司用于其咨询活动。

9.2.3 预定动作时间标准法的发展趋势

预定动作时间标准法，国外简称 PTS，是一种工作衡量技术。它是通过对动作的最基本单元动素进行时间研究和影片分析，经综合分析所得的时间消耗标准。预定动作时间标准几乎将作业中所有的人体有形动作都包括在内。因此，这些时间消耗标准具有充分的代表性和很高的精确性。预定动作时间标准法，是依据预定动作时间标准来制定作业（工作）时间的一种方法。用它可预先为各种动作和操作制定标准时间，不需要通过直接观察和测时来决定工作的时间消耗标准，而是直接将组成作业的诸动作单元按顺序加以记录后，按每个动作单元的特征逐项分析，然后或是查表，或是作简单的计算，就能预定各组成作业动作的时间值，再将这些时间值累加，即为该作业（工作）的正常时间。正常时间按一定标准给予宽放，便得到该作业（工作）的标准时间。

1945 年来，使用基本动作时间来建立标准，已有增加趋势。应用基本动作时间，不需使用任何计时设备，即可快速且准确地建立各种标准。利用合成时间数值建立时间标准，会产生许多附加效益，如激发工作方法，并改善及发展动作经济原则（应用前，分析人员需先接受完整的训练）。

9.3 内容分析与补充

9.3.1 方法时间衡量（MTM）

1. MTM 分析目的
1）在开始生产之前，设计有效的工作方法；
2）进行工作方法的改善；
3）标准时间的设定；
4）预估所需要的时间；
5）考虑作业员的动作经济的工具或者夹具的设计；
6）激励员工重视工作改善。
2. MTM 使用的限制条件
1）MTM 的标准时间值是根据正常速度设定的，不适用于需要谨慎细心的工作；
2）MTM 的分析需要判断，且在熟练的情况下使用。
MTM 的时间单位为 TMU（time measurement unit），1TMU=0.036s，1s=27.8TMU。
3. MTM 基本动作说明
（1）伸手（reach）——符号 R
1）定义：手或手指向目的物移动的基本动作，称为伸手。伸手的动作因素有如下三个。

①手或手指的距离。

移动距离以食指移动的曲线净距离为基准。所谓的净距离是指扣除手腕、身体或其他肢体帮助的距离。当移动距离在 2cm 以下时，则以 f 表示。

②伸手的条件。

条件 A：向固定位置或另一只手的目的物伸手的情况。不需视线配合，直接能够伸手到达目的物。例如，到达某机器的控制开关；到达另一只手手指上的戒指。

条件 B：向无固定位置的目的物伸手的情况。例如，到达输送带上的单一物件。

条件 C：向放置杂乱的目的物伸手的情况。伸手的末端需要寻找与选择，混合在一起的物件可能是同类的或者不同类的。例如，伸手到混合在一起的其中一个螺帽。

条件 D：向小型目的物（其断面直径 3mm 以下）或需要适当抓取的目的物伸手的情况。例如，伸手到桌上平放的大头针。

条件 E：向身体的自然位置伸手的情况。此条件为平衡身体，为下一个动作或将手移开伸手到不定位置，故在条件 E 之后无抓取动作发生。

③动作形态（type），如表 9-2 所示。

形态 Ⅰ：伸手的开始与终止均为静止形态。
形态 Ⅱ：伸手的开始或终止为静止形态。
形态 Ⅲ：伸手的开始与终止均为移动形态。

表 9-2 伸手动作符号示例

动作形态	I	II		III
图例	速度／距离	速度／距离	速度／距离	速度／距离
符号例	R-A	mR-A	R-Am	mR-Am

2）识别方式。

分析人员观测到操作人员移动手或手指到目的地，同时是空手即为伸手。

3）案例。

将镊子放回 A 处再到 B 处取出网卡的动作，A、B 之间的距离为 20cm。

分析取网卡的动作：其伸手的开始为移动形态，即放下镊子后向网卡伸手的动作。其符号为 mR20B，从 MTM 伸手（R）时间数据中查出，mR20B 为 7.1TMU，R20B 为 10.0TMU。

4）注意事项。

开始与终止均为静止形态时为 10.0TMU，开始为移动形态时为 7.1TMU，相差 2.9TMU 即为加速时间。MTM 伸手（R）时间数据表里没有形态 III 的时间值，则根据如表 9-3 所示计算求得。例如，mR20Bm 的时间值：10.0−2.9×2=4.2（TMU）。

表 9-3 对于条件 A、B 以外的形态 II 及形态 III 的时间值计算式

R 的条件	动作类型	符号	计算式
A	III	mR-Am	A−2(A−Am)=2Am−A
B	III	mR-Bm	B−2(B−Bm)=2Bm−B
C	II	mR-C	C−(B−Bm)
D	II	mR-D	D−(B−Bm)
E	II	mR-E	E−(B−Bm)
E	III	mR-Em	E−2(B−Bm)

（2）搬运（move）——符号 M

1）定义：利用手或手指将目的物搬运移动的基本动作，称为搬运。搬运的变动因素有如下四个。

①搬运距离。

与伸手的基本动作测量相同。

②搬运的条件。

条件 A：搬运目的物至另一只手或停止位置的情况；

条件 B：搬运目的物至大概位置的情况；

条件 C：搬运目的物至精确位置的情况。

③动作形态。

与伸手形态相同。形态Ⅱ的符号为 mM-B 或 M-Bm。

④搬运物体重量。

搬运重量时间值=时间值×补正系数+常数。

2）实例，如表 9-4 所示。

表 9-4　实例

动作	距离	符号
将铅笔套进笔套	8cm	M8C
把铅笔放在桌上	14cm	M 14B
铅笔从左手拿到右手上	24cm	M24A
用单车从货车上搬下 6kg 货物	30cm	M30B-6
双手搬运 20kg 货物	30cm	M30B-20/2

例如，M30B-6 时间值：$13.3 \times 1.12 + 4.3 = 19.2$（TMU）

3）不同搬运设备环境下物体净重如表 9-4 所示。

表 9-5　不同搬运设备环境下物体净重参数

材质	动摩擦系数	备注
软钢与软钢	0.45	
铸铁与铸铁	0.4	
铸铁与木	0.48	
铝与软钢	0.36	空气中，常温，干燥面
铸铁与皮革		
铸铁与棉布	0.2～0.3	
铸铁与橡胶		
铜与钢	0.13～0.2	有润滑油

利用滑动搬运时物体的净重 $W = \mu \times w$，W 为净重，μ 为摩擦系数，w 为物体重量。

（3）身体的辅助动作（body assists）——符号 BA

身体的辅助动作是指与伸手或搬运动作同时发生的身体或肩部的移动动作。

（4）旋转（turn）——符号 T

1）定义：旋转是指以前臂为轴的手或手指（无论空手与否）的旋转动作。影响旋转动作时间的因素有如下两个。

①旋转角度。

旋转角度的大小影响旋转所需的时间及决定旋转与其他动作合并发生时的主要动作。旋转动作在不受任何其他限制下，旋转的角度范围为 30°～180°。旋转角度采用目视方法不容易衡量准确，因此每隔 15°作为一个单位，采用其最接近 15°作为旋转的角度，例如，目视手腕旋转 70°则记录为 T75。

②目标的重量或角度。

2）识别方式。

如手腕转动，手臂并无明显位移即为旋转动作。如为空手，手腕转动同时也有位移，即为伸手与旋转的合并动作。如手上握有一物件,手腕转动且同时有位移,即为搬运与旋转的合并动作。

(5)抓取——符号 G

1)定义:抓取是指手指或手控制目的物的基本动作。以镊或钳抓取零件,并非抓取动作,而属于搬运动作。抓取的影响因素有如下两个。

①目的物的大小。

②目的物的状态。

G1:用手指抓取手指附近的物件,分为 G1A、G1B、G1C 三种。

G1A:很容易抓取,手指闭合动作距离在 2cm 以下。所要抓取的物件不受其他物件的干扰,有足够的空间实施并拢手指的动作。G1A 之前的伸手动作条件可能为 A、B 或 D,大多情况为 B。

G1B:抓取非常小的目的物,或紧贴在平面的薄物等的动作。在并拢手指真正握取该物件以前需要准备或额外手指捏起的动作,如抓取放在平面上的纸等动作,其特性如下。

第一,如物件非常薄,额外的手指动作用来分开物件及平面间的接触,然后才能握取此薄纸。

第二,通常微小的物件需要准确地先将手指放在微小物件的特定位置上,然后再捏起此微小物件的动作。

第三,如将物件放置于柔软的表面上,手指可伸入此柔软的表面,而免除硬表面的干扰,可将 G1B 的握取改为 G1A。

注:G1B 之前的伸手动作条件可能为 A、B 或 D,大多数情况为 D。当物件为紧贴平面的薄物,物件可能容易损坏或易伤害手指时,仍为条件 D,否则为条件 B。所抓取的不具危险性,在固定位置且重复性高为条件 A。

G1C:抓取其底面或侧面有障碍的圆筒形物体,特性如下。

第一,G1C 抓取物件的动作,是指接近排列整齐的圆筒形物件,这样排列的物件才会受到底部及一侧的干扰。如果物件混合呈杂乱无章,则不为 G1C。

第二,如圆筒形物件具有排列情况,但却直立地置于平面上,为 G1A,因抓取的部位未受底部平面的干扰。

第三,圆筒形物体的大小分为三级,G1C1 表示圆筒直径在 13mm 以上;G1C2 表示直径在 6~12mm 的圆筒形物体;G1C3 表示直径在 5mm 以下的圆筒形物体。

注:G1C 之前的伸手条件除了 C 及 E,其他都有可能。因 G1C 是一个准确的抓取动作,故 D 发生的机会比较多。

G2:由两个或三个短距离且细微的手指动作所构成,其目的是在不失去对物件控制的情况下,改变手指对物件的控制位置,特性如下。

第一,该动作经常与搬运动作同时发生,即实施搬运动作时,同时实施握取动作。此时时间较长的为主要动作。

第二,安置动作中,如果物件安置困难,也需要 G2 的动作。

第三,最多只包括三个短距离且不互相重叠的手指动作,若改变手指对物件的控制动作，有 4~6 个短距离且不互相重叠的手指动作，则分析为两个 G2，依次类推。

注：G2 动作不会直接发生在伸手动作之后，而会发生在抓取动作之后或与伸手、搬运、转动等动作同时发生。

G3：抓取从另一只手搬运而来的目的物（将一手控制物件转移为另一手控制）。必须具有两手同时握住该物件的短暂反应时间，其特性如下。

第一，G3 包括 G1A 握取动作、反应时间与放手动作。

第二，将一物件由一手投掷到另一手上或由张开的手掌握取物件均不为 G3。

注：G3 之前的伸手动作条件一般为 A。但也有例外，如果另一手上为危险性物件则伸手条件为 D；如果移动某一物件到另一手上，另一手在等待物件的到达，则此时无伸手动作发生，仅一手发生搬运动作。

G4：从零乱的同种或异种集合目的物中抓取的动作，必须有寻找与选择的动作发生，特征如下。

第一，抓取的物件可能是相同的也可能是不同的，若是不相同的则所抓取的物件能够立即被分辨。

第二，如果所要抓取物件在其他物件之下，必须经过翻找才能抓取，则不为 G4。

第三，自一堆中一次抓取一个物件最后所剩下的少数物件，可能会成为脱离其他物件干扰的物件，此时的抓取动作为 G1A 或 G1B（需视物件大小而定）。

第四，如果混合在一起的物件体积较大，大至抓取动作末端不需寻找与选择，此时并拢手指即可完成，为 G1A。

注：G4 之前的伸手动作条件一定为 C。

G5：以手指或手的接触就可控制目的物的动作，如按电铃等，时间值为 0，虽然时间值为 0，但分析动作时，切不可忽略分析记录。

注：该动作之前的伸手动作除了条件 E，其他的四种均有可能。

2）识别方式。

有些抓取动作所需的时间相当短，不易观测出其实际发生的情况，但原本是空手突然手上增加了一个物件即为抓取。

(6) 放手——符号 RL

1）定义：放手是指放下以手指或手所控制的目的物的动作。（使用工具或钳的动作，不在此类。）

2）识别方式。

放手动作所需的时间很短暂，与 G1A 或 G5 同样，不容易被肉眼观测到，分析人员不易观测放手动作是如何发生的，但如果分析人员观测到物件已脱离操作人员手或手指的控制，即可判定有放手的动作发生。

(7) 加压——符号 AP

1）定义。

加压是指克服阻力所附加的力。完成时只有很少或没有动作发生的情形（最大移动距离为 0.65cm），如按电铃。

2）影响因素只有条件一项。

①条件1：凡可立即对物品施力，不需调整身体肢体对物件的接触或握持的位置与姿势（G2），即身体肢体已在适当位置可立即加压。符号为AP1。例如，按电灯开关。

②条件2：在AP1动作之前必须先实施G2的动作，为避免不能握牢物件手受到伤害或实施加压时所引起的不舒适，而必须变更身体肢体对物件握持的物件与姿势。符号为AP2。例如，合电闸。

3）识别方式。

加压为主要动作时，很明显地发生在其他动作之前或之后，绝不会发生在其他动作之中。如果发生在其他动作之中，应用肌肉的力量克服物件的重量或阻抗为搬运或旋转动作。如果在动作之前或之后，有一个明显短暂停顿现象，即为加压动作。

（8）旋摆动作——符号C

1）定义。

旋摆运动是以肘(elbow)为轴的摆动动作，如操作机器上的手轮或十字杆的动作等。

2）影响因素。

①旋摆运动直径。

②目的物的阻力。

③旋摆运动的形态。

3）识别方式。

由旋摆定义辨认该动作比较容易，但需要注意如下两点。

①上臂明显需要移动者应为搬运。

②如果一次摇转未及半圈者也为搬运而非旋摆。

（9）对准——符号P

1）定义。

使目的物与另一目的物对准整齐的动作（仅能由手或手指实施），称为对准。

对准并非一定是把物件结合在一起，有时对准结束时仅使物件相接触甚至仍然相隔一段距离，但物件之间必须获得准确且预定的关系。也包括摆放2cm以下的动作。对准前的搬运动作，其条件必须为C。

2）影响因素。

①啮合程度。

②对称性。

③操作的难易程度。

3）识别方式。

放置物件，搬运动作的末端发生明显缓慢的现象时，可能就有对准动作存在。

（10）拆卸——符号D

1）定义。

把连接物(部件)分开称为拆卸。拆卸时，两个相接合的物件间必定有摩擦力或分开时必有回跳现象发生。

2）影响因素。

①啮合程度。

②操作的难易程度。

3）补充。

拆卸动作的数据只包括应用力量至物件及回跳移动的距离所需的时间。如果在拆卸的过程中需要重新握住物件或需应用额外力量至物件时，即为卡住的情形，有如下两种。

①D1 为松配合，不可能发生卡住；D2 为密配合，每发生一次卡住则需重新握住该物件，因此在 D2 脱离动作之后加 G2 动作。

②D3 为紧配合，每发生一次卡住则需重新握住该物件并需对该物件加压，因此在 D2 脱离动作之后加 AP2 动作。

（11）眼睛的动作

眼睛动作可分为视线集中（EF）与视线转移（ET）两类。

视线集中（EF）：由眼睛及反应实施的一种行为，其注视在物件上的时间仅足以判别易于鉴别的特性。视线集中为一种定型的行为，故其时间为一定值 7.3TMU。

视线转移（ET）：是眼睛的基本动作，用以转移视线轴到新位置（视线转移时其他动作必须停止，待视线转移完后才能再继续其次的动作）。眼睛移动时间是视觉从一定点移动到另一定点所需的时间，为 $15.2 \times T/D$（TMU），但最高时间不超过 20TMU。

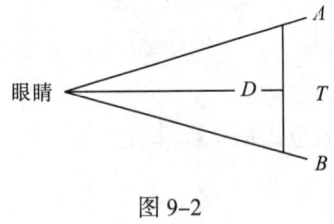

图 9-2

T 为眼睛移动的距离，D 为眼睛的垂直距离。

（12）全身动作（略）

（13）动作的联合

1）定义。

当两个动作同时发生时，其时间值大的动作称为时限动作，被时限动作所控制的动作称为被时限的动作。

2）动作分类。

①合并动作。

②同时动作。

由身体不同肢体在同一时间中所同时实施的两种或两种以上的动作，称为同时动作。同时动作主要有以下三种。

a.相同动作：双手为同样的基本动作，实施状况、距离均相同。

b.相似动作：双手为同样的基本动作，但实施状况、距离不相同。

c.非相似动作：双手为不同样的动作，实施状况、距离可能不同。

基本动作的控制程度依据是否需要视线的配合可分为低度、中度和高度控制三种。双手动作可否同时实施，可参考以下规则。

a.双手动作均为低度控制可同时实施。

b.一只手为低度控制，另一只手为中度控制，在大多数情况下可同时实施。

c.一只手为低度控制，另一只手为高度控制，在大多数情况下可同时实施。

d.两手均为中度控制，如果操作在正常视线范围以内可同时实施；如果在正常视线范围以外但有足够的练习机会仍可同时实施。

e.一只手为中度控制，另一只手为高度控制，如果操作在正常视线范围以内且有足够的练习机会可同时实施；如果在正常视线范围以外不可同时实施。

f.两手同为高度控制，通常无法同时实施。

③复合动作。

同时动作与合并动作的复合称为复合动作。左右手所发生的单一动作或双重合成动作，时间值长的是主要动作。主要动作原则如下。

a.连续动作中，所有动作皆为主要动作。

b.合并动作中，时间值长的为主要动作。

c.同时动作中，双手动作时间值长的为主要动作。

d.合并动作中，双手动作时间值长的为主要动作。

9.3.2 工作因素法（WF 简易法）

1.工作因素法的工作原理

1934 年，美国无线电公司的奎克（J.H.Quick）创立了工作因素法（work factor system，WF 简易法），把动作分解成最基本的动作单元如下：①移动(RM)；②抓起(Gr)；③放下(RL)；④预对(PP)；⑤装配(Asy)；⑥使用(Use)；⑦拆卸(Dsy)；⑧精神作用(MP)。

任何操作（或动作）都可以看作由这 8 种动作单元之一或一种以上的动作单元组成。关于这 8 种动作单元的动作名称、符号、动作单元（要素动作）内容及其影响时间值的因素如表 9-6 所示。

其特点是，在进行操作分析时，对每个动作要素只考虑以下 4 个变动因素。

1）动作使用什么部位。

2）移动多少距离。

3）负荷大小。

4）动作需要哪一种人为控制(相对于不受限制的自由动作而言)，并着重于动作困难性的研究。

工作因素法采用的时间单位为 1RU=0.001min=0.06s。

表 9-6　WF 简易法的动作要素内容及时间影响因素

要素动作	WF 简易法符号	动作内容	影响时间的因素
移动	伸手 R，挪动 M（搬送）	（1）为了改变身体部位（手指、腕、腿、脚、躯体等）的位置 （2）为使物体移动 （3）在移动中为进行有用的工作所做的动作	移动距离，包含动作中的难度
抓起	Gr	使身体部位接触一个或几个物体，在控制下放置	抓的方式、重量、可见与不可见，"复杂抓起"中有主要尺寸、同时动作、卷合、黏结、滑动
放下	RL	（1）使身体部位离开物体 （2）使物体由手指脱开，靠重力落下	放下类型
预对	PP	转动抓住的物体或改变其方法	是用一只手进行，还是用双手进行；对象物体的大小
装配	Asy	将对象物体互相连接	配合的比率；目标的形状与尺寸
使用	Use	（1）由操作者控制的操作 （2）由机器控制的操作 （3）只按机动或设备处理时间的动作	是否有加力的必要
拆卸	Dsy	把连接物（部件）分离开	需要加力还是减力
精神作用（检验及其他）	MP	使用眼、耳、脑及神经系统进行工作的动作	调焦（对准焦点）；检验；反应

2. 标准作业时间的制定

（1）操作单元的划分

在实际工作中，一道工序总时间内所包括的动作，不但数量多，且其性质也很复杂，很难评比其快慢。因此在进行预定时间标准分析时，应首先将操作分成若干单元，每一单元的动作不但数量减少，并且均为性质相同的动作，这样个别评比每一单元的快慢要容易而准确得多。划分操作单元的原则如下。

1）分解成的操作单元应有明确的开始和结束标记，便于测量操作单元所花费的时间。

2）人工操作单元应与机器单元分开，因为时间研究主要测定人工单元。

3）尽可能使每一人工单元内的操作动作为基本动作（如伸手、握取等），以便易于辨认。

3. 案例分析

（1）现状

在观察员工操作过程中，应用秒表对减速顶检验工序中的注油操作过程进行测时，测得现行的操作时间为 16.41s。针对其操作过程中存在的工具及元件摆放不合理以及个别动作的浪费现象，应用方法研究进行改善后，对其进行操作单元划分。

根据操作单元划分的原则将注油的操作过程划分为 10 个操作单元，单元划分如表 9-7 所示。

（2）应用工作因素法制定标准时间

根据工作因素法中规定的各动作时间值，对注油工序的各操作单元进行标准动作时间分析。在动作分析过程中发现该作业有很多不甚合理的操作方式,应用 ECRS 四大原则分别针对其进行改善后,进行工作因素分析,如表 9-8 所示。

表 9-7 注油工作划分操作单元

单元序号	操作单元
1	右手取油罐
2	右手将油罐装入卡具
3	右手取量筒
4	将油注入油罐后放回
5	右手取充压拴
6	左手取压力圈,安装
7	右手取密封圈,套入充压拴
8	左手取充氮工具,安装
9	右手打开压力阀
10	右手取拧紧扳手,安装

表 9-8 注油操作过程的工作要素法分析

序号	动作内容	动作分析	时间值(RU)	小计(RU)
1	右手取油罐	C-3;0-X2	11;2	13
2	右手将油罐装入卡具	C-1;CT-3r>0.9;找正增 70%RU 值;重量增 50%RU 值;4×0.2=0.8	7;13;9.1;6.5;10	45.6
3	右手取量筒	0-X2;C-2	2;9	11
4	将油注入油罐后放回	A-2;0-X2	4;1	5
5	右手取充压拴	C-3;0-X2	11;2	13
6	左手取压力圈,安装	C-3;0-X2;CT-3r>0.9;找正增 50%RU 值;4×0.2=0.8	11;2;13;6.5;10	42.5
7	右手取密封圈,套入充压拴	C-3;0-X2;CT-3r>0.9;4×0.2=0.8	11;2;13;10	36
8	左手取充氮工具,安装	C-3;1-X2	11;4	15
9	右手打开压力阀	B-0	4	4
10	右手取拧紧扳手,安装	0-X2	2	2
小计				187.1

表 9-8 中的 0、1、2、3、4 五个级别,表示工作因素的数目(也称动作难度数)。0 代表基本动作,表示动作很容易,其他依次为"容易、一般、困难、很困难"的动作。表 9-8 中 A、C、D、E 为移动距离代号。由表 9-8 可知,整个操作过程总的标准作业时间:187.1(RU)×0.06=11.2s。

(3)工作因素法的优劣势分析

1)优点。

①WF 简易法的开放性程度高,可以根据特定工作提取个性化的工作要素,可以比较准确、全面地提取影响某类工作的绩效水平的因素;

②与其他系统相比,其工作方法和数值的标准转化过程具有一定的客观性,而且可根据其拟定好的标准时间来衡量工人的数量程度和动作的有效程度;

③工作因素法采取表格形式呈现数值，查找方便。

2）缺点。

①初步确定目标工作的工作要素时，过于依赖工作分析人员来总结要素；

②评分过程比较复杂，需要强有力的指导与控制。

9.3.3 模特排时法（MODAPTS法）

1.模特排时法分析的目的

1）实施理论性的改善，达成高水平的改善效果，发现勉强作业、浪费、等待等，并实施改善。

2）可以作为生产性改善活动的支援工具，对改善活动作出评价。

3）作为作业改善评价、提案制度的工具，可将作业、动作效果数值化。

2.模特排时法的适用范围

1）机械或装备控制的操作作业不适用。例如，在自动旋转的电动机上用手进行旋转动作，不视为C4分析；手碰到物品上，被流水线移到30cm处时，不视为M4。

2）机械时间不适用。例如，关于机械装备控制的时间，要计算现实时间时可进行测时。

3）思考过程或五官能力检查等的五官动作不适用。例如，气味识别动作不适用。

4）不适用于摸索的动作，即面对目标无法以个人动作进行控制的动作。例如，把手伸到机器中查找开关（伸手位置无法用肉眼看见）。

3.动作说明补充

（1）移动动作

M1（手指的动作）。只动手指的动作，移动距离大约在2.5cm。例如，用拇指和食指拿住线夹。

M2（手腕的动作）。手腕以前手掌和手指的动作，动作距离约为5cm，也包括旋转手腕。例如，抓起螺丝向上移动5cm的动作（注：抓起螺丝向上移送时，前臂多少也会移动，可视为辅助动作，忽略不计，这里只需关注主要的动作部分）。

M3（前臂的动作）。使用前臂的手指或手的动作，动作距离约为15cm。例如，在白板上画一条15cm的横线（注：随着肘部移动，多少会有些连带动作，可视为辅助动作，忽略不计）。

M4（上臂的动作）。以上臂为主，肩以前的手臂动作，动作距离约为30cm。例如，伸手去拿30cm处架子上的盖板（注：肩部多少会有连带动作，可视为辅助动作，忽略不计）。

M5（手臂伸直状态的作业）。手臂伸直状态的动作，动作距离约为45cm。例如，从棚车上部伸直手臂去拿组件；坐在椅子上；向自己的脚尖伸直手臂；右手向身体左侧或左手向身体右侧伸直手臂（注：动作距离即使是45cm，轻松伸直手臂仍可以分析为M4，若伸直手臂同时上半身向前倾斜，可分析为M5）。

（2）终结动作

G0（手或手指接触目标物）。例如，手指放在水杯中，手指触到水。

G1（手指简单弯曲的抓、拿的动作）。例如，拿起桌上的笔、橡皮等。

G3（抓起比较难抓起的物品）。例如，从地上捡起一个 2.5mm 的 E 环；在桌上抓起一根大头针。

P0（简单地放置）。例如，把撕下来的保护纸扔进垃圾袋里；使握着的东西处于静止状态。

P2（小心地放，用眼边看边放置）。例如，把笔套入笔盖；把 CN 插入槽内。

P5（非常小心地放，用眼看，可能需要两次以上的调整）。例如，把密封贴贴在凹槽里，规格为 0～0.5mm；将钥匙插入钥匙孔内。放置动作的范围都在深度 2.5cm 以内，深度超过 2.5cm 后还需要移动后动作。例如，将试管刷插入试管底部，模特排时法分析为 M3P2M2P0。

（3）下肢和腰的动作

F3（脚踏动作）。将脚跟踏在踏板上，做足颈动作，其时间值为 3MOD。

这个动作必须保证脚跟不离踏板，否则就不是 F3。F3 是单程的，如果踏一下又回来，因为足颈活动了两次，所以是两个 F3。必要时，连续压放脚踏板的有效时间值要使用计时器计算。例如，脚踏缝纫机制衣；脚踏汽车油门（或刹车蹄、离合器）；脚踏冲床的开关。

W5（步行）。运动膝关节，使身体移动或回转身体的动作。包括向前、向后、向横侧，凡是用脚支配身体的水平移动的动作均属于此动作，每进行一次为 5 MOD。为使身体转动而踏出的脚的动作或停止站立时的脚部拖地动作均为 W5 分析，如表 9-9 所示。

注：①当手臂伸向身旁时，为使身体平衡而伸出一只脚的动作为 M5，伸脚只是辅助动作，只计手臂移动值，不视为 W5 分析。②若步行的目的是拿物，因在走步的过程中已把手伸出，做好拿物的准备，所以手的移动为 M2。

B17（身体弯曲）。从站立的状态弯曲身体或蹲下，单膝触地，然后回复到原来状态的往复动作，B17 中的手移动动作同 W5 一样，一律分析为 M2。

S30（站起来再坐下的动作）。从坐着的椅子上站起来（包括用手将椅子向后面推），再坐下（包括把椅子向前拉的动作时间）的一个周期动作，时间值为 30MOD，用 S30 表示，见表 9-9。

（4）附加因素及动作

L1（补充重量）。用手搬运重物时，需要考虑重量补充时间，运送重物并步行的情况可不考虑重量补充。当有效重量不满 2kg 时，不作分析；当有效重量为 2～6kg 时，记为 L1；当有效重量为 6～10kg 时，记为 L1×2。例如，将作业台上 9kg 的物品，用手扶住并使其滑动 15cm，模特排时法表示为 M3P0L1；若将此物品进行搬运，但不滑动，模特排时法分析为 M3P0L1×2；若将作业台上 9kg 的物品，用手扶住使其滚动，模特排时法分析为 M3P0L1×1/10。

表 9-9　站起坐下动作举例

NO	左手动作	右手动作	符号标记	次数	MOD
1	BD	从椅子上站起来 S30/2	S30/2	1	15
2	BD	抓桌子上的零件 M4G1	M4G1	1	5
3	BD	走 7 步送往产品架 W5×7	W5×7	1	35
4	BD	把产品放在桌子上 M2P2	M2P2	1	4
5	BD	回到自己的位置 W5×7	W5×7	1	35
6	BD	拉椅子坐下（S30/2）	S30/2	1	15

注：有效重量为单手实际花费的重量。

E2（目视动作，为独立动作）。找寻某物，集中视觉焦点，确认好坏时眼睛的动作。在使用眼睛动作时，其他动作无法实施。例如，一只手拿制品用眼检查划伤，另一只手移动成品。此动作不作 E2 分析，只分析移动动作。一次 E2 动作的有效范围是 30°，其以上情况要累计。移动 70° 表示为 E2×3；伴随头部动作 90° 表示为 E2×3。

R2（调整动作）。手指拿起物品后，并转换拿取的方向，拿取后调整的动作。

例如，拿起铅笔握正后在笔记本上写字。

注：调整动作在移动动作中进行的情况下不作分析，只分析停止后进行的情况。

D3（判断和反应动作，为独立动作）。动作与动作之间出现的瞬时判定。有一个判断思考的过程，比简单的目视要多花时间。D3 适用于其他一切动作间歇的场合。判断并反映到手指的动作 E2M1P0=D3。例如，看着流水线上不断送来的制品，一旦有不良品就用手指将它挑出来的作业。

注：①用手（手腕以前部分）(M2 以上）挑出的情况，不作 D3 分析，应分析为 E2M2P0；②E2 是指瞬间看并加以判断的情况，不适用于要仔细思考、调查的判断，例如，蜂鸣器一响手指就弹等动作，分析为 D3。

A4（加压动作，为独立动作）。操作中需要推、拉以克服阻力的动作。用手或手指施加压力的动作，需要手停止其他动作后用手施力的动作。用 A4 表示，时间值为 4MOD。例如，按下按钮；关闭阀门。

C4（旋转动作）。使目的物做圆周运动，而回转手或手臂的动作，即以手腕或肘关节为轴心，旋转一周的动作。例如，旋转操作盘的把手；削铅笔时旋转手柄；擦拭透镜表面而进行的旋转；用搅拌器搅拌烧杯中的液体。

旋转 n 圈表示为 C4×n，圈数不为整数可进行四舍五入。例如，旋转 1 圈分析为 C4；旋转 5 圈分析为 C4×5；转 6 圈多半圈分析为 C4×7；使用手腕旋转 1/3 圈分析为 M2P0。

注：在 C4 中旋转为连续性或间续性均无区别。

（5）特殊动作作业

1）反射动作（反射速度较快的重复动作），分析符号用反射动作符号×反复的次数表示。

①手指的反复动作：M1/2；

②手的反复动作：M1；

③前臂的反复动作：M2；

④上臂的反复动作：M3；

⑤手臂伸直状态下的反复动作：不可能重复实施。

例如，握住橡皮擦反复擦拭作业纸上的笔记5次，模特排时法分析为M1/2×10；连续快速地搓东西10次（30cm左右手的动作），模特排时法分析为M2×20。

2）手指及手的回转动作。

在生产过程中，经常会发生手指或手的回转动作，例如，将电筒的底座与筒身旋转拧紧、把螺母旋入螺栓、旋转旋钮等。记录过程如下：①伸手按着物件，记为M1G0。②手指旋转物件，记为M1P0，由于转动角度小于180°，这个动作应记为手指动作，描述为M1P0。③倒回手指的同时按着物件，记为M1G0。④把物件从按着的状态进行旋转，记为M1P0。依次类推。手指回转一次动作记录为M1G0M1P0。手指的回转 n 次的动作为 $n×$（M1G0M1P0）；手的回转 n 次的动作为 $n×$（M2G0M2P0）。

3）同时动作。

①同时动作条件如下。

a.两只手的动作都不需注意力，可同时动作；

b.只有一只手的动作需注意力时，可同时动作；

c.两只手都需注意力的动作，不可能同时动作；

d.独立动作不可同时动作。

例如，两手终结动作情况分析如表9-10所示。

表9-10　两手终结动作分析

情况	同时动作	一只手的终结动作			另一只手的终结动作		
1	可能	G0	P0	G1	G0	P0	G1
2	可能	G0	P0	G1	P2	G3	P5
3	不可能	P2	G3	P5	P2	G3	P5

②时限动作与被时限动作。

两手同时动作时，动作时间有时不同，依据动作所需时间把动作分为时限动作与被时限动作。其中，时间值大的动作称为时限动作，时间值小的称为被时限动作。被时限动作的标记符号用（　）表示，它不影响分析结果。用时限动作的时间值来表示两手完成动作的时间值。当左、右手的动作时间值相同时，可根据哪个是主要动作或哪只手方便来确定时限动作，如表9-11所示。

表9-11　时限动作举例

NO	左手动作	右手动作	标记符号	次数	MOD
1	抓零件 A(M3G1)	抓螺丝刀 M4G1	M4G1	1	5

表9-11中的动作两手可同时进行，左手动作为M3G1=4MOD，为被时限动作；右手动作为M4G1=5MOD，为时限动作。其分析结果用时限动作的标记符号和时间表示，即分析结果为M4G1，时间值为5MOD。

③两手都需要注意力时的双手动作表示。

两手同时开始移动,进行需要注意力的终结动作时,终结动作不能同时进行,只能先做一个,再做另一个动作。

如图 9-3 所示的双手操作如下:左手 M3G3,右手 M4G3。由于移动动作不需要注意力,所以两手可以同时向目的物移动,当左手移动到 M3 时,马上进行握取动作 G3。此时右手就要在目的物附近稍作等待(3MOD)。当左手完成抓取动作时,右手稍微移动M2(必须要有转手动作,使右手能进行抓取动作),再进行抓取动作。此时,左手时间为 M3G3=6MOD,右手时间为 M3G3M2G3=11MOD。当终结动作为 P2、P5 时,分析过程与 G3 相似。

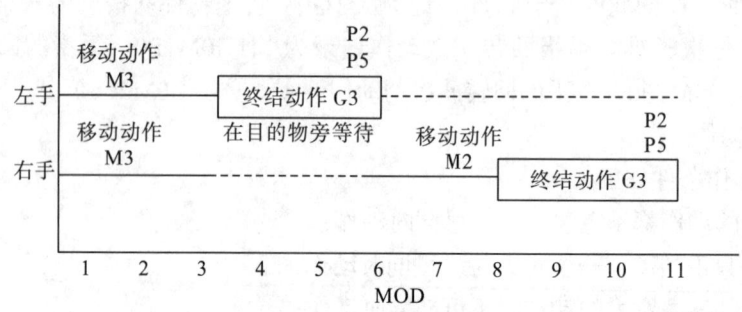

图 9-3 双手都需要注意力的双手动作示意图

分析举例:双手各持有零件 A、B,要把零件按要求放到零件箱中,如果左手先动作,分析如表 9-12 中第 1 行所示,时间为 9MOD。如果右手先动作,分析如表 9-12 中第 2 行所示,时间为 10MOD。

表 9-12 动作分析举例

NO	左手动作	右手动作	符号标记	次数	MOD
1	移动放置零件 A M3P2	移动放置零件 B M4P2	M3P2M2P2	1	9
2	移动放置零件 A M3P2	移动放置零件 B M4P2	M4P2M2P2	1	10

要点分析:首先,分析两手是否可以同时动作。如果可以,则看哪一只手为时限动作,时间按时限动作取。如果是两手均需注意力的,则看哪只手先做、哪只手后做,后做的那只手在等待先做的手做完后,做一个 M2 的动作,再做终结动作。

4.模特排时法分析步骤

应用模特排时法进行作业测定,通常需要完成以下工作。

(1)正确描述操作过程

完成一项操作,必须按照一定的操作程序来进行,在用模特排时法测定前,首先必须能够对其操作过程进行准确、细致的描述,包括操作者的活动范围、路线、使用身体部位及所用工具,以及操作程序与步骤等。这是模特排时法应用前的基础工作。另外,操作过程应当是标准操作程序,即经过方法研究后确定的标准操作程序。

(2)操作分解

一项操作可以是简单的,也可以是复杂的;可以在同一工位完成,也可以在不同工位完成。为了便于测时，应将一项复杂的操作过程进行适当的分解。如果在不同工位完成，则首先应按工位分解；如果在同一工位完成，应将其分解为若干个动作组合。这样做的目的是便于处理和计算。通常要求分解后的动作组合单元应有明显易辨认的起点和终点，两组单元之间有明确的分解点。每组动作组合单元能分解的基动作数量应比较平衡。

（3）对动作组合单元进行动作分析

这一步主要是应用模特排时法将每一动作组合单元进一步分解为模特排时法规定的基本动作，并按模特排时法做出动作的分析式。

绘制模特排时法记录表如表 9-13 所示。

表 9-13 模特排时法记录表

零件图号		年 月 日	分析	校对	审核
设备名称		作业条件			
工序名称		使用工具			
作业名称		分析条件			
NO	左手动作	右手动作	标记符号	次 数	MOD
1					
2					
3					
有效时间： s min		MOD： s min		合计： s min	

（4）计算标准时间

标准时间=正常时间×（1+宽放率）。

用模特排时法测出的时间为正常时间，宽放率见表 9-14。

表 9-14 机械加工作业宽放率

工种	作业宽放	车间宽放	私事宽放	疲劳宽放	其他宽放	合计	备注
机械加工	5%	3%	3%	5%	6%	22%	小型电机零件加工车间

9.4 教育教学环节设计

教学环节是课堂教学链条中最基本的组成单位，它的设计合理与否关系到教学任务能否顺利展开，以及课堂教学能否达到预期效果。教师在教学环节的设计与实施中发挥着重要作用，教师的教学设计能力、课堂互动技巧、随机应变能力、媒体使用能力等直接影响教学效果。

预订动作时间标准法的主要学习任务是学习三种预订动作时间标准法，并会应用模特排时法进行动作分析。本章学习设计自主学习与教学指导、小组合作动作分析与改善、小组讨论与展示三个主要环节。整体教学环节流程图如图 9-4 所示。

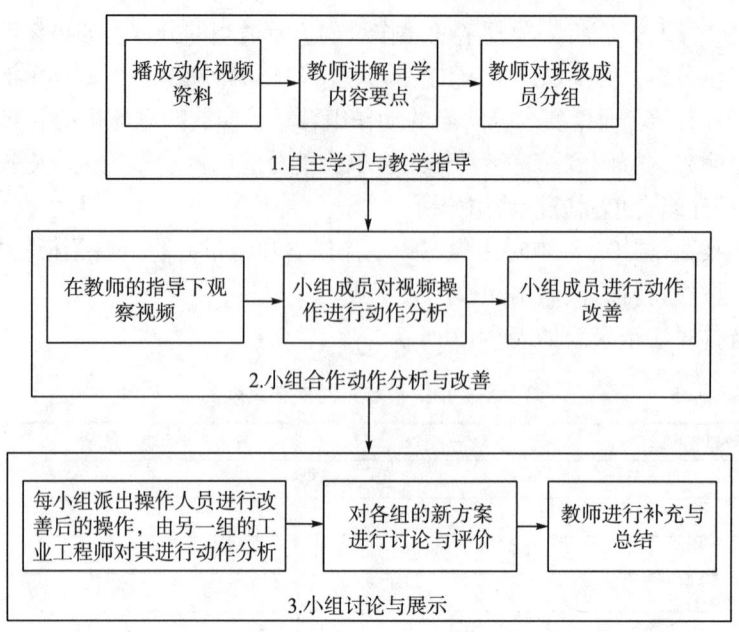

图 9-4 教学环节流程图

9.4.1 自主学习与教学指导

1.重点、难点

（1）重点

激发学生的主动性，发现问题，在找到解决问题的过程中，学到专业知识，同时拓宽自己的思维。

为了提高学生学习的主动性，对于本章的学习，通过进入角色的方法，来提高学生的学习兴趣。选择一段工人操作的视频资料，以此为课题开展实例教学。将学生进行分组，例如，30 名学生可分 6 组，每组中 3 人作为操作者，另外 2 人作为工业工程师。每组人员针对同一视频资料，开展动作分析，演绎课堂知识点的分析和改善过程。营造良好的学习气氛，激发学生学习兴趣，使学生对本书知识有更加深刻的理解和认识。这样真正体现以学生为中心，发挥教师的引导作用，调动学生的学习积极性，产生良好的教学效果。

（2）难点

在情景教学的过程中教师的角色问题，如何引导以及调动整个工作氛围，控制节奏，以及如何保证所有学生的积极参与。

2.自主学习内容及注意事项

学生在进入情景式学习的过程中，需要自主学习的内容有以下四个方面。

1）预订动作时间标准法的目的及用途。

让学生了解进行动作时间标准研究的目的，知道其具体用途有哪些。使学生的思维不要仅局限在方法本身，还要具有系统的思维能力。往往在教学过程中，只强调方法本身，造成只会做习题、不会解决实际问题的结果。因此对方法的目的及用途的学习具有重要的作用,对这方面的学习可以通过实例进行加强。

2)方法时间衡量、工作因素法、模特排时法的基本原理与内容。

知道方法时间衡量以及工作因素法的原理与步骤,掌握模特排时法的原理、动作分析以及动作改进点。主要通过学生对影像资料的分析,以及实际操作来加强学习。

3)三种方法的优缺点,以及适用范围。

通过对三种方法的原理、内容及步骤的学习,学生可以自己总结或查阅相关资料发现三种方法的优缺点,并提出其适用范围。对这一方面的加强可以通过在实际案例学习中,让学生首先选择适用的预定动作标准方法,并给出理由。

4)动作改进点、动作分析方法以及动作经济原则。

在进行动作改善时,结合第6章动作分析的内容与预订动作时间法对实际案例进行改善。

3.教学指导注意事项

1)课前充分准备。课前充分准备是教学环节设计得以顺利实施的基础条件,否则,课堂教学效果将大打折扣。教师的教学准备不仅包括课堂教学环节的精心设计,还包括良好的精神状态、对课堂教学内容的熟悉以及对所需教学材料的充分准备。

2)教师在课堂教学过程中要营造一种轻松活泼但又不失严谨的气氛:在对学生提问时始终保持微笑,善于运用眼神与学生进行交流;挖掘学生回答中的闪光点,作出恰当的评价和鼓励,从而激发学生的自信心和积极性。

3)教师应灵活使用不同的提问方式,有意识地选择较简单的问题作集体回答,而对于总结性或规律性的问题则以个别提问的方式回答。课堂上教师引导应与学生反馈交相呼应,使信息得到及时传递。

4)教师无论在讲授知识还是解答学生困惑的过程中,都不是直接告之以正确答案,而是引导学生逐步推理,发现问题所在,进而理解其中的原理,学生的思维能力在这个过程中得到了较好的锻炼。

9.4.2 案例教学设计

1.案例的选择

案例选择是案例教学的第一步,选题的优劣可以直接关系到教学效果。因此,在课题选择时应该遵循以下两条原则。

首先,选择时需要注意与整体的教学计划相协调,即与本章的课题内容相符,如果课题内容过于偏离,很难取得教学效果。另外,要根据不同操作的性质选择更具有操作性的案例。正确的案例内容加上操作性强的作业动作是教学效果的保障。

其次,案例应选择具有可创新性的教学内容,案例教学的课题选择既要强调选题的可操作性,又同时必须清楚实例教学的根本是教学,让学生在掌握方法知识的同时,具有解决复杂问题能力、批判性思维能力。

对于本章的实例教学,可选择的案例有学生动手装发电机、手动装签字笔、在电路板中插电阻元件等。

2.小组合作进行案例分析与改进

各小组成员依据视频资料进行预订动作时间标准分析，绘制动作因素分析表；然后小组对现有的动作进行改进。在此过程中教师要控制好节奏与时间，保证课堂效率。

教师在有限的时间内完成全部教学任务，权衡每个环节的时间分配；并在教学过程中适时提示学生"抓紧时间"，强化其时间意识，提高学习效率。作为教师，应该具备敏锐的时间观念，既不能任由学生的热情毫无限制地发展下去，又不能为了完成教学任务而不顾学生实际的学习情况。只有灵活应变，才能保证课堂教学各个环节都顺利进行。

在此环节中，教师不要放任不管，而是要不断巡视每个小组的工作情况。不断的巡视有助于教师及时掌握学生的进展和碰到的问题，使教师最后进行总结时更有针对性。但教师可能没有意识到自己在某个小组停留时间过长，无形中影响了对其他小组的指导，这是需要避免的问题。因此，如何尽可能地使各个小组都受到关注，仍然需要教师加以思考，予以重视。

在案例分析与改进时，对于学生出现的问题，互动中学生自己要解决，教师是组织者，不能急于代替学生纠正错误。要相信学生、发动学生、依靠学生自己解决问题，要相信学生的学习潜能。学生实在解决不了的，或者学生忽略的问题，才需要教师指点，规律性的东西要引导学生发现、总结。

9.4.3 讨论与展示

在小组展示与评价过程中，由本组的操作人员演示改进后的操作，并由下一组的工业工程师对其操作进行动作因素分析。如此直到每组的改进操作都展示完毕，然后由全体成员依据展示结果进行讨论与评价。

在讨论过程中，学生作为案例讨论的主体，教师应起到组织和引导作用。每个教学案例所涉及的问题都应该由学生从自身理解的角度来剖析、阐述自己的观点，教师则应该有效地组织和控制案例讨论，并注意引导案例讨论的方向，以便使学生紧紧围绕案例的主题。在讨论过程中，教师还可以向学生有针对性地提出一些问题，不失时机地启发学生的思维，促使学生积极思考，有效地开发学生的思维潜能。

教师应结合学生的讨论情况进行总结评价，即总结案例涉及的主要知识点，总结案例分析的重点和难点，总结分析问题的思路和方法，并评价学生分析的方法是否恰当、解决问题的途径是否得当、讨论的思路是否正确，从而使学生加深对课堂所授理论知识的理解，提高实际操作能力。

9.4.4 教学过程评价

为了调动学生参与评价的积极性，在自主学习、小组合作动作分析与改善以及小组讨论与展示过程中，组长负责将本组学生的自学情况以及表现记录在"学习监测表"中。本章学习结束之后，由教师和课代表对学生评价进行汇总，期末再由课代表进行汇总。这些措施为规范学生的学习行为提供了有利条件。

为了让学习积极性不高的学生看到学习的进步，感受到获得成功的喜悦，从而激发新的学习动力，对本章的学习监测，重点应该放在学生的参与程度方面，这种方法淡化了评价的甄别功能，突出反映了学生的纵向发展。

9.5 典型实例分析及复习思考题

9.5.1 典型实例分析

【实例1】在车床上松开三爪自定心卡盘，将零件取下，再夹紧一个毛坯，确定这一作业正常时间和标准时间。

（1）操作程序

左手伸出取下T形扳手，移向并插入三爪自定心卡盘的调整孔，双手松开卡盘。右手取放零件后，再拿起毛坯放入卡盘，同时左手旋转T形扳手，稍微拧紧毛坯，右手随即取一金属块（或T形扳手），敲打毛坯以校正毛坯的夹持，然后双手用力旋转T形扳手夹紧毛坯，左手将T形扳手从调整孔中取出放回原处。

（2）操作动作分解

第一个动作组合：左手伸出去拿T形扳手，并移向三爪自定心卡盘的调整孔中，右手同时伸向卡盘并拨转卡盘以调整孔的位置，使T形扳手插入。

第二个动作组合：双手用力放松卡盘，左手握持T形扳手，右手同时取出零件，放入零件箱中。

第三个动作组合：右手拿起毛坯并放入三爪自定心卡盘，左手旋转T形扳手以稍微拧紧毛坯，右手取拿T形扳手，以校正毛坯的夹持，同时左手旋转卡盘，使右手敲打需要矫正的部位。

第四个动作组合：右手将T形板手插入调整孔，双手用力旋转T形扳手。这样的动作一般要换插2~3个调整孔，以夹紧毛坯。然后将T形扳手放在主轴箱盖上，双手继续下一操作内容。

（3）按模特排时法作动作分析

动作因素分析表如表9-15所示。

（4）计算标准时间

按表取宽放率为22%，则

$$标准时间 = 109 \times (1+22\%) \times 0.129 = 17.15 (s)$$

【实例2】电阻元件插入电路板。

（1）现行操作动作因素分析

作业要点说明如下。

1）右手拿电阻元件放入左手；

2）右手伸到左手中，选择拿起一个元件，把电阻元件对准电路板孔插入孔中；

表 9-15 装夹作业动作因素分析表

作业内容：松卡与装卡零件		工作地布置图				
工位序号：						
定员：1						
操作者：						
MOD 值：109 时间：14.06 s						
日期：						

左手动作			时间		右手动作	
动作叙述	分析式	次数	MOD 值	次数	分析式	动作叙述
伸手取 T 形扳手	M4G1		5		M4G0	移向卡盘
移向并插入卡盘调整孔	M4P5		9		M3P0	拨动卡盘
扶持扳手	H		4		M3G1	移向并握取扳手
用力放松扳手	M4P0A4		8		M4P0A4	用力放松扳手
扶持扳手	H		5		M4G1	伸向零件
旋转卡盘，扶持扳手	M2P0		2		H	扶持零件
扶持零件	H		3		M3P0	取出零件
扶持零件	H		9		W5M2P2	转身放入零件箱
扶持扳手	H		5		M4G1	移向并取出毛坯
夹紧毛坯	M2P0		9		W5M2P2	转身插入卡盘
拿起扳手，交给右手	M3P0		3		M2G1	接起扳手
移向卡盘	M3G0		3		H	持住扳手
拨动卡盘两次	M3P0M2G0	2	10		H	持住扳手
移向并握持扳手，插入调整孔	M3P0M2P2		7		M3P0M2P2	移动扳手，让左手握取，同时插入调整孔
用力夹紧毛坯	M3P0A4		11		M3P0A4	用力夹紧毛坯
取出扳手移入下一个调整孔，用力夹紧	M3P2M2P0		11		M3P2M2P0A4	取出扳手移入下一个调整孔，用力夹紧
取出扳手放到主轴箱盖上	M3G0M4P0		7		M3P0	移到胸前，自然放下
合计	70		111		81	

3) 把剩余电阻元件放回容器。

电阻元件插入电路板现行操作动作因素分析表如表 9-16 所示。

（2）改善方案设计

改善要点如下。

1) 把容器放在靠近卡具处，便于抓取元件；

2) 将电阻元件分类存放，并对称布置，使双手能同时作业；

3) 双手同时作业。

改善后的动作因素分析表如表 9-17 所示。

表 9-16　插入电路板动作因素分析表

作业内容：电阻元件插入电路板		工作地布置图			
工位序号：					
定员：1					
操作者：					
MOD 值：37　时间：4.77 s					
日期：					

左手动作		时间		右手动作	
动作叙述	分析式	次数	MOD 值	次数	分析式	动作叙述
等待	BD		5		M4G1	移向容器，抓取元件若干
移向右手接电阻元件	M2G1		4		M4P0	移向左手，将元件放入左手
持住电阻元件	H		4		M1G3	移向左手选择拿取一个元件
等待	BD		3		M3P0	移到身前
等待	BD		5		E2D3	看清极性
等待	BD		2		R2	转换方向
等待	BD		7		M2P5	插到对应插孔中
将剩下的元件放入右手	M2P0		4		M3G1	移向左手，接剩下的元件
等待	BD		3		M3P0	把元件移到容器
合计	5		37		37	

表 9-17　改善后的电阻元件插入电路板动作因素分析表

作业内容：电阻元件插入电路板		工作地布置图			
工位序号：					
定员：1					
操作者：					
MOD 值：42　时间：5.42s					
日期：					

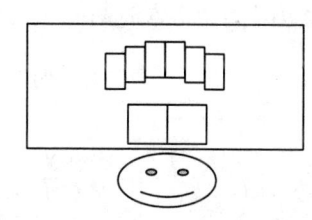

左手动作		时间		右手动作	
动作叙述	分析式	次数	MOD 值	次数	分析式	动作叙述
移向容器，抓取一个元件	M3G3		11		M3G3	移向容器，抓取一个元件
移到身前	M3P0		3		M3P0	移到身前
持住	H		5		E2D3	看清极性
持住	H		2		R2	转换方向
看清极性	E2D3		5		H	持住
转换方向	R2		2		H	持住
插到对应插孔中	M2P5		14		M2P5	插到对应插孔中
合计	23		42		23	

9.5.2 复习思考题

1）预订动作时间标准法的特点及用途是什么？
2）方法时间衡量（MTM）的特点是什么？
3）工作因素法（WF简易法）的优点及适用范围是什么？
4）模特排时法的优点及适用范围是什么？
5）何为限时动作？两手同时动作的时间值如何计算？
6）两手都需要注意力时，时间值如何计算？
7）下面列出6组双手操作动作，试对每组双手操作情况进行综合分析，并求出MOD值。两手均需要注意力时，左手先做。

①左手：M3G1、M3P0；右手：M4G1、M2P0。
②左手：M3G1、M3P2；右手：M3G3、M3P0。
③左手：M4G1、M4P0；右手：M3G3、M2P2。
④左手：M3G1、M3P2；右手：M4G1、M4P2。
⑤左手：M4G3、M3P5；右手：M5G1、M3P5。
⑥左手：M3G3、M2P2；右手：M4G3、M3P0。

8）表9-18为一操作者装配垫圈和螺栓的左、右手动作分析，操作中双手各自独立装配相同的产品，且双手同时动作，试进行：

①综合分析；
②计算正常时间（1MOD=0.129s）；
③若宽放时间为正常时间的15%，求标准时间。

表9-18 装配垫圈和螺栓的左、右手动作分析

动作说明	左手	右手	综合分析	MOD值
1.取放橡皮垫圈	M4G3M3P2	M3G3M3P2		
2.取放固定垫圈	M3G3M3P5	M3G3M3P5		
3.取放螺栓	M3G1M2P2	M3G1M2P2		
4.取放装配件	M3P0	M3P0		

9）根据下列内容进行模特排时分析，并计算MOD值。

①伸手（15cm）握取二极管，拿到身前。
②看清极性，改变方向。
③插入仪器内，眼看仪表表头并判断。
④走5步伸手握取一个螺栓。

第10章 标准资料法

标准资料是以其他作业测定方法为基础，预先确定的时间数据，因此，它和预定时间标准相似。但是两者涉及的作业阶次不同。标准资料所积累的是作业要素的时间数据，而预定时间标准所积累的是最基本动作(动素)的时间数据。同样，秒表时间研究和工作抽样所涉及的阶次也与标准资料不同，秒表时间研究和工作抽样属于直接测定法。

10.1 主要内容、特点及学习要求

1. 主要内容

标准资料就是将事先通过作业测定(时间研究、工作抽样、PTS等)所获得的大量数据(测定值或经验值)分析整理，编制而成的某种结构的作业要素(基本操作单元)正常时间值的数据库。由此可见，标准资料本身是通过各种作业测定技术整理而得的，包括秒表时间研究、预定动作时间标准和工作抽样等技术。标准资料一经建立，在制定新作业的标准时间时，就不必进行直接的时间研究。只需将它分解为各个要素，从资料库中找出相同要素的正常时间，然后通过计算加上适当的宽放量，即可得到该项新作业的标准时间。利用标准资料来综合制定各种作业的标准时间的方法称为准资料法。

2. 特点

1) 标准资料是以其他作业测定方法为基础，预先确定的时间数据，因此，它和预定时间标准相似。但是两者涉及的作业阶次不同。标准资料所积累的是作业要素的时间数据；而预定时间标准所积累的是最基本动作(动素)的时间数据。

2) 标准资料利用现成的时间资料，对同类作业要素不需重新测定，只要查出相应数据加以合成即可，能较快地制定出一项新作业的标准时间，并且成本较低。

3) 标准资料由众多的观测资料分析整理而成，衡量标准比较统一，数据资料有较高的一致性。

4) 建立标准资料所依据的资料数量多、范围广，可排除数据的偶然误差，而且标准时间的建立，通常由训练有素的时间研究人员在积累大量数据的基础上完成，因此可信度高。

5) 运用标准资料法，合成时间不需再评比，可减少主观判断的误差。

6) 标准资料是利用其他作业测定方法制定的，因此，标准资料法并不能从根本上取代其他测定方法。

3. 学习要求

标准资料法的基本用途就是用来制定和修改工序或作业标准时间。标准资料具有本身的内容及综合程度的差别，还会有具体用途的差别，有的标准资料专门提供各种生产条件

下作业宽放率、个人需要与休息宽放率数据；有的标准资料专门提供各种辅助性手工操作的数据；有的标准资料专门提供确定机械设备加工时间的基础数据等。

同其他作业测定数据一样，标准资料也为企业设计和调整生产线、生产组织和劳动组织提供基础的标准数据资料。

4.能力培养要求

1）按制定和实施范围、标准的内容、标准的综合程度以及使用的设备等对标准资料进行分类。

2）用标准资料方法确定各作业标准时间时，首先应明确作业中哪些是不变因素，哪些是变动因素。不变因素可取一定观测次数的时间平均值表示。对于变动因素，要找出它与时间值的关系，然后才能用时间合成的方法求出作业的标准时间。变动因素与时间值的关系常见的有两种：一种是它们之间存在着完全确定的关系，即函数关系；另一种是虽然它们之间不存在完全确定的关系，但可以通过多次实验，从大量的偶然现象中找出它们之间的内在规律。

3）标准资料最基本的单元是动作，由若干动作的标准资料相加，可以综合成要素级的标准资料，而若干要素的标准资料相加，又可以综合成任务级的标准资料。这样，由低一级的标准资料综合成高一级的标准资料，就构成了标准资料的等级。由低到高可分为动作、要素、任务、中间产品或服务、成品等。

4）掌握标准资料编制的基本原理和方法。

5）熟悉几种典型作业的标准资料，如机械加工的标准资料、剪切的标准资料、冲压作业的标准资料和装配作业的标准资料等。

10.2　标准资料法的研究现状

许多作业都包含一些共同的动作要素，如"伸手取物""行走"等。对这些作业进行时间研究，必然要一次又一次地测定这些相同的动作要素，显然浪费。如果能对这些共有的动作要素加以测定，整理出标准时间并放到数据库中，以后对不同作业进行时间研究时，只要遇到这些动作要素就可以直接加以引用，不必进行重复测时。这样不仅方便工作，而且节省时间研究的精力与成本。标准资料就是将事先通过作业测定（秒表时间研究、工作抽样、PTS 等）所获得的大量数据（测定值或经验值）分析整理，编制而成的某种结构的作业要素（基本操作单元）正常时间值的数据库。

10.3　内容分析与补充

10.3.1　标准资料的应用范围

标准资料法作为一种作业测定方法，原则上可适用于任何作业，用于制定作业标准时间。由于它是预先确定的时间数据,在工作开始之前,就可以利用现成的数据制定一项工作的标准时间,不需直接观察和测定,所以尤其适用于编制新产品作业计划、评价新产品,或对生产和装配线均衡进行调整。同时,在制定新产品的劳动定额、确定生产能力、制定各种成本、进行预算控制、推行奖励工资制、高效设备的采购决策、衡量管理的有效性、建立有效的工厂布置等方面也有较重要的作用。

10.3.2 标准资料的应用条件

由于标准资料是合成各种作业时间的基础资料,运用标准资料也受一定条件的制约。第一,标准资料只能用于和采集数据的作业类型和条件相似的作业。第二,根据标准资料的特点,其应用目的是减少作业测定工作量,提高效率。所以,是否采用标准资料法应与其他方法进行比较,在成本上进行权衡,因为制定标准资料工作量很大,要花费大量人力、物力和时间。第三,标准资料是在其他测定方法基础上建立的,只能在一定条件和范围内节省测定工作时间,但不能完全取代其他测定方法。

10.3.3 标准资料的应用方法

通常,标准资料提供的是作业要素的正常时间,采用标准资料制定一项作业的标准时间时,需将以标准资料得到的正常时间加上宽放时间才能得到标准时间。所以,应用时首先将作业分解为适当的要素,然后,在标准资料中查出同类作业要素的时间数据,最后将各要素时间进行合成,并加上宽放时间。因为作业标准时间等于各要素标准时间之和。

10.3.4 标准资料的编制

建立标准资料实际上是一个对所研究的作业测定对象进行时间研究和分析综合其结果的过程,即确定作业要素,用上述三种基本方法进行时间研究或搜集以往时间研究的测定值或经验值,将大量数据加以分析整理,编制成公式、图、表等形式的资料(即数据库)。标准资料编制的基本原理和方法如下。

(1)选择和确定建立标准资料的对象和范围

企业标准资料的编制是一项系统工程,应建立标准资料的体系表,就准备建立的标准资料数据库进行全面系统规划,以确保建立的标准资料系统和完整,以满足实际使用要求。在设计规划标准资料体系时,正确选择适合企业实际情况的标准资料的综合程度是十分重要的。

通常情况下,企业生产类型趋向大批量专业化生产时,标准资料综合程度(即它的阶次)应该低些,即趋向于动作和操作的标准资料,而生产类型趋向多品种小批产时,标准资料综合程度应该高些,即趋向于工步、工序乃至典型零件的标准资料。

另外,应把范围限制在企业内一个或几个部门(车间),或一定的生产过程(如特种产品的生产过程)内。因为实践中很难遇到这样的情况,即构成作业的所有要素都能测时并储存，供今后检索。所以，最好将建立标准资料的作业数目加以限制。在此范围内，各种作业有一些相似的要素，它们操作方法相同。

（2）进行作业分析

作业分析是将作业分解为作业要素。标准资料对象的阶次不同，作业分析的内容以及分析详简程度也不同，因而作业分析没有统一的标准。但有一个基本准则，就是要找出尽可能多的各种作业的公共要素。例如，选定冲压作业作为建立标准资料对象，经过现场观察分析，冲压作业中虽然工件、冲压设备各式各样，但在各种冲压作业中都有一些共同性要素，即①将工件从料箱中取出；②把工件放到模具上定位；③操作冲床，冲压工件；④从模具中取出工件；⑤将成品放入零件箱。

这些要素几乎是各种冲压工艺都具有的，只是工件大小和重量不同。尤其是①和⑤两个要素，在厂内其他各种作业中也是必不可少的，即"取材料"和将加工过的零件"放到一边"，对这些公共要素只需研究工件种类、形状、重量等影响时间的因素，找出规律，就可建立适用范围的标准资料，这正是需要做的工作。

（3）确定建立标准资料所用的作业测定方法

秒表时间研究、工作抽样、预定时间标准法都可为编制标准资料收集原始数据，在条件受到限制时也可借助于积累的统计资料作为原始数据。具体应用中应使用何种方法，要根据作业的性质和三种基本测定方法的特点及应用成本来选择。例如，秒表测时法有时比较省钱，但对某些要素来说，并不总能从记录中得到足够的可靠数据，而且用这种办法收集资料，往往要经过几个月甚至一年以上才能积累充分的数据。PTS法不仅要有使用经验，而且要在数据精确度和成本上进行权衡。

总之，作业的性质和各种方法的成本及编制时间是选用测定方法的主要决定因素。

（4）确定影响因素

在标准资料编制中正确分析和选择影响因素是十分关键的一步。它对标准资料的质量和使用有着至关重要的影响。影响作业要素工时消耗的因素很多，也很复杂。可以选择不同角度进行分类。

1）按影响工时消耗因素的产生原因分类。①与加工对象有关的因素，如材质、尺寸规格、加工要求等。②与加工设备有关的因素，如设备种类、型号、规格，设备额定的工作参数等。③与工装、模具、量具有关的因素，如卡具的种类、规格，模具的类型，量具种类和规格等。④与工作地布置、作业环境有关的因素。⑤与作业现场组织管理有关的因素，如加工批量大小、工作地供应服务等。

2）按影响因素的性质分类。①质的影响因素。指加工过程中由于一些质的条件变化而影响工时消耗的因素，如加工对象材质的改变、加工设备种类和型号的改变、刀具种类和材质的改变等。②量的影响因素。指由于影响因素量的变化而影响工时消耗的因素，如加工对象的重量、加工尺寸、体积和面积等。

在编制标准资料时，通常把"质"的影响因素作为加工条件相对地固定下来，而逐一研究"量"的影响因素对工时消耗的影响。

3）按影响因素与加工对象的关系分类。①不变作业要素。指作业要素的工时消耗不随加工对象改变而变化，如机床开、停时间与加工对象的形状和尺寸无关。②可变作业要素。指作业要素的工时消耗随加工对象改变而变化，如装卡工件时间与工件的形状有关。

（5）收集数据

进行作业测定，取得各要素所需时间，或者收集以往的测定值，要按测定方法设计相应的数据记录表格，对每一个要素都要积累足够的数据。

（6）分析整理，编制标准资料

由训练有素的工作研究人员对测定和收集的作业要素时间数据进行分析、整理，按照使用要求进行分类、编码，用表格、图线或公式的形式制成标准资料。

其中，利用函数图表对原始资料进行整理分析，这是较科学和简便的方法。具体做法是根据收集到的原始资料，在函数图表中描点作图；根据显示的图像选择与之相应的函数方程；利用原始资料，通过科学的计算，得到函数方程中相关的参数，如常数、系数和指数等；最后便得到标准资料数学模型。

10.3.5 认识几种典型作业的标准资料

（1）机械加工的标准资料

机械加工的作业时间基本由准备时间、处理时间、机械加工时间与宽放时间组成。

（2）剪切的标准资料

剪切作业除大件外，一般周期比较短，可利用预定动作时间标准获得相当精度的要素作业时间。通常，剪切作业批量较大。在批量大时，常用挡板进行作业。所以剪切作业的内容包括以下四点。

1）将划线后的材料放到剪上。此作业要素如下：用后挡板连续剪切时，装上放在一般搬运车上的定尺板，然后将工件放在剪上切断；按划线剪切时，在小批量作业的场合，不用定尺板，直接进行切断作业；用前挡板剪切时，工件宽度超过 300mm 时，也要装上定尺板，然后将工件运到其后剪断。

2）在作业中间检查剪断尺寸。

3）在作业中间检查挡板，当尺寸不合适时，要调整挡板。

4）在作业中间整理在制品，即将堆积起来的在制品搬到箱中或台上。

（3）冲压作业的标准资料

冲压作业大体包括以下内容：①用右手从右侧台取带板；②安装冲型；③开动冲床，冲压加工一次，多段冲压场合，每个冲头都冲一次；④继续进行间断的或连续的冲压；⑤每一块带板结束后，拆下每一块冲型放入箱中或台上，残材折边装箱，冲压后的部件装入部件箱。

（4）装配作业的标准资料

装配作业大部分是手工作业。简单的手工装配作业可用预定动作时间标准，或根据预定动作时间标准确定的要素动作时间，或利用单位作业时间来确定标准资料。但在组装配合与调整作业中，也有机械时间，机械时间可以用公式计算。至于复杂的装配作业，或涉及重物需要两人以上联合作业的装配,单用预定动作时间标准就不够了。

以下以预定动作时间标准作为基础,举例说明简单装配作业时间的标准资料。此处引用美国一家电器公司生产烤箱的资料。此标准资料考虑以下原则。

1)一般装配作业分成"取""放"两种作业,其时间值取决于对象大小、身体部位及取物的困难程度。

2)作业"取"由空手移动与抓取动作合成;"放"由移动、决定位置与放下对象等动作合成。

3)移动的距离在 610mm 以下取同一时间值,超过 610~760mm 则增加一个附加时间。

4)动作时间值简略地从 0.007min 到 0.048min,取 13 个档次。

5)特殊的动作,如使用螺丝刀对准机座,另给定时间值。

10.4 教育教学环节设计

培养学生主动发展的能力;"自主学习"是学生通过自学、探索、发现获得科学知识的新型教学方式。它强调学生是学习的主导者,学生可以自主安排学习内容、学习方式、学习目标,学生对整个学习过程是心中有数的。学习是学生自己的事,学生以极大的热情投身到整个学习过程中,有明确的目的、方向,在自觉状态下主动学习,会收到事半功倍的效果。使学生形成良好的学习品质;学生要走出传统,走出书本,求真务实,勇于进取,乐于改革,欢迎新事物、接受新观念,充分发挥自己的潜力,尊重别人的劳动、贡献,注重效率。创造过程是一种探索过程,成功与失败共存于整个过程中。那种自觉的、顽强的、勤奋的、实事求是的、百折不挠的、敢想敢干的精神,是一个成功者必备的心理素质。现代教育的最高目标是培养学生的创造力。学生主动探究乐趣无穷;学习书本和教师的思考,目的是产生自己的思考,个性张扬使自己得到发展,自身价值得到肯定,好奇心和求知欲被激发,会迸发出创造力。教师应不断检查坚持者的实验情况、实验成果,给予必要的鼓励与帮助。可以帮助学生组建兴趣小组,鼓励他们勇于实践,在实践中增强自己的创造意志力,同时还可以培养他们的团队协作精神。

10.4.1 自主学习与教学指导

1.重点、难点

本章的重点同时也是难点是要熟悉标准资料法的特点和标准资料的编制的基本原理与方法。建立标准资料实际上是一个对所研究的作业测定对象进行时间研究和分析综合其结果的过程,即确定作业要素,用三种基本方法进行时间研究或搜集以往时间研究的测定值或经验值,将大量数据加以分析整理,编制成公式、图、表等形式的资料(即数据库),以及会区分和编制几种典型作业的标准资料,如机械加工的标准资料、剪切的标准资料、冲压作业的标准资料和装配作业的标准资料。

2. 自主学习内容及注意事项

1）合理分配每天的学习任务。使学生把自己的学习任务分解成每天能够完成的单元，并坚持当天的任务当天完成，无论如何不能给自己以任何借口推迟完成原定计划。

2）合理规划每天时间。使学生把必须完成的工作尽可能安排在工作时间内完成，把既定的学习时间保留出来，养成利用每天的零星时间学习的习惯。

3）按照既定的时间表行事。学习时间表可以帮助学生克服惰性，使学生能够按部就班、循序渐进地完成学习任务，而不会有太大的压力。

4）及时复习。为了使学习能够有成效，应该养成及时复习的习惯。研究表明，及时复习可以巩固所学的知识，防止遗忘。

5）向他人提问。在学习中碰到疑难问题，无论认为自己的问题多么简单、多么微不足道。都要及时向教师和同学请教，应特别注意经常向周围同学请教、交流。

6）养成做笔记的习惯。做笔记既可以帮助学生集中精力思考和总结、归纳问题，加深对学习内容的理解和记忆，又可以把学习内容中的重点记录下来，便于以后查阅和复习。

7）保持适量的休息和运动。休息和运动不仅让学生保持良好的状态，也是消除压力的好办法。

3. 教学指导注意事项

1）语言表达准确、流畅、生动、形象；概念明确、正确，讲解清楚，深入浅出；表达富于逻辑性；机敏，适应性强。

2）突出学科特征，能够科学、全面、准确地把握教材、理解教材。教学目标明确，符合课标要求和学生实际，既注意面向全体，又重视因材施教。

教师应及时把握教学现场，适时地引导。教师通常会预先设计好整节课的教育目标，教学目标明确了，教师就会为了达到目标，调节教学的进度，然而教学的对象是学生，教师应该耐心地讲解，提供支持和帮助，对学生提出的新思想和新观点进行分析，鼓励创新，发现价值。

10.4.2 案例教学设计

给学生列举几种典型作业的标准资料，例如：机械加工、剪切、冲压、装配等作业的标准资料。

10.4.3 针对能力培养的综合教育环节

给出一个典型的作业让学生分析其工艺过程，讨论应该收集哪些标准资料，并且模拟建立标准资料过程和分析。

10.4.4 讨论与展示

给学生看有关标准资料法的资料，让学生讨论有关标准资料的见解和拓展。

10.4.5 教学过程评价

1. 教师自我评价指标
1) 所选用的方法和策略是否符合学生的特点；
2) 能不能维持学生的注意和兴趣，能不能促进学生的理解和记忆；
3) 对排除影响教学顺利进行的智力障碍和情绪障碍有没有好处，能给学生带来多大的满足感；
4) 是否有助于培养逻辑思维能力，能否有效地培养学生的创新精神和实践能力；
5) 教学内容是否吸收了本领域的最新成果，反映了学科发展的最新动态；
6) 从授课过程中判断是否精选了教材，选材是否根据学生的兴趣和学科的特点，是否对日常生活有实用价值；
7) 从讲授的内容上判断知识体系是否完整，条理是否清楚，层次是否分明，是否注意到了前后呼应和触类旁通；
8) 从教材难易程度上判断重点是否明确，难点是否可以解决。

2. 学生评价指标
1) 在通过新的教学设计方案的教学后，认知、情感及动作技能方面的达标程度；
2) 从学生在课堂上的表现来分析学生对新方案实施的反应，例如，可以从表情上分析学生对讲课内容和速度的适应性；可以从课堂提问中分析学生对课程的理解程度；
3) 从课堂秩序上分析学生对学习的注意或投入程度、学生是否有学习的需要和要求、学生是否乐意在教师的指导下学习等。

3. 调查结果分析
对以上指标进行调查分析，找到教学上的问题，针对问题对教学过程加以改善。

10.5 典型实例分析及复习思考题

10.5.1 典型实例分析

【实例1】某机械制造厂编制钻床（立钻）加工手工操作部分的标准资料。时间定额标准的综合程度选择为作业要素，主要步骤如下。

1）选择确定建立标准资料的对象和范围。本实例中建立标准资料的对象为钻床加工手工操作时间，范围为企业全部钻床。

2）进行作业分析。通过对现场操作工程进行观察分析，把作业分为13个作业要素，具体见表10-1。

3）选择作业测定方法。该企业多年应用秒表时间研究方法，有丰富的经验和大量的时间研究数据。本实例采用秒表时间研究方法。

4）分析影响因素。在对数据资料进行测定分析之前，先要对各作业要素按其不同性质，区分为不变作业要素和可变作业要素。本实例中，开动和停止主轴、将钻头引向工件、变换转速等均为不变作业要素，表中要素性质栏内以"C"表示。而拿取加工件、将工件装入钻模，以及卡紧和松开钻模等分别受"零件重量"和"钻模坚固点个数"及零件复杂程度的影响，均为可变作业要素，表中以"V"表示。

5) 收集数据。通过大量的现场测定获得 10 种零件的相类似的钻孔工序的时间研究资料，并将其汇总于表 10-1 中。表中汇总的各作业要素的平均时间值，是严格按照时间研究要求的步骤，经过工作评比后得到的。

表 10-1 转床时间研究资料汇总表 （时间单位：DM）

时间研究号		D-1	D-2	D-3	D-4	D-5	D-6	D-7	D-8	D-9	D-10	要素的性质	不变要素代表值	备注
零件号		B-501	C-408	B-532	A-392	B-108	C-119	A-201	B-482	A-108	B-109			
零件重量/kg		2	8	6	4	3	8	6	5	1	8			
零件形状类别		简单	中级	复杂	中级	复杂	复杂	中级	简单	中级	简单			
材质		S-25	FC-19	FC-19	S-25	FC-19	S-25	S-25	FC-19	S-25	S-25			
夹具紧固点		1	3	2	1	1	3	2	2	1	3			
序号	作业要素	平均时间	平均时间	平均时间	平均时间	平均时间	平均时间	平均时间	平均时间	平均时间	平均时间			
1	取加工件	2.9	10.5	7.5	6.5	6.0	8.5	8.0	7.5	5.0	8.5	V	—	公式
2	清除夹具中的切屑	5.7	6.3	5.8	6.8	5.2	5.8	6.0	5.4	6.0	8.5	C	6.2	
3	将工件装入钻模	5.8	21.0	24.0	12.5	17.5	30.0	16.0	7.5	11.0	9.0	V	—	公式
4	拧紧钻模	5.4	10.0	7.5	5.3	5.2	9.5	6.8	6.9	4.9	10.5	V	—	公式
5	开动机床	2.1	2.0	2.0	2.5	1.5	1.2	1.3	2.0	2.0	1.8	C	1.8	
6	钻头上沾冷却油	3.8	—	—	—	3.4	—	3.6	—	—	3.7	C	3.6	
7	钻头引向工件	2.0	2.0	1.9	2.5	2.8	3.2	2.0	2.5	2.5	2.0	C	2.3	
8	除去切屑	1.9	—	—	—	—	2.0	1.5	—	—	—	C	1.8	
9	变速	5.1	—	5.4	—	—	—	—	5.2	—	—	C	5.2	
10	退出钻头	1.9	2.1	1.8	1.9	1.7	1.8	1.8	2.0	2.0	1.8	C	1.9	
11	停止主轴	4.0	2.5	3.5	3.0	2.9	2.5	2.5	3.5	2.5	3.0	C	3.0	
12	松开拧紧的钻模	6.0	7.5	7.0	4.4	5.0	8.0	7.0	6.5	5.5	9.5	V	—	公式
13	取出工件	3.0	3.2	3.5	3.0	3.0	3.1	3.3	3.0	3.1	3.0	C	3.1	

6) 原始资料的分析和整理。确定不变作业要素时间代表值的方法比较简便，通常将汇总表内所有的测定值 (同一作业要素) 取算术平均值即可。例如，作业要素 2 的时间值为

$$t = \frac{5.7+6.3+5.8+6.8+5.2+5.8+6.0+5.4+6.0+8.5}{10} = 6.2 \text{（DM）}$$

对可变的作业要素，应采取不同方法，确定其作为时间定额标准的代表值。可变作业要素的整理分析就需要借助于函数图表分析方法，下面将具体计算各可变作业要素时间加

以说明。

1）第 1 项作业要素——取加工件。经过分析，在工作地布置标准化情况下，该作业要素的主要影响因素是工件的重量。这就说明"取加工件"的时间值是工件重量的函数。现将该作业要素的 10 次测定值在直角坐标中作散点图，见图 10-1。从图中看出，散点图呈直线趋势，用平差法做一直线，即

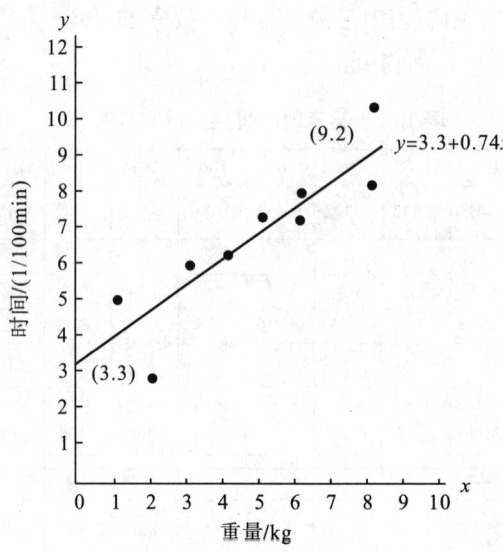

图 10-1 "取工件"要素时间与重量关系曲线

$$y = ax + b$$

该直线反映时间随工件重量的变化规律。

为了建立该项作业要素时间标准的数学模型（即函数公式），需要求解直线方程中的常数项 b 和系数 a。求解 a 和 b 有多种方法。此处只介绍最小二乘法。

用最小平方方法求解直线方程中的 a 和 b（请参考相关数学知识），可直接使用已经推导的公式：

$$a = \frac{\sum x_i \cdot \sum y_i - n \sum x_i y_i}{\left(\sum x_i\right)^2 - n \sum x_i^2} \quad (10\text{-}1)$$

$$b = \frac{\sum y_i - m \sum x_i}{n} \quad (10\text{-}2)$$

式中，x_i 是第 i 个自变量值（本实例中表示第 i 个工件重量）；y_i 是第 i 个函数值（本实例中为取第 i 个工件的时间平均值）；n 是数据组数（本实例为 10，$i = 1, 2, \cdots, n$）。

从汇总表中取出 x 和 y 的数据，重新列表（表 10-2）并将有关数据进行处理，代入公式（10-1）和式（10-2），分别求出 a 和 b，即

$$a = \frac{51 \times 70.9 - 10 \times 405.3}{51^2 - 10 \times 319} \approx 0.74$$

$$b = \frac{70.9 - 0.74 \times 51}{10} \approx 3.3$$

故得到立式钻床上"取加工件"作业要素时间（正常时间）的标准资料。

$$y = 0.74x_1 + 3.3$$

为了和其他变量区分，设零件重量为 x_1。上式是以公式形式表示的标准资料。图10-1是图线式的标准资料。有时两个变量之间关系不是直线，而是曲线，这时应以对数坐标纸作图。

表 10-2 "取工件"要素时间测定数据

时间研究号	工件重量（x）/kg	时间（y）/DM	xy	x^2
D-1	2	2.9	11.6	4
D-2	8	10.5	84.0	64
D-3	6	7.5	45.0	36
D-4	4	6.5	26.0	16
D-5	3	6.0	18.0	9
D-6	8	8.5	68.0	64
D-7	6	8.0	48.0	36
D-8	5	7.5	37.0	25
D-9	1	5.0	5.0	1
D-10	8	8.5	68.0	64
合计	51	70.9	405.3	319

2）第 3 项作业要素——将工件装入钻模。经过分析，该项作业要素的时间值同时受零件重量和零件复杂程度的影响。零件复杂程度属于质的影响因素，因而在整理分析数据时，可先按复杂程度分组，然后根据不同复杂程度组内零件的重量与时间数据，求出工件重量与时间消耗的关系，具体如下。

按零件复杂程度分组。本实例分为简单、中级、复杂三种类型。

在直角坐标系上，对三种复杂程度的零件数据，分别作散点图，得到三条直线，如图 10-2 所示。

用最小二乘法分别求出对应的直线解析式（注意：实际应用中应使数据达到一定数量，以保证精度要求）。

$$y = 2.47x_1 + 9.9 \text{（复杂件）}$$

$$y = 1.50x_1 + 7.9 \text{（中级件）}$$

$$y = 0.54x_1 + 4.7 \text{（简单件）}$$

3）第 4 项作业要素——拧紧钻模。该作业要素时间受钻模紧固点个数的影响。按照相同的方法绘出标准资料图线并推导出解析式。这里给出结果，具体计算过程可留给学生自己练习。

$$y = 2.4x_2 + 2.6$$

式中，x_2 为紧固点个数。

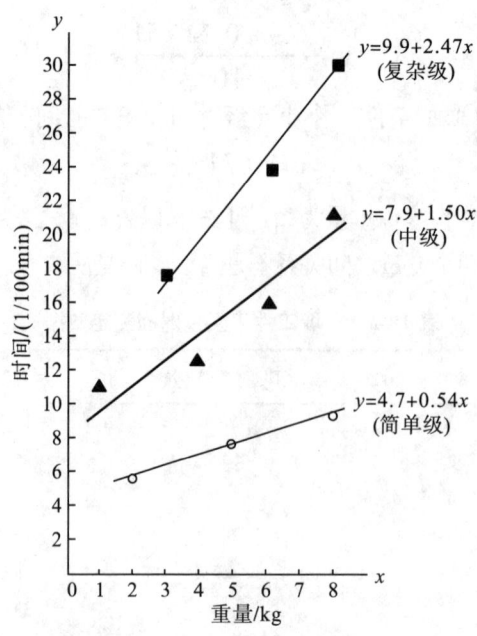

图 10-2 "装在钻模上"要素时间与重量和复杂程度关系曲线

4)第 12 项作业要素——松开拧紧的钻模。"松开拧紧的钻模"所需时间与"拧紧钻模"所需时间一样,都受紧固点个数影响,具体过程同前,得到的解析式为

$$y = 1.5x_2 + 3.8$$

上述四个可变要素的解析式已经求出,这些公式和前面计算的 9 个不变要素的时间值,共同构成了整个钻床作业手工操作部分的标准资料。

为了简化计算,方便使用,可以将资料综合,即将全部 13 个作业要素的时间资料进行合成,结果如下:

钻床手工操作正常时间 y 为

$$y = 3.21x_1 + 3.9x_2 + 48.5（复杂零件）$$

$$y = 2.24x_1 + 3.9x_2 + 46.5（中等复杂零件）$$

$$y = 1.28x_1 + 3.9x_2 + 43.3（简单零件）$$

在以后的钻床零件加工过程中,只要知道零件的重量、复杂程度、紧固点个数,就可以按照上述解析式,求出手工操作的正常时间。再加宽放时间,就可得到手工操作的标准时间。

10.5.2 复习思考题

1)什么是标准资料?什么是标准资料法?
2)标准资料法的特点是什么?
3)标准资料的表现形式有哪些?
4)标准资料的编制步骤是什么?

第11章 学习曲线

11.1 主要内容、特点及学习要求

1.主要内容

本章的主要内容是学习曲线概述、学习曲线的原理、学习曲线的应用、知识学习曲线简述,具体的内容结构如图 11-1 所示。

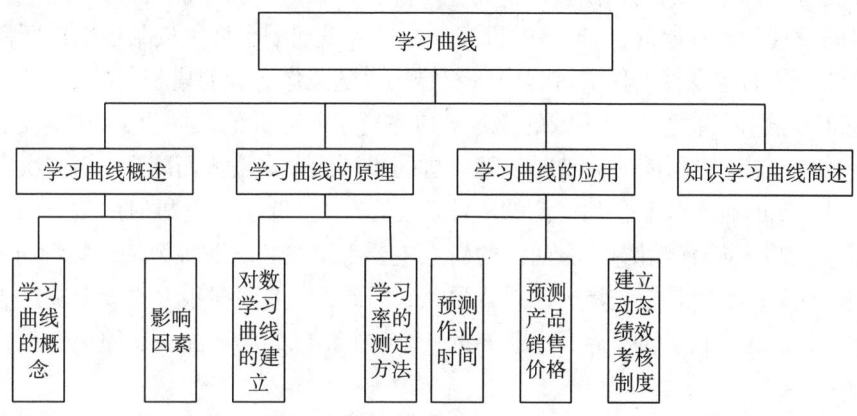

图 11-1 学习曲线内容结构

2.特点

作为从实践中发现的学习曲线在实际生产中有着广泛的运用,因而本章在介绍学习曲线理论的基础上侧重于对学习曲线在实际应用中的探讨,主要特点如下。

1)把握基础性,体现先进性;

2)加强理论联系实际,注重案例教学,重视培养学生多种能力;

3)通过多种途径,对学生进行科学态度和科学方法的教育;

4)通过多种途径培养学生的创新精神和解决复杂问题的能力;

5)加强了弹性,精选必学内容,降低难度,同时增加选学、选做和自学内容,供学生自主选择学习或思考;

6)注重启发性,提高可读性。

3.学习要求

本章的主要学习要求有以下三个方面。

1)了解影响学习曲线的因素、知识,学习曲线的含义和用途;

2)理解学习曲线的含义,学习曲线的建立方法,掌握学习率的计算方法;

3)能够灵活运用学习曲线预测作业时间、预测产品销售价格。

4.能力培养要求

学习曲线在实际生产中有广泛的运用，企业利用学习曲线可以科学地制订成本计划、改善作业计划、劳动定额与劳力规划、质量改善等。因而在本章的学习中，不仅要提高学生自主学习的能力，更要培养学生解决复杂问题能力以及实践能力。

11.2　学习曲线的发展历史、现状和趋势

11.2.1　学习曲线的发展历史

学习效应最早可以追溯到 1860 年，一个钟表制造者 Chauncey Jerome 在日记中写道："钟表的制造过程如此系统，使得价格逐步下降，并且做到物美价廉，真是不可思议。"这是最早的发现学习现象的影子。19 世纪末，有人发现了个体完成某项工作所需的时间随着经验的增长而减少；工作的过程中所犯错误也随工作经验的增长而减少。

Wright 最早对工业和组织领域的学习效应进行了研究，他在自己 1936 年发表的文章中指出，建造一架飞机所需的劳动时间随飞机的累计产出量增大而减少。第二次世界大战中，对学习曲线的研究开始受到广泛的关注。政府在生产船只、飞机时用学习曲线来预测成本和时间。然而早期对组织学习曲线的研究主要集中在装配业等劳动密集型行业，在这些行业中，直接劳动力是至关重要的投入要素，因此，学习曲线很大程度上决定于直接劳动力的学习，这就造成了学术界和工业界的一个误解，以为学习曲线是简单地由直接劳动力的学习引发的。

直到 1964 年 Hischmann 发现石油提炼过程也存在着学习曲线以后，这种误解才得到了纠正。在石油提炼过程中，劳动力并不是一个最重要的投入因素，Hischmann 的研究表明，学习不仅仅来源于直接劳动力，还依赖于组织调整及其技术结构。这一重大发现使人们对学习曲线的研究终于可以不再局限于对劳动时间随累计产出增加而减少的思维框架，由此引发了对学习曲线的不断引申研究的过程。但是，这种研究仍然停留在行业层面上，同一行业内的不同企业在这种研究中是黑箱内部的东西，没有进行深入探讨。

到了 20 世纪 80 年代，一个实际的问题日益突出并受到大家的重视，那就是，即使在同一行业中，不同企业的学习曲线也可能完全不同，有的企业学习速度很快，而有的企业根本就不存在想象中的学习曲线。不同企业可能存在不同的学习曲线形式和学习速度这一论断已经逐步得到众多研究者的认可和肯定，在这种情况下，原来那种把行业作为黑箱的研究方法显然不再适用。为了寻找不同组织学习曲线差异的根源，关于学习影响因素的研究逐步深入到企业层面。

在学习曲线发展的同时，一些学者重点研究了一个企业内部分岗位员工的学习曲线，即个人学习曲线。个人学习曲线是指直接员工个人的学习曲线。理论研究最早为 Arrow 在 1962 年发表的文章，他假设生产中技术改进的原因是干中学，并用累计产出作为经验的量度对学习曲线进行了推导。其文章发表后引起了很多学者对学习曲线的探讨。有的学者从另外的角度来解释学习曲线，Rosenberg 等发现了用中学 (learning by using, Adlefand

Clark 定义其为第二学习,第一学习指反复操作的直接员工学习,也就是干中学),指出学习的发生是在机器的使用过程中,因为机器在生产出来的时候会有很多的缺陷,只有使用者在使用的过程中发现问题然后再将问题反馈给生产厂商的时候,厂商才能再作改进。出口中学习也是这种用中学的一个特例。出口中学习是指发展中国家生产的机器运往发达国家后,在使用过程中会发生许多的问题,然后再加以改进。后来的学者发现以上所论证的是个人的学习曲线,学习可以在员工技能的熟练程度上体现出来,根据 Nicks 的研究,每个人的学习率和学习曲线的斜率与其他人不同,这取决于每个人的知识和所生存的环境。到了 20 世纪 80 年代中期,人们发现即使是同一个公司的同一批人在调动其工作岗位或者是迁移到新的工厂等一些变化出现时,学习率也会发生变化,这就引发了对个人学习曲线的质疑:如果学习曲线只限于个人的话,以上的这些情况发生的时候,个人的学习率不会发生变化,那么公司和企业的学习率也不会发生变化。

以上就是整个学习曲线的发展历史。

11.2.2 学习曲线的研究现状

学习曲线代表生产者通过学习与经验的积累不断改进工作效率的过程。学习曲线基于以下假设:①每次完成同一性质的任务后,下一次完成该任务或生产单位产品的时间将减少;②单位产品的生产时间将以一种递减的速率下降;③单位产品生产时间的减少将遵循一个可预测的规律。

早期的研究就已经显示操作时间随着经验的增加而减少的规律,人们把这种现象称为"经验曲线"。1936 年,Wright 通过研究飞机生产中的单位产品的劳动时间随着产量积累而下降的规律,第一次在制造业中描述经验曲线。1979 年,Yelle 第一次采用另一个名称——学习曲线来描述经验曲线,Wright 的学习曲线(WLC)应用最广泛。之后,学术界对该模型进行拓展性研究,主要通过对该模型的参数修改,以适应不同的场合,导致学习曲线的应用面拓展,而不是像早期那样仅仅用在产品生产数量与时间(或成本)的变化上,实际上学习曲线的应用面已经大大扩展。

11.2.3 学习曲线的发展趋势

从学习曲线的产生到现在,国际上学习曲线的研究已经有丰富的成果,而且在企业中有很好的应用。但是在我国,对学习曲线的研究还不够深入。通过查阅国内外相关文献,可以发现以下研究方向比较有潜力。

1)产品研究开发中的应用。

目前由于市场竞争,生产生命周期缩短,要求企业缩短产品开发周期。这是基于时间的竞争策略所要求的。因此如何利用学习曲线来有效地提高生产开发速度与降低开发成本是一个值得研究的课题,目前国际上对此方面的研究比较缺乏。

2)企业运作系统中知识管理。

目前企业强调所谓的学习型组织,学习有正式的学习与非正式的学习。传统的"干中学"的经验性的学习曲线与这种复合的学习环境下的学习曲线显然有区别,如何建立并加以运用这种新型的学习曲线是值得研究的课题。

3)拓展学习曲线在非制造业运作中的应用。

虽然在制造业的运作管理研究中学习曲线已经得到深入的研究,但是在服务业,这方面的应用研究仍然有很大的空间可为。因此拓展学习曲线在非制造业运作中的应用是新的研究方向之一。

4)学习曲线表达形式的改造。

学习曲线的表达形式是否需要改造仍是一个值得探讨的问题:虽然传统的一些表达函数已经有很好的应用效果,但是从企业的调查数据模拟情况看,提出新的函数表达方式是必要的,行业之间的表达式是否应有所不同也是值得考虑的。

11.3 内容分析与补充

11.3.1 学习曲线概述

1. 学习曲线的概念

学习曲线也称为熟练曲线,是指在大批量生产过程中,用来表示单台(件)产品工时消耗和连续累计产量之间关系的一种变化曲线。随着累计产量的增加,操作者生产制造熟练程度的提高,产品单台(件)工时消耗呈现下降趋势,这样就形成了一条工时递减的函数曲线。学习曲线由此而得名。

学习曲线将学习效果画在坐标图上,横轴表示学习次数,纵轴表示学习效果。在生产实践中,学习次数通常用累计产品产量来表示,学习效果用累计平均工时表示,因此,学习曲线表示了产品制造工时与累计产量之间的变化规律。

图 11-2 是某飞机厂的飞机构架加工制造的学习曲线图。表 11-1 中所列的是和图 11-2 对应的相关数据。表中第 1 列表示产品的累计产量数,第 2 列表示与这个累计台数相应的单台产品直接人工工时。由于表中累计产量的关系都是增加一倍(翻一番),即累计产量为 2^n。这样单台(件)产品直接人工工时按 20%递减的规律就清楚地显示出来。就是说加工制造第 2 架飞机构架的工时只有第 1 架的 80%,加工制造第 4 架飞机构架的工时只有第 2 架的 80%,第 8 架只用了第 4 架工时的 80%,第 16 架只用了第 8 架工时的 80%等。第 3 列为累计直接人工工时,将第 3 列累计直接人工工时除以第 1 列产品累计数,就得到第 4 列的累计平均直接人工工时。

表 11-1 飞机构架加工制造直接人工工时表

产品生产累计数	单台产品直接人工工时/h	累计直接人工工时/h	累计平均直接人工工时/h	产品生产累计数	单台产品直接人工工时/h	累计直接人工工时/h	累计平均直接人工工时/h
1	100 000	100 000	100 000	8	51 200	534 591	66 824
2	80 000	180 000	90 000	16	40 960	892 014	55 751
4	64 000	314 210	78 553	32	32 768	1 467 862	45 871

续表

产品生产累计数	单台产品直接人工工时/h	累计直接人工工时/h	累计平均直接人工工时/h	产品生产累计数	单台产品直接人工工时/h	累计直接人工工时/h	累计平均直接人工工时/h
64	26 214	2 362 453	37 382	256	16 777	6 247 318	24 404
128	20 972	3 874 395	30 269	512	13 422	10 241 505	20 003

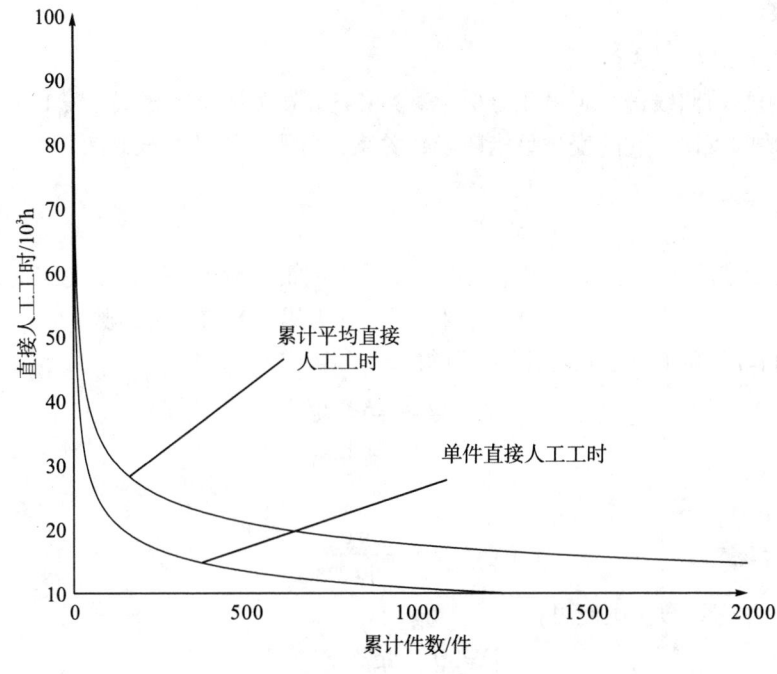

图 11-2 学习曲线图

从图 11-2 中可知，随着累计产品产量的增加，产品累计平均工时在递减，但其递减速度却随累计产量增加而逐渐变小，直到趋于稳定。

学习曲线通常有狭义和广义两种解释。狭义的学习曲线是指操作人员的个人学习曲线，随着时间的推移，知识和经验得到有效的积累，它反映了个人操作技术熟练程度的提高；广义学习曲线是指一个生产单位中直接劳动者（操作工）和间接劳动者（设计、制造及管理者）加工制造某种产品时的学习曲线，它除了反映操作者个人操作技术熟练程度，还包含生产方式、设备的改进，管理的改善与技术创新共同努力的结果。因此，学习曲线又称为制造进步函数、经验曲线、效率曲线、成本曲线、改进曲线等。更广义的学习曲线是指某一行业或某一产品从引入期、成长期、成熟期至衰退期的整个学习曲线。学习曲线现象告诉人们，生产中永远有潜力可挖。研究与制定学习曲线对提高生产率有很大的作用，这是工业工程师应掌握的理论与方法。

2.影响学习曲线的因素

学习曲线的影响因素大致有以下六个方面。

1) 操作者动作的熟练程度。

2) 改善操作者的工装设备及工位器具。

3）产品设计变更有助于降低工时。

4）高质量的原材料和充足的供应可减少学习中断现象。

5）专业化分工，使每个操作者做简单重复工作。

6）管理科学化。

11.3.2 学习曲线的原理

1. 对数学习曲线的建立

为了利用学习曲线进行定量化分析，需要将它表达为数学解析式。按 11.3.1 节学习曲线现象所反映的规律，它的变化呈指数函数关系，可用以下关系式来表示：

$$Y = KC^n \tag{11-1}$$

$$X = 2^n \tag{11-2}$$

式中，Y 为生产第 X 台（件）产品的工时；K 为生产第 1 台（件）产品的工时；C 为工时递减率或学习率；X 为累计生产的台（件）数；n 为累计产量翻番指数。

对式（11-1）和（11-2）取对数，可得

$$\lg Y = \lg K + n\lg C$$

$$\lg X = n\lg 2$$

设

$$a = -\frac{\lg C}{\lg 2} \tag{11-3}$$

式中，a 称为学习系数。由此可得

$$\lg Y = \lg K - a\lg X \tag{11-4}$$

从而

$$Y = KX^{-a} \tag{11-5}$$

式（11-5）称为莱特公式，它表示了学习效果即累计平均工时 Y 随累计产量 X（即学习次数）而变化的情况，其图形如图 11-2 所示。

对于学习曲线通常采用对数分析法，既便于作图，又便于计算，也更加直观。

现仍以上述资料为例，将学习曲线绘制在双对数坐标纸上，便成为一条直线，而累计平均直接人工工时曲线在开头 n 件产品之后也变成了直线。这种特性在于，从图表中能较准确地读出数值，详见图 11-3。

利用莱特公式，能更精确地得到计算结果。例如，要想求得生产第 32 台飞机构架时的直接人工工时，则将已知数值 $K=100000$，$C=0.80$，$X=32$ 代入即得

$$Y_{32} = 100000 \times 32^{-a}$$

$$a = -\frac{\lg C}{\lg 2} = -\frac{\lg 0.8}{\lg 2} = -\frac{-0.223}{0.693} = 0.322$$

从而得

$$Y_{32} = 100000 \times 32^{-0.322} = 100000 / 32^{0.322} = 32768$$

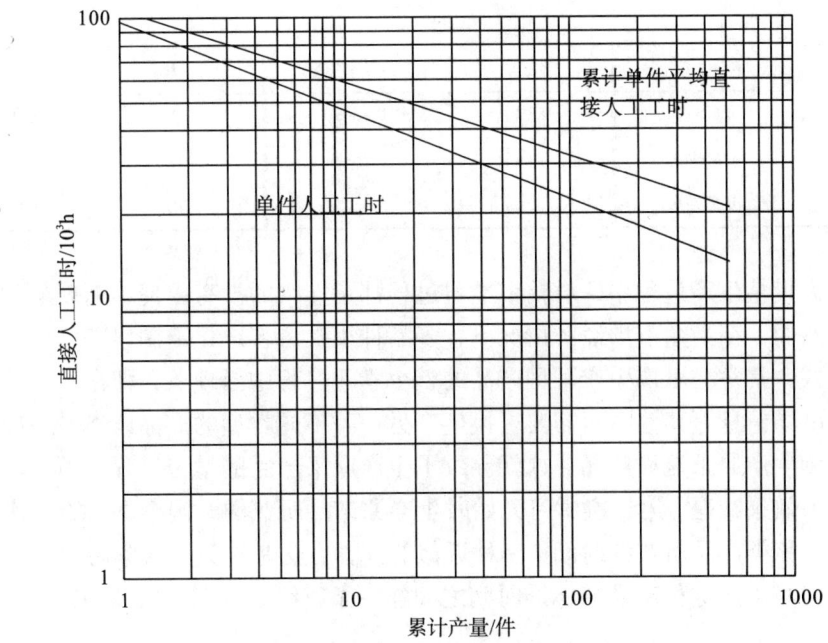

图 11-3　80%学习率的学习曲线对数图表

计算结果与表 11-1 所列结果是一致的。

在莱特公式 $Y = KX^{-a}$ 中，由于 $a = -\dfrac{\lg C}{\lg 2}$，所以当学习率为一定时，学习系数也是一个定值，如表 11-2 所示。

表 11-2　学习率与学习系数对照表

学习率	学习系数 a	学习率	学习系数 a	学习率	学习系数 a
51%	0.97143	68%	0.55639	84%	0.25153
52%	0.94341	69%	0.55533	85%	0.23446
53%	0.94341	70%	0.51457	86%	0.21759
54%	0.88896	71%	0.49410	87%	0.20091
55%	0.86249	72%	0.47393	88%	0.18442
56%	0.83650	73%	0.45403	89%	0.16812
57%	0.81096	74%	0.43440	90%	0.15200
58%	0.78587	75%	0.41503	91%	0.13606
59%	0.76121	76%	0.39592	92%	0.12029
60%	0.73696	77%	0.37706	93%	0.10469
61%	0.71311	78%	0.35845	94%	0.08926
62%	0.68965	79%	0.38007	95%	0.07400
63%	0.66657	80%	0.32192	96%	0.05889
64%	0.64385	81%	0.30400	97%	0.04394

续表

学习率	学习系数 a	学习率	学习系数 a	学习率	学习系数 a
65%	0.62148	82%	0.28630	98%	0.02918
66%	0.69946	83%	0.26881	99%	0.01449
67%	0.57776			100%	0.00000

上述是大批量生产过程中，对整个学习过程都是连续的没有出现中断现象的学习曲线而言的。然而，在当今市场经济情况下，多品种小批量客户化定制生产已成为企业生产的主要方式，常常会出现生产某种产品的整个学习过程中断现象，即在生产第一批产品时，由于市场信息等其他因素需要更换生产另一种不同类型的产品，当另一种产品生产完后又继续生产原来这种产品，这就导致了生产原来产品的学习过程中断，从而使原来应有的学习效果减退。第二次学习开始时生产原产品所花的时间会多于第一次学习结束时继续生产该类产品所花的时间。一种近似的计算方法是在第一次学习生产第一件产品所需的时间与生产这种产品的标准时间之间连一条直线，并用公式（11-6）来描述这条直线方程：

$$t = K - \frac{K-f}{m}X_1 \tag{11-6}$$

式中，t 为中断后恢复学习时，生产第一件产品所需时间；K 为原生产第一件产品的制造工时；f 为生产这种产品的标准时间；m 为学习不中断条件下达到标准时间所需要生产此产品的累计数；X_1 为中断学习后再次恢复学习时生产第一件产品所占有的累计数。

2. 学习率的测定方法

由莱特公式可知，要想求生产第 X 台（件）产品所需工时，必须已知学习系数 a，然而 a 与学习率 C 存在一定的关系，即 $a = -\frac{\lg C}{\lg 2}$。因此若能确定学习率 C，就可求得学习系数 a。确定学习率的常用方法有直接测定法、历史资料法、经验估计法、合成法、MTM 法（方法时间衡量）。现介绍直接测定法如下。

由莱特公式 $Y = KX^{-a}$ 可知，K 为生产第 1 件产品的工时，可通过实际观测得到，a 为学习系数，是一个参数。如果对生产情况进行现场观测，求得参数 a 的估计值，再根据 $a = -\frac{\lg C}{\lg 2}$，从而求得学习率 C。

【实例 1】已知某机械厂生产某种机器，生产第 10 台的成本为 3000 元，生产第 30 台的成本为 2000 元，求该产品的学习率。

解答 由已知条件可得

$$Y_{10} = K10^{-a} = 3000$$
$$Y_{30} = K30^{-a} = 2000$$

$$\frac{Y_{30}}{Y_{10}} = \frac{2000}{3000} = \left(\frac{30}{10}\right)^{-a}$$

$$0.67 = 3^{-a}$$

$$a = \frac{-\lg 0.67}{\lg 3} = \frac{0.174}{0.477} = 0.365$$

$$C = 2^{-a} = 2^{-0.365} = 0.78$$

故该产品的学习率为 78%。

国外学者研究表明,学习率的范围在 50%～100%。当人工作业时间与机器加工时间比例为 50%:50%时,学习率约为 85%;当人工作业时间与机器加工时间比例为 75%:25%时,学习率约为 80%;当人工作业时间与机器加工时间比例为 25%:75%时,学习率约为 90%;当机器完全处于高度自动化状态加工零件时,无需人工作业配合,则学习率为 100%,它意味着加工一批零件的第 1 件产品与加工最后 1 件产品的工时相同。由此可见,人工作业时间所占比例越大,学习率就越低,学习系数就越大,反之则学习率越高,学习系数就越小。工程实际应用中,通常学习率在 75%～95%变动。

11.3.3 学习曲线的应用

学习曲线在工业工程中应用较广泛,可用于制定标准时间、计算产品销售价格、预测产品的制造工时、考察系统的稳定性、考核工人的工作绩效等。除此之外,还可应用到非制造业的企业中,描述发生在每一个工作中的学习过程。员工效率和公司效率的提高是工作经验日益积累的结果,经验增加了员工和公司的知识,并促进了员工和公司的学习。学习曲线的重要性就在于它使人们认识到在职知识学习能提高效率及效益。

11.3.4 知识学习曲线简述

由学习曲线图可知,随着产品生产数量的增多,单位产品工时减少,生产成本降低,但工人通过学习对知识的积累增长,随着掌握知识的程度提高,使得生产力不断上升,这就是与学习曲线同样说明学习的时间效应的知识学习曲线,见图 11-4。

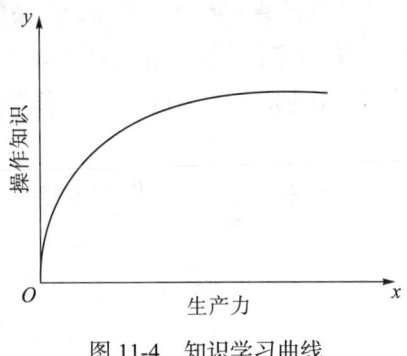

图 11-4 知识学习曲线

知识学习曲线描述了生产力的增长,将其定义为获取关键操作知识函数。它表明操作知识与生产力之间的关系以及学习和生产力成果之间的关系。与学习曲线相反，知识学习曲线从 y 轴的零点出发随着获取知识的增加而上升。其斜率越大越好，它说明获取操作业务知识的速度加快，因此生产力提高。

知识学习曲线的倾斜也有可能是反向的（曲线是下降的而非上升的）。这就意味着发生了无效的学习。当然相应的工作表现变差，生产力下降，例如，当一个职工离开他的工作岗位时，若操作知识没有保留下来并传给继任者，就会发生知识的丢失。对企业而言，当企业出现高频率的职工更迭，产生知识的不连续性，或者企业没有进行学习，导致知识学习曲线的下降时，企业的知识（技能）受到损失，必然使企业陷于困境。

因此，知识的连续性带来生产力的连续性，知识学习曲线说明了企业职工的生产力是其所能获取操作知识及其增长率的一个函数。这种操作知识和生产力之间的关系增强了持续管理（持续管理是使知识持续管理的简称）的潜力，进而为企业创造了更明显的竞争优势。

11.4 教育教学环节设计

11.4.1 自主学习与教学指导

1.重点、难点

（1）重点

学习曲线的原理及运用。

（2）难点

掌握学习率的计算方法，并能够灵活运用学习曲线预测作业时间、预测产品销售价格。

2.自主学习内容及注意事项

（1）自主学习内容

学习曲线概述及学习曲线原理。

（2）注意事项

1）学生自学时，教师要加强督查，及时表扬自学速度快、效果好的学生，激励他们更加认真地自学。

2）重点巡视中差学生，可以给后进生说几句悄悄话，帮助端正自学态度，使他们也变得认真起来。但教师的话语不宜过多，以免分散学生的学习注意力。

3）要面向全体，关注每一个学生的自学状况，不得只关心一个学生或少数几个学生而放弃督促大多数学生。

4）广泛调查，收集自学中学生暴露出来的疑问和困难，分清主次，弄清性质，进行归类，为"后教"作准备。

11.4.2 案例教学设计

实践性内容如下。

以小组为单位对案例进行分析讨论,并举例说明学习曲线的应用。所给案例如下:对一位应聘某装配线工作的求职者进行测试,求职者第一次的操作时间为10min,第二次的操作时间为9min。管理部门认为在操作1000次后大体可以达到稳定状态录用标准是操作工人应该在4min以内完成这项工作,问该求职者是否可以被录用。不难看出,该求职者的学习效率为9/10=90%;第1000次操作的时候,该求职者的完成时间为

$$Y_{1000} = 10 \times 1000^{-\frac{\ln 0.9}{\ln 2}} = 10 \times 0.3499 = 3.449 \text{(min)}$$

因为3.449min<4min,故可以录用该求职者。

11.4.3 针对能力培养的综合教育环节

通过在课堂教学和实验教学实践过程中确立教学目标、设计教学内容、选择教学方法和进行教学活动等一系列方面,培养学生的创新精神和综合能力,努力提高学生的综合能力和综合素质。

1. 注重启发式教学

启发式教学方法的好处在于既能激发学生的学习兴趣,又能吸引学生听课时的注意力。学习曲线中有些内容比较抽象,不容易被学生接受和理解。为此,在教学中巧用生活中的实例进行对比分析,从而很好地解决这一问题。例如,在讲授学习曲线的应用时,引入企业的实例——企业招聘、预测作业时间等。通过理论联系实际,深入浅出的讲解,一方面增加学生学习的兴趣,另一方面加深学生对理论的进一步掌握,提高学生解决实际问题的能力。

2. 注重类比法教学

初学者在学习过程中,普遍感到学习曲线比较陌生,在教学过程中,可以用记忆曲线作为类比。类比法的结果使学生顺利掌握学习曲线的概念,同时使类比学习的方法深入每个学生的心中,培养学生的逻辑思维能力。

3. 采用现代化教学手段

一方面借鉴高水平院校的现代化教学手段的研发成果,另一方面开发和制作具有特色的适合自己的多媒体教学课件,将枯燥乏味的变化过程用动漫、幻灯片的形式演示,既具有较好的视觉效果,前后内容界面切换方便,又活跃了课堂气氛,使课堂气氛生动、活泼,提高学生的学习兴趣,记忆深刻。在现代化教学手段应用方面,可以让学生参与到电子教学课件的制作过程中,进一步提高学生的综合能力。

11.4.4 讨论与展示

针对上述案例,要求学生以小组为单位,讨论以下问题并进行课程展示。
1)学习曲线在现代企业运营中的应用并举例分析。
2)运用学习曲线应该注意的问题。

11.4.5 教学过程评价

对学生的评价考核表如表 11-3 所示。

表 11-3 学生评价考核表

班级_____ 学号_____ 姓名_____ 课程内容_____

评价要素	评价标准	自我评价				小组评价			
		A	B	C	D	A	B	C	D
学习态度	积极主动参与学习，有进取心 学习目标明确，按时完成学习任务 学习兴趣浓厚，求知欲强								
应变能力	敢于提出问题，发表个人意见，提高口头表述和答辩能力 理解技术课程的价值取向，具有一定的创新能力 主动经历信息过程，养成自主学习能力								
合作意识	能与同学共同学习，共享学习资源，互相促进，共同进步 积极参与讨论与探究，乐意帮助同学 在小组学习中主动承担任务								
探究意识	积极思考问题，提出解决问题的方法，有创新意识 勤于积累，善于探索，思维活跃，反应灵敏								
情感态度	努力发展自己潜能，能认识自我的优缺点 遵守国家信息使用安全规范，明辨善恶 具有正确的自我行动意志								
基础知识	任务（作品）完成水平								
综合评价	自我评价等级	签名： 年 月 日			小组评价等级	签名： 年 月 日			
教师评价	激励性评语： 签名： 年 月 日								

11.5　典型实例分析及复习思考题

11.5.1　典型实例分析

通过举例进一步说明学习曲线在企业财务管理中的应用。某企业考虑是否接受政府部门提供的一份为某庆典生产纪念产品 M 的合同，如果接受这份合同，企业的知名度会有所提升。企业相关人员做出的预算见表 11-4。

表 11-4 企业相关人员做出的预算

项目	费用/元
销售收入（1000 个）	100000
材料成本	15000
工资费用（生产每个 M 需 4 小时）	80000
分摊厂房成本	10000
运输费	2000
损益	−7000

若按此预算，这份合同会带来 7000 元的亏损，因而可能会被拒绝。当企业管理层看到这份报告后，认为有改进的地方：一方面，企业有其他交易额更大的合同需要履行，生产 M 产品是在加班时间进行的，因此要考虑员工的加班工资，加班工资是正常工资的 1.5 倍，正常工资是每小时 20 元；另一方面，因 M 产品是首次生产，所以应该考虑 M 产品的学习曲线，根据以往经验学习效率是 95%，可以算出：学习效率指数 = ln95% ÷ ln2 = −0.074；生产 1000 个 M 产品所用的平均时间 = 2.4 小时；为生产每个 M 产品所付的工资 = 2.4 × 20 × 1.5 = 72 元；生产 1000 个 M 产品的工资 = 72 × 1000 = 72000 元。经调整后得到的预算见表 11-5。

表 11-5 调整后的预算

项目	费用/元
销售收入（1000 个）	100000
材料成本	15000
工资费用（生产每个 M 需 4 小时）	72000
分摊厂房成本	10000
运输费	2000
损益	1000

考虑到接受这份合同会带来企业知名度的提升，损益也为正数，所以企业认为应该接受这份合同。

11.5.2 复习思考题

1）试简述学习曲线的含义及学习曲线的应用。

2）何谓学习率？何谓学习系数？两者有何关系？

3）运用学习曲线应该注意哪些问题？

4）某企业生产四轮拖拉机 100 台，已知第 100 台工时消耗为 80 小时，其学习率为 80%，如果再生产 10 台，试预测这 10 台的平均工时应制定在一个什么水平上才较合理？

5）某产品的学习率为 70%，累计生产到第 200 台时的工时为 50h/台，写出此产品学习曲线方程。

第 12 章 现场管理方法

现场管理是为满足顾客需求的四要素（货物量和交货期、品质、价格、售后服务）而设置有 Q、C、D、P、S、M 六大管理目标要素的系统工程。或者说，现场管理就是指运用有效的资源，通过众人的智慧和努力，实现 Q、C、D、P、S、M 六大管理目标。

12.1 主要内容、特点及学习要求

1.主要内容
1）现场管理概述。对现场管理作总体介绍，提出现场管理的内容和方法。
2）目视管理。介绍目视管理的目标、内容、方法以及实施。
3）"5S" 管理。介绍"5S"管理的内容、方法以及应用案例。
4）定置管理。介绍定置管理的内容、方法以及实施。

2.特点
1）基层性。管理一般有高层、中层、基层三个层次。现场管理主要是基层具体业务的管理，它由企业的各个部门科室具体执行，侧重于基层性工作。
2）多元性。现场管理包括的内容非常丰富，涉及企业内部和外部的人、财、物、信息等各种要素的管理，不是单一要素的管理。
3）综合性。现场管理是一种全面管理，它与企业各项工作都发生关系并渗透各项工作的全过程，是一项综合性的管理工作。
4）动态性。现场管理是一项不断发展变化的管理工作。它随着企业生产的发展、技术与管理方法的进步和产品结构的调整而调整。现场管理是一项长期的、经常性的、动态性的任务。
5）全员性。现场管理的多元性和综合性决定了现场管理是一项量大面广的工作，它涉及企业的各个方面和各个部门、每个人。

3.学习要求
1）了解本章内容，理解本章知识点。
2）基于现场，懂得如何运用相应知识解决问题和案例。

4.能力培养要求
1）需具备一定的团队协作能力，共同应对困难。
2）以目标为导向，统一部门内部生产作业的一致性。
3）培养工业工程意识，养成工业工程素养。

12.2 现场管理的发展历史、现状和趋势

12.2.1 现场管理的发展历史

一般认为现场管理理论的正式研究始于西方的工业革命时期，至今共经历七个阶段。

（1）第一阶段：20世纪初及以前

1776年，亚当·斯密发表了国民财富的性质和原因的研究，文中以制针业为例说明劳动分工能够大大提高生产效率，这是人类研究现场管理的起始点；1903年，泰勒出版《工场管理》，这标志着现场管理由经验和实践上升为理论；1911年，泰勒出版《科学管理原理》，这标志着管理理论作为一门学科的诞生。由于泰勒时代的管理主要是企业现场的管理，因此可以认为现场管理理论正式形成于1911年，此阶段也产生了"福特制""甘特图表""经济批量模型"和"库存管理数学模型"等理论和方法。

（2）第二阶段：20世纪30年代

此阶段主要是在两方面对现场管理理论进行了完善。一方面是休哈特等提出的抽样和质量控制的统计方法，这些理论和方法基本上解决了质量控制的经济性问题；另一方面则是霍桑试验中建立的人际关系学，这使生产现场管理的重点由物转向人。

（3）第三阶段：20世纪40年代

此阶段的现场管理理论主要吸收第二次世界大战中创立的资源优化理论与方法，形成了运筹学在企业生产组织过程中的应用体系，这使企业现场管理中的定量分析方法前进了一大步。

（4）第四阶段：20世纪五六十年代

此阶段主要是针对工业工程和运筹学领域的研究，专家开始专门处理现场管理的问题。他们提出了排队理论仿真线性规划在现场管理中的应用；也将现场管理从制造型企业扩展到服务型企业。

（5）第五阶段：20世纪六七十年代

此阶段的主要特点是计算机进入了现场管理领域，这是现场管理的一次质的飞跃，代表人物是IBM的约瑟夫·奥里奇和奥利佛·怀特。他们将计算机技术用于编制企业物料需求计划，研究出物料需求计划系统（MRP）。

（6）第六阶段：20世纪80年代

由于信息技术的发展、经济全球化的趋势以及世界范围的市场竞争环境，此阶段企业更加关注生产的组织方式。这一时期出现的新理论和方法有准时制（JIT）、全面质量管理（TQM）、工厂自动化（CIMS、FMS）、制造战略、同步制造、精益生产（LP）和业务流程重组（BPR）等。

（7）第七阶段：20世纪末至今

此阶段的主要管理理论如下：发展柔性供应链，实现产品服务的大批量定制生产；对全球供应商生产与分销网络的管理；通过服务性工厂创造新的竞争力；构成基于时间竞争

的生产管理模式、供应链管理和电子化企业等。目前以这些管理理论为依据,在现场管理领域出现了一系列行之有效的新方法。

12.2.2 现场管理的研究现状

1)国外现场管理的研究现状

目前,国外现场管理的主要理论是日本学者今井正明提出的"成本改善论"。今井正明认为:生产过程中不论是一条生产线、一道工序,还是一个车间、一个工段都普遍存在低成本改善的问题,而且是永恒的、无条件的,包括采用现场改善的常规性、低消耗的方法和消除浪费与规范作业方法。这种"生产现场低成本改善永恒论"立足于管理客体消耗控制行为,通过强化现场管理成本改善来实现企业的收益。

2)国内现场管理的研究现状

与国外现场管理研究不同,我国现场管理理论研究较少,大多只是管理经验,如海尔提出的 OEC 管理法(也称日清管理法)、二汽提出的"以现场为中心的综合管理体系"、南京二机床提出的优化现场管理 11 法和现场管理 40 条。就现场管理认识而言,我国一些企业仅仅认识到现场管理可以保持生产现场的环境整洁和使现场井然有序,没有意识到现场管理的基础性、系统性、全面性和重要性,更没有将现场管理工作与配套的检查、考核、评价等工作有机结合起来(实现现场管理系统的优化),这使得现场管理很容易流于形式。这应该引起我国学术界和企业界的重视。

12.2.3 现场管理的发展趋势

随着科学技术的进一步提升以及管理理论的进一步完善,现场管理方法的发展也有了如下四个方面的趋势。

1)以人为中心,优化全员的素质。
2)以班组为重点,优化企业现场管理组织。
3)实施标准化的工作方法。
4)以技术经济指标为突破口,优化现场管理效益。

12.3 内容分析与补充

12.3.1 现场管理概述

1.现场管理的定义

现场指的是实际发生行动的场地。现场有广义和狭义之分。广义的现场指的是企业的各类现场,它涵盖企业所有的生产经营活动场所,包括生产现场、销售现场、办公室现场、实验室现场、仓储现场等;狭义的现场则特指生产现场,即生产制造活动发生的地点,在我国企业中，习惯把生产现场简称为工厂、车间、班组、工段、工序、岗位、工位（离散型制造企业）或站厂队（流程型制造企业）等。本书的现场指的是狭义的生产现场。

现场是由人、机、物、环境、信息、制度等各生产要素和六个管理目标（质量 Q、成本 C、交货期 D、效率 P、安全 S 和员工士气 M）构成的一个动态系统。

2.现场管理的目标

当前，严重制约企业发展的现场管理问题如下：①浪费严重；②秩序混乱；③环境脏、乱、差。因此，现场管理的目标是提高生产效率，提高产品质量，降低成本，增加经济效益。

3.现场管理中常用的工具

1）管理循环圈——PDCA。PDCA 是指计划 P（plan）、行动 D（do）、检讨 C（check）、调整 A（adjust）。

2）QC 七大手法，包括排列图、因果图、散布图、直方图、控制图、检查表和分层法。

3）QC 新七大手法，包括关联图、系统图、亲和图、矩阵图、PDPC 法（过程决策方法）、箭条图和数据矩阵解析法。

4.现场管理方法

目前应用比较广泛的现场管理方法主要有以下五大类 16 种方法，现场管理人员可以根据现场实际情况选择对应的方法。从现场问题的分析与解决机制角度出发，可以推行五现法、8D、5W2H 分析法、ECRS 分析法、思维十法、头脑风暴法、合理化建议等；从现场生产问题的角度出发，可以推行 ERP、目视管理、工业工程等；从环境的角度出发，可以推行定置管理、5S、OH-SAS18000 等；从设备的角度出发，可以推行 TPM/TnPM 等；从工艺的角度出发，可以推行标准化管理、规范化管理等。本章主要介绍目视管理、"5S"管理和定置管理。

5.现场管理的评价方法

1）专家评价法。

2）评分法。

3）数据包络分析（DEA）法。

4）层次分析法（AHP）。

5）模糊综合评价法。

6）基于 BP 人工神经网络的评价法。

12.3.2 目视管理

1.目视管理的定义

目视管理是利用形象、直观而又色彩适宜的各种视觉感知信息来组织现场生产活动，达到提高劳动生产率的一种管理手段，也是一种利用视觉来进行管理的科学方法。所以目视管理是一种以公开化和视觉显示为特征的管理方式，综合运用管理学、生理学、心理学、社会学等多种学科的研究成果。

2. 目视管理的原则

1）激励原则。目视管理要对员工起到激励作用，要对生产改善起到推动作用。

2）标准化原则。目视管理的工具与使用色彩要规范化与标准化，要统一各种可视化的管理工具，便于理解与记忆。

3）群众性原则。目视管理是让"管理看得见"，因此目视管理的群众性体现在两个方面，一是要得到群众理解与支持，二是要让群众参与与支持，否则效果不好。

4）实用性原则。目视管理必须讲究实用，切忌形式主义，要真正起到现场管理的作用。

3. 目视管理的特点

1）以视觉信号显示为基本手段，大家都能够看得见。

2）要以公开化、透明化为基本原则，尽可能地将管理者的要求和意图让大家看得见，借以推动自主管理或自主控制。

3）现场的作业人员可以通过目视的方式将自己的建议、成果、感想展示出来，与领导、同事以及工友进行相互交流。

所以说目视管理是一种以公开化和视觉显示为特征的管理方式，也可称为看得见的管理，或一目了然的管理。这种管理的方式可以贯穿于各种管理的领域中。

4. 目视管理的层次

目视管理可以分为三个水准：①初级水准，有表示，能明白现在的状态；②中级水准，谁都能判断良否；③高级水准，管理方法（异常处理等）都列明。

5. 目视管理的要点

1）无论是谁都能判断是好是坏。

2）能迅速判断，精度高。

3）判断结果不会因人而异。

6. 目视管理的目标

1）使管理形象、直观，有利于提高工作效率。

2）使管理透明化，便于现场人员互相监督，发挥激励作用。

3）延伸管理者的能力和范围，降低成本，增加经济效益。

4）目视管理有利于产生良好的生理和心理效应。

7. 目视管理的内容

1）规章制度与工作标准公开化。

2）生产任务与完成情况图表化。

3）与定置管理相结合，实现视角显示信息标准化。

4）生产作业控制手段现象直观与使用方便化。

5）物品码放和运送数量标准化。

6）现场人员着装标准化。

7）色彩的标准化管理。

8. 目视管理类别

1）红牌，适宜于5S中的整理，是改善的基础起点，用来区分日常生产活动中非必需品，挂红牌的活动又称为红牌作战。

2）看板，用在5S的看板作战中，使用的物品放置场所等基本状况的表示板。它包括具体位置在哪里？做什么？数量多少？谁负责？甚至说，谁来管理等重要的项目，让人一看就明白。5S强调的是透明化、公开化，因为目视管理有一个先决的条件，就是消除黑箱作业。

3）信号灯或者异常信号灯，在生产现场，第一线的管理人员必须随时知道，作业员或机器是否在正常地开动，是否在正常作业，信号灯是工序内发生异常时用于通知管理人员的工具。信号灯的种类包括发音信号灯、异常信号灯、指示灯、进度灯。

发音信号灯适用于物料请求通知，当工序内物料用完时，或者该供需的信号灯亮时，扩音器马上会通知搬送人员立刻及时地供应，几乎所有工厂的主管都一定很了解，发音信号灯必须随时保持发亮状态。

异常信号灯用于产品质量不良及作业异常等异常发生的场合，通常安装在大型工厂的较长的生产、装配流水线上。一般设置红或黄两种信号灯，由员工来控制，当发生零部件用完、出现不良产品及机器的故障等异常时，往往影响到生产指标的完成，这时由员工马上按下红灯的按钮，等红灯一亮，生产管理人员和厂长都要停下手中的工作，马上前往现场，予以调查处理，异常被排除以后，管理人员就可以把这个信号灯关掉，然后继续维持作业和生产。

指示灯用来显示设备运转状态，机器开动、转换或停止的状况。停止时还显示它的停止原因。

进度灯是比较常见的，安在组装生产线、手动或半自动生产线上，它的每一道工序间隔是1~2分钟，用于组装节拍的控制，以保证产量。但是节拍间隔有几分钟时，它用于作业。作业员自身也可以把握进度，防止作业的迟缓。进度灯一般分为10分。对应于作业的步骤和顺序及标准化程序，它的要求也比较高。

4）操作流程图，它本身是描述工序重点和作业顺序的简明指示书，也称为步骤图，用于指导生产作业。在一般的车间内，特别是工序比较复杂的车间，在看板管理上一定要有一个操作流程图。原材料进来后，第一个工序可能是签收，第二个工序可能是点料，第三个工序可能是转换，或者转制，这就是操作流程图。

5）反面教材，它是结合现物和柏拉图的表示，让现场的作业人员明白，也知道它的不良的现象及后果。一般放在人多的显著位置，让人一看就明白，这是不能够正常使用的，或不能违规操作。

6）提醒板，用于防止遗漏。健忘是人的本性，不可能杜绝，只有通过一些自主管理的方法来最大限度地减少遗漏或遗忘。例如，有的车间内的进出口处，有一块板子，今天有多少产品要在何时送到何处，或者什么产品一定要在何时生产完毕，或者下午两点钟有一个什么检查，或者某某领导来视察。这些都统称为提醒板。一般来说，用纵轴表示时间，横轴表示日期，纵轴的时间间隔通常为一个小时，一天用8个小时来区分，每一小时（就是每一个时间段）记录正常、不良或者次品的情况，让作业者自己记录。

提醒板一个月统计一次，在每个月的例会中总结，与上个月进行比较，看是否有进步，并确定下个月的目录。

7）区域线，就是对半成品放置的场所或通道等区域用线条画出，主要涉及整理与整顿、异常原因（停线、故障）等，用于看板管理。

8）警示线，就是在仓库或其他物品放置处用来表示最大或最小库存量的涂在地面上的彩色漆线，用于看板作战。

9）告示板，是一种及时管理的道具，也就是公告，或是一种让大家都知道的道具，如今天下午两点钟开会等内容。

10）生产管理板，是揭示生产线的生产状况、进度的表示板，记录生产实绩、设备开动率、异常原因（停线、故障）等，用于看板管理。

12.3.3 "5S"管理

"5S"管理源于日本企业广泛采用的现场管理方法，它通过展开以整理、整顿、清扫、清洁和素养为内容的活动，对生产现场中的生产要素进行有效的管理。

推行"5S"管理要达到的8大目的：①改善和提高企业形象；②促成效率的提高；③改善零件在库周转率；④减少直至消除故障，保障品质；⑤保障企业安全生产；⑥降低生产成本；⑦改善员工的精神面貌，使组织活力化；⑧缩短作业周期，确保交货。

"5S"内容包括整理（seiri）、整顿（seiton）、清扫（seiso）、清洁（seiketsu）、素养（shitsuke）五个项目。

1. 整理

定义：区分要与不要的物品，现场只保留必需的物品。

目的：①改善和增加作业面积；②现场无杂物，行道通畅，提高工作效率；③减少磕碰的机会，保障安全，提高质量；④消除管理上的混放、混料等差错事故；⑤有利于减少库存量，节约资金；⑥改变作风，提高工作情绪。

意义：把要与不要的人、事、物分开，再将不需要的人、事、物加以处理，对生产现场的现实摆放和停滞的各种物品进行分类，区分什么是现场需要的，什么是现场不需要的；对车间里各个工位或设备前后、通道左右、厂房上下、工具箱内外，以及车间的各个死角，都要彻底搜寻和清理，达到现场无不用物品。

2. 整顿

定义：必需品依规定定位、规定方法摆放整齐有序，明确标示。

目的：不浪费时间寻找物品，提高工作效率和产品质量，保障生产安全。

意义：把需要的人、事、物加以定量、定位。通过前一步整理后，对生产现场需要留下的物品进行科学合理的布置和摆放，以便用最快的速度取得所需物品，在最有效的规章、制度和最简洁的流程下完成作业。

要点：①物品摆放要有固定的地点和区域，以便于寻找，消除因混放而造成的差错；

②物品摆放地点要科学合理，例如，根据物品使用的频率，经常使用的东西应放得近些（如放在作业区内），偶尔使用或不常使用的东西则应放得远些（如集中放在车间某处）；③物品摆放目视化，使定量装载的物品做到过目知数，摆放不同物品的区域采用不同的色彩和标记加以区别。

3.清扫

定义：清除现场内的脏污、清除作业区域的物料垃圾。

目的：清除"脏污"，保持现场干净、明亮。

意义：将工作场所的污垢去除，使异常的发生源很容易发现，是实施自主保养的第一步，主要是提高设备稼动率。

要点：①自己使用的物品，如设备、工具等，要自己清扫，而不要依赖他人，不增加专门的清扫工；②对设备的清扫，着眼于对设备的维护保养，清扫设备要同设备的点检结合起来，清扫即点检；清扫设备要同时做设备的润滑工作，清扫也是保养；③清扫也是为了改善，当清扫地面发现有飞屑和油水泄漏时，要查明原因，并采取措施加以改进。

4.清洁

定义：将整理、整顿、清扫实施的做法制度化、规范化，维持其成果。

目的：认真维护并坚持整理、整顿、清扫的效果，使其保持最佳状态。

意义：通过对整理、整顿、清扫活动的坚持与深入，消除发生安全事故的根源。创造一个良好的工作环境，使职工能愉快地工作。

要点：①车间环境不仅要整齐，而且要做到清洁卫生，保证工人身体健康，提高工人劳动热情；②不仅物品要清洁，而且工人本身也要做到清洁，如工作服要清洁，仪表要整洁，及时理发、刮须、修指甲、洗澡等；③工人不仅要做到形体上的清洁，而且要做到精神上的"清洁"，待人要讲礼貌、要尊重别人；④要使环境不受污染，进一步消除浑浊的空气、粉尘、噪声和污染源，消灭职业病。

5.素养

定义：人人按章操作、依规行事，养成良好的习惯，使每个人都成为有教养的人。

目的：提升"人的品质"，培养对任何工作都讲究认真的人。

意义：努力提高人员的自身修养，使人员养成严格遵守规章制度的习惯和作风，是"5S"活动的核心。

"5S"管理常用的工具有：①红牌；②看板；③定点拍照；④推移图；⑤检查表。

12.3.4 定置管理

定置管理是对物的特定的管理，是其他各项专业管理在生产现场的综合运用和补充企业在生产活动中，研究人、物、场所三者关系的一门科学。它通过整理，把生产过程中不需要的东西清除掉，不断改善生产现场条件，科学地利用场所，向空间要效益；通过整顿，促进人与物的有效结合，使生产中需要的东西随手可得，向时间要效益，从而实现生产现场管理规范化与科学化。

定置管理的核心内容是强调物品的科学、合理摆放，依次进入每一道工序，使每个操作流程规范化，使各道工序之间秩序井然，不要延误、阻碍下一道工序的操作。

在工厂生产活动中，构成生产工序的要素有5个，即原材料、机械、工作者、操作方定置管理法、环境条件。其中最重要的是人与物的关系，只有人与物相结合才能进行工作。①人与物的结合方式。人与物的结合方式有两种，即直接结合与间接结合。直接结合又称有效结合，是指工作者在工作中需要某种物品时能够立即得到，高效率地利用时间。间接结合是指人与物呈分离状态，为使其达到最佳结合，需要通过一定信息媒介或某种活动来完成。②人与物的结合状态。生产活动中，主要是人与物的结合。但是人与物是否有效地结合取决于物的特有状态，即A、B、C三种状态。A状态是物与人处于有效结合状态，物与人结合立即能进行生产活动。B状态是物与人处于间接结合状态，也称物与人处于寻找状态或物存在一定缺陷，经过某种媒介或某种活动才能进行有效生产活动的状态；C状态是物与现场生产活动无关，也可以说是多余物。

定置管理的步骤如下：①现场调查；②提出改善方案；③定置管理设计；④方案评估。

$$定置率 = \frac{实际定置的物品个数（种类）}{定置图规定的定置物品个数（种类）} \times 100\%$$

12.4 教育教学环节设计

12.4.1 自主学习与教学指导

使学生掌握现场管理方法及其运用，重点培养学生自主学习能力、批判性思维和自主创造能力。

1.重点、难点

（1）重点

理解现场管理方法的基本理论，尤其是对本章知识的概念性理解，对目视管理、"5S"管理和定置管理的分类了解。

（2）难点

目视管理、"5S"管理以及定置管理应当协同合作，才能发挥最大的效果。

2.自主学习内容及注意事项

1）在理解本章基础知识的前提下，自主对相应的生产企业进行调研考察，分组分别利用三种管理方法，进行拍照或者摄像记录，提出企业现阶段已采用的具体方法是什么，哪里还有不足，应当如何改善，并且进行课堂讨论，由教师提出指导意见。

2）注意事项：在工厂调研访问的时候，应注意安全，对于相应的机械制造企业或者存在危险隐患的企业应在工厂安全人员指导下参观，切勿自行活动、动手参与生产，以免产生危险。

3.教学指导注意事项

在教授学生基础理论的前提下，要鼓励学生对于理论要活用，要多运用于实践。

12.4.2 案例教学设计

案例教学设计步骤如下。

1）将本班学生分成三组分别为 A、B、C，不同的组别分配不同的调研课题：目视管理、"5S"管理以及定置管理。并且各挑选出一名组长，负责本组的活动内容以及相应的联系。

2）A、B、C 三组可以去同一个工厂，也可以自行决定去哪个工厂，重点观察工厂的现场设施，以及采用的相应方法的手段，指出哪里还有不足之处，并为工厂进行相应的改善。

3）比较改善前和改善后的生产状况，分析相应的改善成果。

12.4.3 讨论与展示

讨论展示实践设计的结果，分析成败的原因，每个组相互指出各组的成功和不足之处，每一个学生应该积极讨论发言，利用头脑风暴方法充分发挥自己的想象力。

12.4.4 教学过程评价

学生和教师对相应的实践活动和案例设计进行评价，评价相应取得的结果。教师对学生的参与性进行评价，得出学生取得的成绩。学生对于教师的教学水平以及教学过程作出相应的评价，可以在学校教务网进行相应的评价活动。

12.5 典型实例分析及复习思考题

12.5.1 典型实例分析

【实例1】

（1）项目背景

某著名家电集团(以下简称 A 集团)为了进一步夯实内部管理基础、提升人员素养、塑造卓越企业形象，希望借助专业顾问公司全面提升现场管理水平。集团领导审时度势，认识到要让企业走向卓越，必须先从简单的 ABC 开始，从 5S 这种基础管理抓起。

（2）现场诊断

通过现场诊断发现，A 集团经过多年的现场管理提升，管理基础扎实，某些项目（如质量方面）处于国内领先地位。现场问题主要体现为三点：①工艺技术方面较薄弱。现场是传统的流水线大批量生产，工序间存在严重的不平衡，现场堆积了大量半成品，生产效率与国际一流企业相比，存在较大差距。②细节的忽略。在现场随处可以见到物料、工具、车辆搁置，手套、零件在地面随处可见，员工熟视无睹。③团队精神和跨部门协作的缺失。部门之间的工作存在大量的互相推诿、扯皮现象，工作缺乏主动性，是被动的等、靠、要。

（3）解决方案

"现场5S与管理提升方案书"提出了以下整改思路：①将5S与现场效率改善结合，推行效率浪费消除活动和建立自动供料系统，彻底解决生产现场拥挤混乱和效率低的问题；②推行全员的5S培训，结合现场指导和督察考核，从根本上杜绝随手、随心、随意的不良习惯；③成立跨部门的专案小组，对现存的跨部门问题登记和专项解决；在解决的过程中梳理矛盾关系，确定新的流程，防止问题重复发生。根据这三大思路，从人员意识着手，在全集团内大范围开展培训，结合各种宣传活动，营造了良好的5S氛围；然后从每一扇门、每一扇窗、每一个工具柜、每一个抽屉开始指导，逐步由里到外、由上到下、由难到易，经过一年多时间的全员努力，5S终于在A集团每个员工心里生根、发芽，结出了丰硕的成果。

（4）项目收益

1）经过一年多时间的全员努力，现场的脏、乱、差现象得到了彻底的改观，营造了一个明朗温馨、活泼有序的生产环境，增强了全体员工的向心力和归属感，见图12-1；

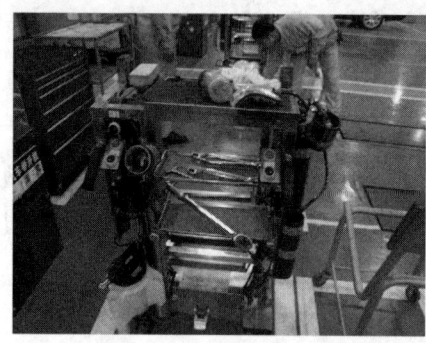 

(a) 改善前　　　　　　　　　　　　(b) 改善后

图12-1　改善前后的公司现场

2）员工从不理解到理解，从要我做到我要做，逐步养成了事事讲究，事事做到最好的良好习惯；

3）在一年多时间的推进工作中，从员工到管理人员都得到了严格的考验和锻炼，造就一批能独立思考，能从全局着眼、具体着手的改善型人才，从而满足企业进一步发展的需求；

4）配合A集团的企业愿景，夯实基础，提高现场管理水平，塑造公司良好社会形象，最终达到提升人员品质的目的。

12.5.2　复习思考题

1）何谓现场？何谓现场管理？企业现场管理的方法有哪些？

2）生产要素和管理目标要素的联系与区别是什么？

3）何谓浪费？制约企业发展的问题有哪些？

4）管理活动中常用的工具有哪些？请图文并茂地将各种工具（方法）表达出来。

第 12 章　现场管理方法

5）目视管理、"5S"管理、定置管理各自的含义是什么？它们之间的联系与区别是什么？请列表表述。

6）评价现场管理的方法有几种？如何将它们用于实际工作中？请举例说明。

7）何谓"5S"？企业如何推行"5S"活动？为什么说"5S"管理中的"素养(shisuke)"是核心？

8）"5S"活动常用的工具有哪些？在企业管理中是如何使用这些工具的？请举例说明。

9）"5S"和产品品质的关系如何？"5S"活动的最终目的是什么？

10）企业现场定置管理的主要内容是什么？怎样进行"定置管理"的设计？如何运用"5W1H"技术、"ECRS"原则制订切实可行的实施"定置管理"的计划？

11）为避免"5S"活动流于形式，应注意哪些方面的内容？

第 13 章 工作分析与设计

13.1 主要内容、特点及学习要求

1.主要内容
1）工作分析的概念、作用和意义；
2）工作分析的方法；
3）如何编制职务说明书；
4）工作设计的概念及与工作分析的关系；
5）工作分析与设计在实际中的运用。

2.特点
1）语言通俗易懂，便于理解和掌握；
2）面向企业，强调工作分析理论的实际应用；
3）可操作性强，便于实施；
4）注重理论的前沿性。

3.学习要求
1）掌握工作分析、工作设计的基本概念；
2）了解工作分析的现状与趋势；
3）掌握工作分析的方法；
4）能将工作分析与设计的相关理论灵活应用到实际工作中。

4.能力培养要求
工作设计与分析广泛运用于企业的人力资源管理，因而在本章的学习中，不仅要提高学生学习理论的能力，还要培养学生利用学习到的知识实践的能力，让他们走到企业时，不仅要知道做什么，更重要的是，他们还要知道怎么去做，才能有效地展开人力资源工作。

13.2 工作分析的发展历史、现状和趋势

13.2.1 工作分析的发展历史

1.工作分析的起源
工作分析的思想与活动，最早起源于社会的分工。在世界史中，最早论述分工问题的是中国古代政治家管仲，至今已有 2700 年的历史。"工作分析"一词在管理学领域最早见于 20 世纪初。

2. 工作分析的早期发展

历史上第一次进行大规模工作分析活动的人，是一位名叫丹尼斯·狄德罗（Denis Diderot）的人，1747年，狄德罗受命为法国一家翻译协会编纂一部百科全书。在编写过程中，他发现协会所提供的资料，特别是有关贸易、艺术以及手工业方面的资料并不完整，而且缺乏统一的意图。经过反复考虑，他决定对多种工作的操作过程进行一次新的调查，狄德罗简化原有过程中一些不必要的环节，并善于将收集的资料系统化，从而大大优化了原有的工作程序。

泰勒把科学管理归纳为四条原理，其中第一条是"对工人操作的每个动作进行科学的研究，用以代替老的单凭经验的办法"。他将工程师的效率目标与心理学家的研究目标结合起来并应用到员工的选拔、培训和报酬奖励上 。

芒斯特伯格（H.Munsterberg）被称为"工业心理学之父"，他对工作分析的最大贡献是，发现工作分析最重要的工作是从"内行人"那里获取真实而准确的信息，而不是依据自己的操作体验。

泰勒开创了动作研究的方法之后，吉尔布雷斯夫妇在技术方法上和某些指导思想上对此作了改进：首先，他们用摄影机把工人的动作拍摄下来，同时，又发明了一种计时器和灯光示迹摄影法，从而清晰看到了每项动作所需的时间；其次，他们把动作划分为十七项基本要素，分析更加深入；然后他们于1916年发表了《疲劳研究》一书，探讨了如何解决劳动过程中的疲劳问题；最后他们设计了一种动作最少、时间最省、疲劳程序最小的最佳生产流程。

3. 工作分析的近代发展

第一次世界大战期间，宾汉完成了以解决人员配置为目的的工作分析方法论的研究。第二次世界大战爆发对工作分析的发展促进作用很大，首先，对工作职位、任务等基本概念作了系统定义；其次，把某些工作对任职者个性特征的要求也作为工作分析的重要内容，使得职位的要求与任职者的工作行为紧密结合；然后，以"人事配置表"在产业界的应用为标志，开始了工作分析广泛应用的新历程。作为人力资源管理重要内容的工作分析，也作为一种基础的工具而在企业界开始得到广泛的应用。

第二次世界大战后，工作分析研究进一步得到人们的重视，不论是分析的原理还是分析的方法都得到长足的发展，工作分析作为整个人力资源管理工作的基础地位更加确立。20世纪70年代，工作分析已经被西方发达国家看作人力资源管理现代化的标志之一。

13.2.2 工作分析的研究现状

1. 组织层面工作分析的现状

在竞争加剧的市场环境下，企业需要确保自身的生存和发展，认识到组织层面工作分析的重要性。因此，从组织结构、流程以及岗位体系的角度深入把握岗位的价值、岗位的内在联系、岗位在流程中的位置和角色以及岗位内在各要素的互动与制约关系，从全方位对组织的模式、流程形式以及岗位设置进行系统性思考。

现在的组织形式日趋多样化、人性化、灵活化，流程更加多变，注重效率的提高，在不同程度上推动了组织层面工作分析的进步，使组织层面的工作分析与企业战略结合更加紧密，体现了企业宏观层面工作分析的重要性。

2. 岗位层面的工作分析现状

环境不同使工作分析在不同国家发展的程度有所差异。在竞争激烈的西方发达国家，为适应竞争环境的激烈变化，必须提高自身的反应能力，企业纷纷实施机构变革和流程再造。工作内涵的变化、职责的不确定性、组织形式的多样化和复杂性都对以岗位为主要研究分析对象的工作分析提出挑战。

一些发展中国家，受市场发展和开放程度的影响，传统的工作分析理论仍然占主流地位。企业内组织结构、流程、岗位配置的科学性与合理性都处于一个逐步提高的过程，工作分析的基础作用虽然得以重视但并未提高到战略发展的角度。

13.2.3 工作分析的发展趋势

1. 思想发展趋势

1）从静态岗位工作分析到系统的工作分析；
2）从描述性工作分析到预测性工作分析；
3）从精确性转向战略性。

2. 技术发展趋势

现代工作分析中的计算机网络等高科技手段的应用逐渐成为工作分析技术发展的新趋势。

13.3 内容分析与补充

13.3.1 工作分析、工作设计和工作评价概述

1. 工作分析、工作设计和工作评价的概念

工作分析是确定组织中各个岗位的工作职责和任职者资格的系统过程，以做到人职匹配，事事有人做，而非人人有事做。

工作设计是指为了有效达成组织目标，同时也为了满足员工的需求，以提高其工作绩效，对工作内容、工作职责、工作关系等方面进行的变革与设计。

工作评价就是评定工作的价值，制定工作的等级，以确定工资收入的计算标准。因此，工作评价是工作分析的必然结果，其目的是提供工资结构调整的标准程序。

2. 工作分析与工作评价的目的

工作分析的目的如图 13-1 所示。

工作评价基本目的在于如下四个方面。

1）确认组织的工作结构；

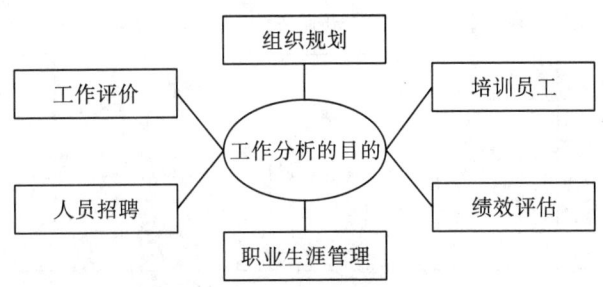

图 13-1　工作分析的目的

2）使工作间的联系公平、有序；
3）开发一个工作价值的等级制度，据此建立工资支付结构；
4）在企业内部的工作和工资方面，取得经理与员工间的一致。

3.工作分析、工作设计和工作评价的作用

工作分析的作用具体有以下六个方面。

1）定岗定位定任务；
2）计算完成任务所需要的劳动总量；
3）分工种计算所需要的劳动量；
4）确定每人应该完成的工作量；
5）确定员工人数；
6）人力选拔、培训、测评。

工作设计的作用有以下四个方面。

1）改变了工人和职务之间的基本关系；
2）推进员工对工作的积极态度；
3）使职责分明；
4）有利于改善人际关系。

工作评价的作用体现在以下三个方面。

1）可以解决现代化企业中出现的各类工资问题，并且能对组织的岗位按价值进行排列；
2）能取得管理层与员工之间就工作和工资问题方面的一致认识；
3）为企业进行工资制度改革提供了技术支持。

4.工作分析的内容

一般说来，工作分析所需的信息包括工作活动、员工的行为信息、工作中使用的设备、绩效标准（数量与质量）、人员条件等。工作分析的直接结果就是产生工作描述和工作规范，最后形成职务说明书。

13.3.2　工作分析的过程

工作分析的过程如图 13-2 所示。

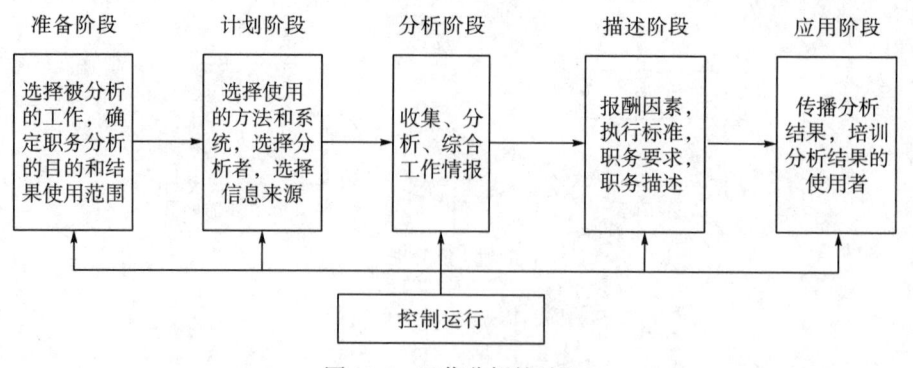

图 13-2 工作分析的过程

13.3.3 工作分析、工作设计和工作评价的方法

1. 工作分析的方法

1）访谈法是指工作分析者就某一个职务或职位面对面地询问任职者、主管、专家等对工作的意见和看法。通过与工作承担者进行面谈，可以发现在一般情况下不可能了解到的工作活动和行为，可对任职者的工作态度与工作动机等深层次内容进行详细了解。

2）观察法是指工作分析人员直接到工作现场，针对某些特定对象（一个或多个任职者）的作业活动进行观察，收集和记录有关工作的内容、工作间的相互关系、人与工作的关系以及工作环境、条件等信息，并用文字或图表形式记录下来，然后进行分析和归纳总结的方法。

3）问卷调查法是指采用调查问卷来获取工作分析的信息，实现工作分析的目的。由有关人员事先设计出一套职务分析的问卷，然后由承担工作的员工填写问卷，也可以由工作分析人员填写。最后，再将问卷加以归纳分析并作好详细记录，并据此写出工作职务描述。职位分析问卷法和职能工作分析法是两种最常用的问卷调查法。

4）其他工作分析方法，如写实分析法、关键事件法、资料分析法等。

2. 工作设计的方法

1）工作轮换法，就是将员工定期地从一种工作岗位轮换到另一种工作岗位，使员工对不同的工作有更多的了解，并改变员工长期从事一种单一工作的枯燥乏味的感觉，达到提高生产效率的目的。

2）工作扩大化法，即扩大员工的工作范围或领域，增加工作的内容，以改变员工对常规性的、重复性的简单工作感到单调乏味的状况，改善员工的工作和生活质量，增强员工工作的兴趣，从而提高劳动生产率。

3）工作丰富化法，即在规定的作业中增加难度更大、更具有挑战性的工作内容，向员工提供更多的参与管理和决策的机会，使员工在计划和控制等方面有更多的自主权，使员工有更强的责任感、成就感和创造力，工作丰富化较工作扩大化更注重工作的内涵和性质，更注意高级心理需求的满足。

4）工作专业化法，是对工作责任的垂直深化，旨在向工人提供更具挑战性的工作。

3.工作评价的方法

1)非分析方法:分类法、排列法、点数法、配对比较法、点数加权法。
2)分析方法:要素比较法、评分法、因素比较法。
3)综合方法:描述法、图表法。
4)其他方法:传递评价法、决策层次法、直接统一意见法。

表 13-1 为非分析方法、分析方法、综合方法中各选一种方法进行说明,主要介绍它们的方法步骤。

表 13-1　工作评价方法举例说明

排列法	评分法	图表法
运用步骤: 1)岗位分析; 2)选择标准工作岗位; 3)工作岗位排列; 4)岗位定级	运作步骤: 1)选择并确定影响岗位的因素; 2)定义因素; 3)决定因素等级; 4)确定等级权重和等级分值; 5)调查岗位和评价岗位	图表法是对许多不同职业情况长期经验的总结,涉及三个对所有工作共同具有的因素: 1)技巧; 2)解决问题; 3)责任

13.3.4　编制职务说明书

一份完整的职务说明书应该包括以下内容。
1)该职位的基本情况:名称、职位等级、所属部门、编制等。
2)该职位存在的价值和目的是什么?
3)对该职位的要求有哪些要素,如规划、组织、审核、创新等。
4)如何定义该任职者的责任和权力?
5)该职位需要和外部有什么样的互动关系?
6)该职位需要使用什么设备仪器,需要什么证照?
7)该职位的工作环境和工作地点怎样?
8)该职位的上下级汇报关系如何、服务的相互关系怎样?
9)这份工作需要具有什么样的素质、技能和经验的人担任?

某份具体的岗位职务说明书如图 13-3 所示。

岗位职务说明书

制表日期

部门		岗位名称	
任职人		任职人签字	
直接主管		直接主管签字	
任职条件	学历		
	工作经历		
	专业知识		
	业务了解范围		
岗位目标与权限			

续表

岗位职责 按重要顺序依次列出每项职责及目标	负责程度 全责\部分\支持	衡量标准 数量、质量

图 13-3 岗位职务说明书

13.4 教育教学环节设计

13.4.1 自主学习与教学指导

1.重点、难点

（1）重点

1）掌握工作分析的基本概念和作用；

2）掌握工作分析的基本过程；

3）掌握工作分析、工作设计、工作评价的方法；

4）学会编写职务说明书。

（2）难点

1）能够学会如何根据实际情况选择工作分析、工作设计、工作评价的方法；

2）灵活地运用工作分析、工作设计、工作评价的方法；

3）运用所学的知识为一个职务编写职务说明书。

2.自主学习内容及注意事项

自主学习是与传统的接受学习相对应的一种现代化学习方式，它以学生作为学习的主体，通过学生独立地分析、探索、实践、质疑、创造等来实现学习目标。

本章自我学习的主要内容如下：①要熟记工作分析与设计的一些基本理论知识；②要认真学习书中的实例，通过实例了解工作分析与设计的步骤以及所用到的方法；③要灵活运用工作分析、工作设计、工作评价的各种方法；④要认真思考本书中的复习思考题。

自主学习注意事项有以下四点。

1）要开动脑筋，自己思考，要制订一个切实可行的学习计划，绝不能把别人的计划照搬过来。

2）要利用周末或者抽出其他时间来查找自己的漏洞，加强练习，直到熟练掌握，千万不要故步自封。

3）要学会自我评价学习效果，避免自我满意，认为自己什么都会，一旦要运用知识解决实际问题时,却束手无策。

4）要加强自我约束、自我管理的能力,避免外界干扰。

13.4.2 案例教学设计

以开展课程设计的形式进行案例教学,召集学生进行分组讨论,每 5 个人作为一个小组,每个小组利用一个星期的时间到不同的企业实习,在实习过程可以运用工作分析方法中的一种对一项工作进行分析,记录收集到的数据。再用一个星期的时间对数据进行整理,进行工作设计,编写出岗位职务说明书,并做出一份课程设计报告,最后,每一个小组将做出的报告在课堂上讲课,与同学分享自己做出的成果和学习到的知识。

13.4.3 针对能力培养的综合教育环节

通过自主学习、到企业实践和课堂的讲课,学生确立学习目标,利用设计学习内容、选择学习方法、进行实践活动等一系列方法培养学生的创新精神和综合能力,使学生学以致用,提高学生的综合能力。

1）课程设计开始时,学生进行自主讨论,培养学生的独立思考能力。

2）课程设计自主选题,自主分组,让学生以自己的兴趣引领自己学习,培养学生的创新思维。

3）课程设计的时间环节,培养学生综合运用所学知识,发现、提出、分析和解决实际问题,锻炼实践能力的重要环节,是对学生实际工作能力的具体训练和考察过程,使学生理论联系实际,提高动手能力,从而全面掌握工作分析与设计的应用。

4）课程设计的学生讲课环节,锻炼了学生的语言表达能力,而且还能巩固学生所学的知识。

13.4.4 讨论与展示

1）在每一个组的讲课中,对自己的课程提出思考问题,让听课的学生讨论,然后回答;听课的学生也可提出问题,让讲课的小组或者教师来解答。

2）教师对每一个小组的报告进行总结,并提出问题,让学生自由讨论。

13.4.5 教学过程评价

教学评价主要分为两个部分:实习报告的得分和学生讲课的得分。教学评价以 100 分制,实习报告得分和学生讲课得分分别占 50%,两者加起来就是总得分,即

$$实习报告得分=0.5 \times 实习报告得分+0.5 \times 学生讲课得分$$

表 13-2 和表 13-3 是实习报告评分表与学生讲课评分表的具体事项,教师按照其给各小组进行评分。

表 13-2 实习报告评分表

序号	项目要求	配分	评分标准	得分
1	版面清晰、美观	10	符合要求 10 分,不符合要求酌情扣分	
2	字数 5000 以上	5	符合要求 5 分,不符合要求酌情扣分	
3	结构合理,层次分明,语句通顺,表述清晰	25	符合要求 25 分,不符合要求酌情扣分	
4	报告内容有创新点	10	有创新点给 10 分,无创新点不给分	
5	包含专业知识	30	包含较强的专业知识给 20~30 分,包含一般多的专业知识给 10~20 分,包含很少的专业知识给 0~9 分,酌情给分	
6	报告中提出改善的建议	20	改善建议合理并实施的给 10~20 分,改善建议合理但没有实施的给 0~9 分	
		合计		

表 13-3 学生讲课评分表

A 指标	B 指标	C 评价指标	优	良	中	差
讲课设计(25)	讲课目标(10)	1)符合学科课程标准和教材的要求 2)明确、合理、具体、可操作性强	9~10	8	6~7	3~5
讲课实施(55)	讲课内容(15)	1)知识结构合理,突出重点、兴趣点、难易适度 2)融入学生经验,联系学生生活和社会实际,适时适量拓展 3)正确把握学科的知识、思想和方法,注重教学资源的开发与整合	14~15	12~13	9~11	5~8
	讲课过程(15)	1)根据学科特点创设有助于师生对话、沟通的教学情境,营造民主、和谐、互动、开放的学习氛围,激发学习兴趣 2)引导学生主动、合作学习,组织多种形式探究、讨论、交流等活动,培养发现和解决问题的能力 3)激活学生思维,能大胆质疑、问难,发表不同意见,以学生问题为出发点,形成动态生成的教学过程	14~15	12~13	9~11	5~8
	讲课方法(15)	1)寓学法指导于教学之中,寓德育于教学内容之中,善于鼓励学生,点评适宜 2)根据教学实际,科学运用教学方法,充分体现学科特点 3)现代教育技术应用适时适度,实验科学、准确、熟练	14~15	12~13	9~11	5~8
	讲课活动(15)	1)参与态度:热情高,主动参与,自主学习意识强 2)参与广度:全班不同层面的学生参与学习的全过程,有充分参与的时空和有效的合作 3)参与深度:学习内容、感受体验由浅入深,学生能提出有意义的问题和新的见解	14~15	12~13	9~11	5~8
	素养(10)	1)有较强的组织协调能力、应变能力和即时评价能力,有教改创新精神,有良好独特的教学风格 2)语言生动、准确,教态亲切有感染力,板书规范	9~10	8	6~7	3~5
教学效果(20)	三维目标达成度(20)	1)绝大多数学生学习积极主动,获得的知识扎实 2)在学会学习和解决问题过程中形成一定的能力和方法 3)学生的情感、态度、价值观都得到相应的发展	18~20	16~17	12~15	6~11
简评		写教学特点:			合计	

13.5 典型实例分析及复习思考题

13.5.1 典型实例分析

【实例1】

万家公司是一家大型的家用电器集团公司。由于近年来公司发展过于迅速，人员飞速增长，许多问题也逐渐暴露出来。表现比较突出的问题就是岗位职责不清，有的事情没有人管，有的事情大家都在管，但又发生推诿、扯皮的现象。现在公司使用的岗位职责说明已经是几年前的版本了，可实际情况却已经发生了很大变化，因此根本无法起到指导工作的作用。由于没有清晰的岗位职责，各个岗位上的用人标准也比较模糊，人员招聘选拔、提升方法全凭领导的主观意见；公司的薪酬体系也无法与岗位的价值相对等。员工在这些方面意见很大，士气也有所下降。最近，公司进行了一系列重组工作，年轻有为的新的高层团队也开始发挥作用，他们看到公司目前面临的问题，决定请专业的咨询顾问进行一次系统的人力资源管理诊断和设计工作。

如果你是咨询顾问，你将怎么开始工作？

参考答案：

1）由于工作分析是各项人力资源管理工作的基础，建议首先从工作分析入手。

2）通过工作分析，使万家公司各个职位的职责、权限、主要的工作绩效指标和任职者基本要求等内容得到明确、清晰的界定，为各项人力资源管理工作打下基础。

3）在此过程中，理顺和调整一些不合理的岗位职责设置，并将新增加的岗位信息及时补充进去。

【实例2】

派格苏斯电脑公司的销售部经理麦特·格雷尼和当地一所大学签订了一项利润丰厚的合同，这所大学同意从派格苏斯公司购进其个人电脑所需要的所有软硬件。作为交换，派格苏斯公司将给该大学的学生、教职工、学院所使用的产品提供7~8折的优惠。总经理和销售部经理都认为，目前的销售人员足以应付这一新增长的销售需要。但当总经理和服务部经理莫拉尔交谈时，她认为，在这种情况下如果公司还想保持以往的服务质量，就需要补充一位技术服务人员，而与大学签订的合同也足以担负得起新人员的费用。派格苏斯电脑公司中有3名技术服务人员，由技术服务部经理负责。他们都接受过培训，并为公司销售的每一件产品提供技术支持服务。总经理让苏茜（人力资源）准备一则职务启事，以便开始招聘工作。苏茜认识到目前技术服务人员的工作岗位确实没有工作说明书，他们的工作是随着时间的发展自然而然形成的。如果你是苏茜，在起草职务启事之前，你应该怎么做呢？

参考答案：

1）收集信息，首先（通过观察）与服务小组的成员进行交谈，和他们一起对这项工作进行分析，完成聘用过程的第一步——工作分析，并确定恰当的工作名称（或工作类别）、工作报酬和福利。

2）编写岗位职务说明书以说明该工作需要哪些知识、技能、能力。

3）与技术服务部经理再次沟通，确认说明书的内容。

【实例3】

作为佩多塞科公司（Pedal Cycle Company）的高级人力资源管理者，你将参与位于密苏里州斯普林菲尔得（Springfield）的新建工厂的工作分析计划。大多数的工作分析资料都已收集完毕，现在是准备具体工作说明的时候。你将拿到所需的工作分析资料，请你根据这些资料撰写工作说明。当人力资源部经理助理爱得·迪尔（Ed Deal）交给你资料时，他说："我希望你先完成一份，然后交给我，我们一起研究。"

最初工作说明是为"点焊工人"这一职位而准备的。"工作活动"这一项主要包括将零件焊接在一起。这些零件由不到两磅重的薄钢板组成，点焊工人要从身边已编号的箱子里取出初步加工好的钢板，将工件固定好，然后将它们焊接在一起。"与其他工人的关系"这一项对一个工厂的一线工人来说，是相当标准化的。操作着同样机器的其他操作工人彼此相距不远，为 20~30 英尺（1 英尺=3.048×10^{-1} 米）。起重机操作工把零件箱根据要求移到工作台上，再移走，放到指定的位置，工作时几乎没有时间交谈。"监督程度"在该行业中也是很标准的。点焊工的主管管理着几名工作内容基本相同的操作工人。工人在几乎无需监督的情况下工作，并且很少向主管请示。"记录和报告"没有作为这项工作的一部分。"技能和反应速度要求"这一项可有可无。为了达到时间的定额标准，工人必须在 3.2s 内分别从不同的箱子里面取出两个零件，一起放到指定位置并完成加工工作。"工作条件"并不理想，工作站相对拥挤，操作者必须佩带安全墨镜，夏天周围气温可能会高达 50~80℉，噪声标准在 60dB 左右，安全但让人烦躁，此外光线也过强。

1）请你指出佩多塞科公司存在的问题。

2）该如何解决这些问题？为什么？

参考答案：

1）缺乏明确的、完善的、书面的职位说明，人们对岗位的职责和要求不清楚。现有的书面的岗位说明与实际工作的情况不符，很难遵照它实施。

2）一个企业如果没有进行良好的工作分析，势必会影响人力资源管理的各项活动。工作分析是组织中的一项常规性管理活动，应该经常进行。制定和修改工作说明是任何一位人力资源管理专业人员必不可少的组成部分。如果没有完善的工作说明，完成必要的人力资源管理活动将是很困难的。

13.5.2 复习思考题

1）如今组织展开工作分析面临哪些挑战和困难？

2）职务说明书包括哪些内容和信息类型？编写时主要的事项是什么？

3）如何消除工作分析中的员工恐惧问题？

4）怎么样对新组织进行工作设计？

5）工作评价操作方法有哪些？它们的优缺点是什么？

6）工作分析与设计对我国现代企业管理有何作用和意义？思考应如何与企业管理变革相结合来进行工作分析与设计。

第 14 章 工业工程的发展

本章主要简略介绍工业工程在现代社会发展中所遇到的挑战,从新的应用角度介绍工业工程对企业信息化发展的作用,并着重讨论认知工作设计、现代制造环境下的效率工程等工业工程的新发展。

14.1 主要内容、特点及学习要求

1. 主要内容
现代工业工程发展所面临的挑战及其发展趋势。
2. 特点
需要掌握的知识点不多,重点在于培养学生兴趣。
3. 学习要求
了解现代工业工程的发展情况。
4. 能力培养要求
培养学生对现代工业工程发展的兴趣及自主学习的能力。

14.2 现代工业工程的发展历史、现状和趋势

14.2.1 现代工业工程的发展历史

工业工程的发展具有鲜明的时代特征。现代工业工程就是在现代科学技术和生产力条件下研究组织系统提高生产率和竞争力的学科。在信息技术广泛应用的时代,全球化的竞争与合作成为最重要的特征。

随着信息技术的广泛应用,工业工程不断兼收并蓄各种最新成果,从而形成了一系列如 CIMS、ERP、虚拟企业、敏捷制造等新的管理思想与理论,表现出如下特征:综合应用多学科的理论和知识;以组织的整体作为研究对象;基于计算机和信息集成环境;从综合提高企业在 T(时间)、Q(质量)、C(成本)、S(服务)、E(环境)等方面的水平出发,提高竞争力;服务业和非营利机构的应用;研究世界级制造和服务;不断探索新的理论和方法。

现代工业工程与经典工业工程相比,在对象、目标、应用领域、方法、人性化等方面有了更为深入的发展,如表 14-1 所示。

表 14-1 现代工业工程与经典工业工程的对比分析

项目	现代工业工程	经典工业工程
对象	组织系统	作业方法
目标	综合竞争力（T、Q、C、S、E、F）	效率
应用领域	任何组织系统	制造业
方法	跨学科、综合	动作研究、时间研究和流程分析
人性化	重视	不太重视

14.2.2 现代工业工程的研究现状

现代工业工程学科体系可以比拟为如图 14-1 所示的一条连线"光谱"；中间部分是工业专业知识，该部分既反映解决实际问题所需要的专业知识，也表示工业工程所要研究和处理的一些实际问题；左侧是工业工程的基础理论和方法；右侧表示工业工程的传统方法。

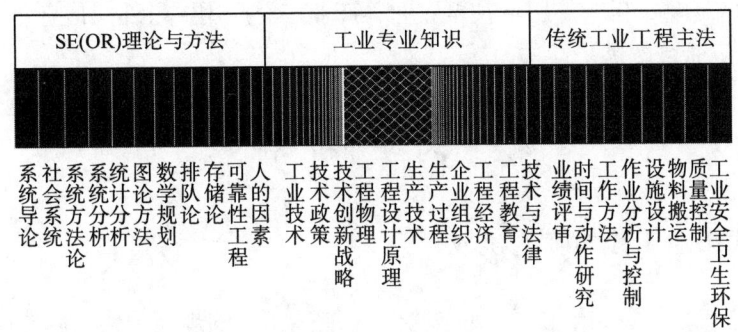

图 14-1 现代工业工程的学科体系（工业工程"光谱"）

现代工业工程主要的研究领域有三个方面：①制造系统领域；②信息系统领域；③现代物流工程领域。

14.2.3 现代工业工程的发展趋势

目前，我国工业工程的发展趋势的主要特点如下：①工业工程技术的应用范围日益广阔，无论是广度还是深度都在不断加深；②科学研究和高等教育等先进领域越来越重视对工业工程技术的研究；③工业工程技术与其他国内外高新科技成果互相融合，不断向高度综合化、自动化和集成化等方向发展；④研究人员结合我国国情，研究更利于我国发展的新型工业工程技术。

从研究与应用角度来说，今后工业工程的研究、应用发展趋势体现在如下七个方面。

1）制造业整体效率、质量提高和成本降低的工程化系统设计与控制，如离散制造业生产系统设计、改善和生产过程的计划与控制，流程制造业系统运行、改善与管理控制等。

2）物流工程与管理控制，如社会区域系统设施规划与设计、企业物流系统过程管理与控制、物料运输与搬运系统设计、制造业与运输网络布置设计等。

3）人因工程及效率改善，如人机系统设计、人体疲劳测定及环境设计、医疗系统布置设计、人机系统效率设计。

4）环境与资源设计与控制，如循环经济系统设计与实现、资源的节约系统规划与设计、资源综合利用系统规划与管理、矿产资源的开采与开发的现代化等。

5）国家安全与生产安全，如海关、港口、机场安检程序与系统设计，重大疾病预防与防御措施，生产系统的安全工程与管理等。

6）健康与卫生管理，如医院效率、质量、成本管理系统的设计，医疗系统布置规划与设计，血库管理、血液配送、医疗器械、健康系统规划与设计等。

7）现代制造与信息化工程中的工业工程理论与方法，如制造企业的现代制造模式和方法、系统诊断与规划技术、制造系统改善与改善策略、企业信息化软件匹配理论与方法、以及建设工程中的项目管理及信息化、工程建设系统优化设计、施工方案中的工业工程优化设计等。

总之，工业工程发展趋势为多元化、全面化和高技术结合的方向，仍然以制造业为重点，但向建设、运输、医疗、服务甚至农业等产业广泛应用，另外向信息化、知识管理等高新技术和研究领域拓展。

14.3 内容分析与补充

14.3.1 现代工业工程面临的挑战

1）制造系统领域：纳米技术、设施规划、制造车间的规模优化、制造信息化。

2）信息系统领域：信息系统的易用性、面向决策的信息优化、软件工厂、面向零售的顾客定位系统、面向电子商务的客户关系管理、基于因特网的知识管理。

3）现代物流领域：现代环境特征下的生产组织结构、面向电子商务的仓库选址、基于互联网的协同物流和供应链管理、全球供应链体系的建立、多种物流的相互融合。

14.3.2 工业工程在企业信息化中的应用

（1）业务流程再造（BPR）

1）概念：以企业长期发展战略需要为出发点，以价值增值流程（使顾客满意的业务）的再设计为中心，强调打破传统的职能部门界限，提倡组织改进、员工授权、顾客导向及正确地运用信息技术，建立合理的业务流程，以达到企业动态适应竞争加剧和环境变化的目的的一系列管理活动。

2）基本程序：远景设计、项目启动、流程诊断、新流程设计、新流程实施、流程评估、持续改善。

3）研究技术：程序分析技术、作业分析技术、各种图表、"5W1H"提问技术、"ECRS"四大原则。

(2)企业信息化基础数据环境建设

1)企业信息化对数据环境的要求:规范化、准确性、完整性、及时性、一致性。

2)工业工程的作用:基础工业工程是企业信息化基础数据准确、及时的保证。

14.3.3 现代工业工程的发展

(1)认知工作设计

1)概念:研究人的认知过程,在工作设计时充分考虑人的认知特性和认知规律,以提高工作的效率和有效性。

2)信息的组织设计:信息的种类、信息的显示模式、信息的维度选择、信息的表示形式符合人们的认知习惯、信息的一致性原则。

3)人-计算机交互设计:主要包括交互中硬件及软件的设计,在设计的过程中力求人与计算机的良好配合。

(2)现代制造环境下的效率工程

1)现代制造环境:现代制造环境呈现变化快、范围广、信息化等特点。

2)现代制造环境对制造系统的影响:制造环境的改变,必然引起企业制造系统的组织、生产方式等的改变。其主要表现在企业组织形式的改变、企业工作环境的改变、企业工作方式的改变。

(3)现代制造环境下的效率问题

现代制造环境下的效率问题包括信息系统的效率、人的效率、组织效率、服务效率。

14.3.4 工作研究方法的信息化

1)工作研究信息系统的功能:数据录入与修改、数据存储与查询、数据处理。

2)工作研究的信息化的表现形式:电子表格式的工作研究信息系统、工作研究综合管理信息系统、嵌入式的工作研究信息系统。

14.4 教育教学环节设计

14.4.1 自主学习与教学指导

重点培养学生自主学习能力、批判性思维(能力)。

1.重点、难点

(1)重点

培养学生对工业工程未来发展的兴趣。

(2)难点

培养学生自主学习的能力以及主动发掘知识的能力。

2.自主学习内容及注意事项

在理解本章内容的同时,结合自己的兴趣自主了解现代工业工程的研究现状以及发展方向。同时结合实际了解现代工业工程对企业发展的影响。

3.教学指导注意事项

本章的学习目的主要是开拓学生的视野以及培养学生对工业工程学习的兴趣,因此应多鼓励学生自主发掘各方面知识,不应多加限制。

14.4.2 针对能力培养的综合教育环节

将班级每 5 人为一组进行分组,每组各自查阅感兴趣的现代工业工程相关的研究方向及实际应用的案例并制作 PPT,最后在课上进行讲解。

14.4.3 讨论与展示

讨论展示的结果,分析成败的原因,每个组相互指出各组的成功和不足之处,每一个学生应该积极讨论发言,利用头脑风暴方法充分发挥自己的想象力。

14.4.4 教学过程评价

学生和教师对相应的实践活动和案例设计进行评价,评价相应取得的结果。教师对学生的参与性进行评价,得出学生取得的成绩。学生对于教师的教学水平以及教学过程作出相应的评价,可以在学校教务网进行相应的评价活动。

14.5 典型实例分析及复习思考题

14.5.1 典型实例分析

【实例】20 世纪 80 年代初,福特汽车公司跟美国的其他许多公司一样,想方设法紧缩人员,减少行政管理费用。福特汽车公司认为能够减少费用的地方之一是应付账款部门。向福特汽车公司供货的供应厂商提出的账单,由该部门付款。当时,福特汽车公司的北美应付账款部门雇用了 500 多名人员。该公司的管理层认为通过使用电脑使某些职能自动化,能够使该部门工作人员的人数减少到 400 名,即减少 20%。根据再造的定义,使原有的手工操作实现自动化而取得的改进仍属于渐进,算不上企业再造。福特汽车公司的管理层认为减少 20%人员的成绩已经很不错,直至他们参观了日本马自达汽车公司。福特汽车公司的管理人员注意到马自达汽车公司的规模虽然较小,但它雇用的办理应付账款事务的人员只有 5 名,而福特汽车公司却雇用了 500 名,两者对比,相差过于悬殊,其原因不是能用规模大小、企业精神、提倡唱公司之歌、做早操等说明得了的。福特汽车公司通过自动化使其人员减少 20%,但制造汽车的成本显然仍不能同马自达相匹敌。于是,福特汽车公司的主管人员不得不对包括应付账款部门在内的全部工作流程进行反思。

这个决定标志着福特汽车公司的观点发生了重大的变化,因为公司的再造只能从业务流程着手,而不是从与完成这种流程有关的行政组织机构着手。"应付账款"不是一种工作流程,因此,不是再造的问题。它是一个部门,是组织机构的一种产物,是从某种特定的流程设计所派生出来的。应付账款部门是由一群办事人员组成的。他们坐在办公室内,把有关的凭证传来递去。人员也不是再造的目标,但是,他们所做的工作是能够再造的,流程再造后,为了完成新的工作流程,人员终将得到调整。至于怎样调整,则要根据再造后的流程本身的需要而定。

福特汽车公司最终再造的流程并不是"应付账款",而是"采购工作"。采购流程是从提出购货订单开始,也就是说,从根据下属工厂所需要的原材料、零部件提出购货订单开始,一直到购到货后付款,将货供应给下属工厂(该工厂也就是采购流程的客户)。采购流程包括应付账款职能,但它还包括购货和收货。

福特汽车公司原先的原材料、零部件采购流程显然是按常规办事的。流程一开始,由采购部门向供应商发出购货订单,并将一份副本送交应付账款部门。供应商发货,货物运到福特汽车公司的收货点后,收货点的办事人员填写一份表格,说明收到货物的情况,并将表格发交给应付账款部门。与此同时,供应商向福特汽车公司的应付账款部门送去发票。

现在,福特汽车公司的应付账款部门关于这批货物有三种凭证——购货订单、收货凭证和发票。如果这三种凭证上的数据互相吻合,应付账款部门的办事人员就签字同意付款。大多数的情况如此,但有时会出现维尔弗雷多·帕莱托(Vilfredo Pareto)所说的情况。

福特汽车公司新的应付账款流程一看便知,跟原先的流程大相径庭,迥然不同。主要是由于新的流程完全取消了发票,办理应付账款的办事人员也就不再需要把购货订单、收货凭证同发票进行核对。结果表明,情况大不相同。现在,福特汽车公司雇用办理向卖方付款等事项的人员的人数不再是 500 名,而仅仅是 125 名。

福特汽车公司新的采购流程是:采购部门的一名采购员向供应商发出购货订单,与此同时,将订单上的有关内容输入联机数据库。供应商跟以往一样,将货物发往买方的收货点。货物运到后,收货点的工作人员通过电脑终端机进行核对,看看已经运到的货物同数据库中储存的已经发出的购货订单的内容记录是否相符。只有两种可能性:相符或不相符。如果相符,收货点的工作人员接收这批货物,并通过电脑终端告诉数据库,这批货物已经运到。数据库现在已记下收到这批货物,而且,电脑会自动地签发一张支票并在适当时候把它发往供应商。如果这批货物同数据库中已经发出的购货订单的内容记录不相符,那么,收货点的工作人员拒绝在运货单上签收,把它退还给供应商。

福特汽车公司这次再造的基本概念是简单明了的。审定支付贷款一事,以往由应付账款部门负责,现在改在收货点办理。这项工作的原有流程有着迷宫般的复杂性,如查找材料、暂缓执行、记入备忘录等,足以使 500 名办事人员或多或少地为此忙忙碌碌。新的流程却不是这样。实际上,新的流程实施后,整个应付账款部门就几乎没有继续存在的必要。在福特汽车公司的某些部门,如发动机部,办理应付账款的人员减少到只有过去的 5%。原有的人员中只有极少数人留下来,继续做应付账款方面的工作,处理出现的特殊情况。

福特汽车公司应付账款部门的一项规定是,只有收到发票才能付款。尽管这条规定难以明确表达出来,但它已成为一种框架,原先的采购流程就是遵循这种框架形成的。福特汽车公司的管理层在着手调整采购流程时,曾认真地提出问题:是否仍想按照这条规定办事?答案是否定的。破除这项规定的办法就是取消发票。于是,福特汽车公司不再实行"发票收到后才能付款",改为实行新的规定"货物收到后才能付款"。仅仅改一个词,就为企业的一项重大的变革奠定了基础。

(摘自《企业再造》)

思考:福特的业务流程再造给你带来的启示是什么?

14.5.2　复习思考题

1)你认为当代工业工程的发展面临哪些挑战?
2)现代工业工程的主要研究内容有哪些?
3)你认为在现代工业工程的理论与方法中应如何引入现代信息技术?
4)工业工程的理论与方法在企业信息化工作中可以发挥哪些作用?
5)未来工业工程的理论与技术如何发展?
6)论述现代工业工程的发展趋势。

参 考 文 献

陈淑强. 2012. 基于学习曲线理论的 K 公司标准工时体系研究. 济南: 山东大学.
陈志祥. 2007. 学习曲线及在工业生产运作研究中的应用综述. 中国工程科学, 7: 82-88, 94.
崔丽, 曾凤章. 2004. 基于"学习曲线"效应的长期质量成本模型. 商业研究, 24: 46-48.
邓国取. 2007. 人力资源管理. 南京: 南京大学出版社.
邓琳, 陈友玲, 易树平. 1995. 基础工业工程. 重庆: 重庆大学.
董临萍. 2006. 工作分析与设计. 上海: 华东理工大学出版社.
郭伏, 李森. 2003. 运用流程程序分析方法再造局部生产流程. 人类工效学, 1: 23-25.
郭伏, 李森, 戴春凤. 2002. 流程程序分析方法在印染生产线改进中的应用. 工业工程, 3: 62-64.
胡宗武. 2007. 工业工程——原理、方法与应用. 上海: 上海交通大学出版社.
林丽端, 顾志兵, 黄国良. 2004. e 时代的学习曲线变革与成本创新启示. 财会通讯, 20: 67-70.
鲁建厦, 兰秀菊, 陈勇, 等. 2004. 工作研究在生产装配线优化设计的应用. 工业工程与管理, (1): 83-85.
齐二石. 2007. 现代工业工程学. 天津: 天津大学出版社.
齐二石, 霍艳芳. 2004. 中国企业应用工业工程现状. 制造技术与机床, (4): 17-20.
齐二石, 刘洪伟. 2010. 我国工业工程本土化研究与应用实践分析. 管理学报, 7(11): 1717-1724.
曲弘, 白宝光. 2007. 基于学习曲线效应的质量成本模型. 内蒙古工业大学学报(自然科学版), 3: 230-234.
沙尔文迪. 2007. 工业工程手册. 3 版. 北京: 清华大学出版社.
宋军, 郝清民. 2001. 新产品的学习曲线效应及定价策略. 商业研究, 2: 46-48.
孙建华, 高广章, 蒋志强, 等. 2005. 程序分析法在产线平衡中的应用. 机械设计与制造, 5: 148-150.
田云刚. 2003. 论学习曲线在企业管理中的运用. 山西农业大学学报(社会科学版), 2: 142-144.
汪应洛, 袁治平. 2001. 工业工程导论. 北京: 中国科学技术出版社.
汪应洛. 2005. 工业工程基础(修订版). 北京: 中国科学技术出版社.
吴继辉, 洪晓霞. 2004. 服装企业缝制车间的作业研究. 北京服装学院学报（自然科学版）, 21（2）: 66-69.
肖智军. 2003. 现场管理的三大工具——标准化?目视管理?管理看板. 企业管理, (11): 64-70.
许志沛, 薛顺, 刘晓卉, 等. 2011. 塔式起重机应力检测中的流程程序和联合作业分析. 起重运输机械, 1: 39-43.
杨玉凤, 吴秀芹, 卜华. 2000. 学习曲线在成本预测中的应用. 淮海工学院学报(自然科学版), 2: 74-76.
于顺游. 2006. 生产现场管理的定置管理方法. 辽宁经济, (8): 81.
张金成. 1996. 再造工程. 天津: 天津人民出版社.
赵亮. 2013. 工业工程技术发展分析. 管理与科技, (9): 119.
赵永乐. 2006. 工作分析与设计. 上海: 上海交通大学出版社.
周信侃, 姜俊华. 1995. 工业工程. 北京: 航空工业出版社.
朱夏芳, 孔庆华. 2007. 汽车轮胎硫化工序中轮胎取放的人机操作分析和改进. 精密制造与自动化, 2:23-24.
Salvendy G, 郑力, 赵晓波. 2002. 新千年的工业工程. 工业工程与管理, 7(3): 1-3.
Anzanello M J, Fogliatto F J. 2007. Learning curve modeling of work assignment in mass customized assembly lines. International Journal of Production Research, 45(13): 2919-2938.
Chen L X, Meng B. 2008. How to make 5S as a culture in Chinese enterprises. Information Management, Innovation Management and Industrial Engineering, 3: 221-224.
Dilum J, Geoffrey L. 1996. The Competent Heart-A Job Analysis Of Heads'Tasks And Personality Factors. London: Routledge Falmer.
Liu H W. 2009. The methodology of information technology application based on industrial engineering in manufacturing enterprises// The 39th International Conference of Computer 8. Troyes: Industrial Engineering, IEEE Transaction, 1163-1168.
Speaker P. 2000. Mathematical Models of the Manufacturing Learning Curve. Ann Arbor:Pro Quest.
Wright T. 1936. Factors affecting the costs of airplanes. J. of Aeronautical Sci., 3(4): 122-128.
Yelle L E. 1979. The learning curve: Historical review and comprehensive survey. Decision Sciences, 10(2): 302-328.
Zardin K B.1980.Most Work Measurement Systems. New York:Marcel Dekker.